5

Schöningh
westermann

P.A.U.L. D.

Lehrerkommentar

Herausgegeben von: Frank Radke

Erarbeitet von:
Michaela Anthony
Lukas Diekhans
Anne Gasch-Sigge
Tanja Heinemann
Katharine Pappas
Frank Radke
Elisabeth Roth-Rings
Katja Wiertz
u. a.

westermann GRUPPE

www.schoeningh-schulbuch.de
Schöningh Verlag, Jühenplatz 1–3, 33098 Paderborn

Druck A³ / Jahr 2017
Alle Drucke der Serie A sind im Unterricht parallel verwendbar.

Umschlaggestaltung: Yvonne Junge-Illies, Mannheim; unter Verwendung von © picture alliance/HB Verlag
Druck und Bindung: westermann druck GmbH, Braunschweig

ISBN 987-3-14-**028124**-9

Inhaltsverzeichnis

Wir erzählen 110

Vorhang auf, Bühne frei! – Theater spielen 121

Im „Haus der Sprache“ – Wortarten 129

Im „Haus der Sprache“ – die wichtigsten Satzglieder erkennen 143

Das kann man lernen – Tipps und Methoden für das richtige Schreiben 152

Statt eines Vorworts: P.A.U.L. D. – „Differenzierende Ausgabe" in Stichworten

Aufbau der Kapitel nach Basis- und Erweiterungsmodulen

Alle Themen sind in überschaubare, inhaltlich klar ausgewiesene Teilkapitel untergliedert. Dieser modulartige Aufbau erleichtert die Umsetzung eines Unterrichtsvorhabens in einzelne Stunden bzw. Lernsequenzen durch die Lehrkraft. Weiter sorgt diese Einteilung der Schulbuchkapitel aufseiten der Schüler bezüglich des Lernprozesses für Orientierung und Transparenz. Die Kapitel in P.A.U.L. D. sind in der Regel so angelegt, dass die einzelnen überschaubaren Teilkapitel sowohl aufeinander aufbauend als auch unabhängig voneinander im Unterricht eingesetzt werden können. Der Lehrkraft bietet sich hier die Möglichkeit der Auswahl von einzelnen Lernmodulen für die jeweiligen Lern- oder Schülergruppen. In den Teilkapiteln, die im Inhaltsverzeichnis als Basis ausgewiesen sind, werden zentrale Inhalte, Methoden, Themen und Fähigkeiten grundlegend vermittelt. Die anderen Teilkapitel erweitern dann diese grundlegend vermittelten Kompetenzen, indem die jeweiligen Inhalte, Methoden und Themen vertieft und mit der Anforderung immer größerer Selbstständigkeit behandelt werden.

Inhaltsverzeichnis

Das Inhaltsverzeichnis weist die Modulstruktur der Einheiten deutlich aus. In der linken Spalte finden die Schüler eine schülernahe und motivierende Formulierung der Inhalte der jeweiligen Einheit sowie der einzelnen Teil- und Unterkapitel. Direkt gegenübergestellt, in der rechten Spalte des Inhaltsverzeichnisses, finden sich die am Kernlehrplan orientierten Kompetenzen. Deutlich wird damit die Verzahnung von Themen, Methoden und Kompetenzen. Durch die Kennzeichnung „Basis" werden für die Lehrkraft diejenigen Teilkapitel, in denen grundlegende Kompetenzen der jeweiligen Jahrgangsstufe vermittelt werden, hervorgehoben.

Auftaktdoppelseite

Jede Unterrichtseinheit beginnt mit einer Auftaktdoppelseite. Diese enthält einen an die Schüler[1] gerichteten Einstiegstext, der sie im Sinne der Transparenz des eigenen Lernprozesses darüber informiert, was sie in dem jeweiligen Kapitel lernen. Die Schüler erhalten so einen Überblick über die thematischen Schwerpunkte, die zu erwerbenden Kompetenzen und die Ziele der Einheit. Die Arbeitsaufträge und das Bildmaterial knüpfen an das Vorverständnis der Schüler an, aktivieren ihre Vorkenntnisse und bieten einen direkten, motivierenden Einstieg in die folgende Erarbeitung.

Kompetenzorientierung

Die konsequente Verpflichtung auf einen kompetenzorientierten Unterricht bestimmt die Anlage und den Aufbau der einzelnen Einheiten. Die in dem Einstiegstext der Auftaktdoppelseite angeführten Kompetenzen werden nach dem „Doppelseitenprinzip" in den einzelnen Unterkapiteln vermittelt. Umfangreichere Unterkapitel werden in Teilkapitel

[1] Im gesamten Kommentarband ist mit der Bezeichnung Schüler (bzw. Lehrer, Schriftsteller ...) jeweils ohne diskriminierende Absicht aus Gründen der Sprachökonomie die entsprechende weibliche Form mitgemeint.

unterteilt, für die ebenfalls das Prinzip gilt, dass die in der Überschrift ausgewiesene Kompetenz schrittweise erlernt wird. Die einzelnen Unter- und Teilkapitel einer Einheit können aufeinander aufbauend oder unabhängig voneinander erarbeitet werden. Diese modulartige Struktur bietet vielfältige Möglichkeiten der Differenzierung.

Aufgaben mit unterschiedlichen Anforderungsprofilen

Um Lernprozesse differenziert auszugestalten und Schülern ein individuelles Lernen zu ermöglichen, bietet P.A.U.L. D. der Lehrkraft folgende Hilfen: Der Aufgabenapparat ist nach Anforderungsprofilen gestuft aufgebaut. Grün gekennzeichnete Aufgaben sind geeignet, einen Text oder ein Thema grundsätzlich zu erschließen. Aufgaben zur selbstständigen Weiterarbeit mit Hilfestellungen sind blau gekennzeichnet. Schwierigere Aufgaben sind mit Rot ausgewiesen.

Förderung des kooperativen Lernens

Der Aufgabenapparat ist so ausgestaltet, dass die Lehrkraft mithilfe der Aufgaben das kooperative Lernen fördern kann, um so alle Schüler in den Unterricht zu integrieren. Die Aufgaben für die Erarbeitung orientieren sich am Prinzip „think-pair-share". Nachdem jeder Schüler sich individuell mit den Aufgaben beschäftigt hat, kann die Bearbeitung der Aufgaben in Partnerarbeit oder in Kleingruppen erfolgen. Die Ergebnisse werden anschließend präsentiert. So können sich die Schüler je nach ihrem individuellen Leistungsvermögen in den Lernprozess einbringen. Im Schulbuch weisen entsprechende Piktogramme neben den Aufgaben darauf hin, wenn es besonders lernförderlich ist, dass ein Arbeitsauftrag in Einzel-, Partner-, Kleingruppenarbeit oder arbeitsteilig von den Schülern bearbeitet wird. Bei Aufgaben, bei denen sich keine bestimmte Sozialform besonders anbietet, fehlt ein entsprechendes Piktogramm. Hier sollte die Lehrkraft nach der spezifischen Situation ihrer Lerngruppe über das Vorgehen entscheiden.

Wahlaufgaben zur Vertiefung und Weiterarbeit

Die Berücksichtigung der unterschiedlichen Lerntempi der Schüler wird durch das in der Regel am Ende eines Teilkapitels erscheinende Aufgabenformat „Durchstarten! So könnt ihr weiterarbeiten" geleistet. Schüler, die mit einem Arbeitsauftrag fertig sind, erhalten hier verschiedene Vorschläge, wie sie weiterarbeiten können. Dieses Angebot von nach Schwierigkeitsgrad und Lernintention ganz unterschiedlichen Wahlaufgaben gewährleistet, dass allen Schülern eine individuelle Möglichkeit zur vertiefenden Weiterarbeit geboten werden kann. Dabei ist besonders lernförderlich, dass sich die Schüler bei der Auswahl der für sie passenden Aufgabe mit allen Arbeitsaufträgen gedanklich beschäftigen. Die Schüler setzen sich so damit auseinander, welche Anforderungen die einzelnen Wahlaufgaben stellen, wie sie sie lösen würden und welchen Arbeitsauftrag sie vor dem Hintergrund ihrer Lernmöglichkeiten auswählen sollten. Dadurch vertiefen die Schüler einerseits ihr Verständnis des bisher Erarbeiteten. Zugleich führt diese Auseinandersetzung mit den verschiedenen Aufgabenstellungen zum Erwerb von wichtigen metakognitiven Kompetenzen.

Lernboxen

Die in den einzelnen Kapiteln eingeübten Methoden werden in den Lernboxen „So gehst du vor" zusammengefasst. Die Schüler werden hier genau angeleitet, wie sie vorgehen können. Da auf diese Lernboxen immer wieder in den entsprechenden Aufgaben verwiesen wird, lernen die Schüler, die Methoden in verschiedenen Lernsituationen anzuwenden.
Die erarbeiteten Inhalte, die die Schüler im Sinne eines grundlegenden materiellen Wissens beherrschen sollten, werden in Lernboxen mit der Überschrift „Das musst du lernen und wissen" zusammengefasst und als Lernhilfe angeboten.

Übungen zur Lernerfolgskontrolle

Am Ende eines jeden Kapitels in P.A.U.L. D. finden die Schüler unter der Überschrift „Alles klar? – Wiederholen, üben und überprüfen" Übungen zur Lernkontrolle. Hier kann jeder Schüler individuell oder in Zusammenarbeit mit einem Lernpartner die wichtigsten Lerninhalte eines Kapitels wiederholen und üben. Dabei können die Schüler, je nach Lerntempo und Vorwissen, aus den Übungen auswählen, indem sie z. B. einzelne Übungen überspringen und sich anderen besonders intensiv widmen.
Die einzelnen Teilkapitel im „Deutschtraining" (ab Band 7) enden mit einem Selbsttest. Mit den Übungen auf diesen „Teste dich selbst!"-Seiten können die Schüler individuell überprüfen, inwieweit sie zu einem Fehlerschwerpunkt oder Thema schon genug geübt haben. Die Lösungen zu den Aufgaben dieser Tests finden die Schüler im Anhang des Schülerbandes. Anhand der Ergebnisse dieser Lernerfolgskontrolle kann die Lehrkraft den einzelnen Schülern weitere Übungsmöglichkeiten in den Kapiteln des Deutschtrainings oder im Arbeitsheft aufzeigen.
Auch die Kapitel in den Arbeitsheften schließen dort, wo dies möglich ist, mit „Teste dich selbst!"-Seiten ab. Die Lösungen für diese eigenständigen Lernerfolgskontrollen finden die Schüler im beiliegenden Lösungsheft.

Das Deutschtraining

Im Hinblick auf die Anforderungen der Differenzierung und der individuellen Förderung in den Bereichen Rechtschreibung, Grammatik und Zeichensetzung spielt das ab Jahrgang 7 die Schülerbände abschließende umfangreiche Kapitel „Deutschtraining – üben, wiederholen und mehr" eine besondere Rolle. Spiralcurricular werden hier alle zentralen Themen der vorherigen Schuljahre aus den Bereichen Rechtschreibung, Grammatik und Zeichensetzung aufgegriffen und behandelt. Die vielfältigen Übungen sind so angelegt, dass die Schüler alleine oder mit einem Lernpartner selbstständig üben können.

Individuelles Üben und Wiederholen

Nachhaltiges Lernen ist nur dann möglich, wenn die Schüler Gelegenheiten erhalten, das Gelernte vielfach zu üben und zu wiederholen. Deshalb werden in dem Lehrwerk die einmal vermittelten Kompetenzen immer wieder aufgegriffen und vertiefend eingeübt. Die Einheiten bieten zu den einzelnen Themen ein so umfangreiches Übungsmaterial, dass den Schülern unmittelbar ein selbstständiges und individuelles Lernen und Üben ermöglicht wird. Das umfassende Übungsangebot, insbesondere im „Deutschtraining", sowie die ebenfalls äußerst umfangreichen Materialien in den Arbeitsheften helfen der Lehrkraft auch beim Erstellen von Förderempfehlungen und -plänen.

Spiralcurriculum

Die Schülerbände sind so konzipiert, dass bestimmte Elemente immer wieder spiralcurricular aufgegriffen und erweitert werden. Jeder Band enthält z. B.:

- eine Methodeneinheit zur Rechtschreibung,
- eine Einheit zu Kinder- und Jugendbüchern,
- eine oder mehrere Einheiten mit den Schwerpunkten „Lesetechniken und -strategien" und „Überprüfung des Leseverstehens",
- eine oder mehrere Einheiten mit einem Schwerpunkt „Verbessern und Überarbeiten von Texten",
- eine Einheit, in der Methoden zum „Umgang mit Sachtexten" vermittelt werden,
- eine Einheit zum Bereich „Das Lernen lernen",
- eine oder mehrere Einheiten, in denen Textsorten thematisiert werden (z. B. Märchen oder Fabeln),
- eine Einheit zum Thema „Theater" sowie
- eine Einheit zum Thema „Umgang mit Spielfilmen und Filmanalyse".

Das Lernen lernen

Die Beherrschung von fächerübergreifenden Methoden und Arbeitstechniken (z. B.: Sachtexte erschließen, Rechtschreibstrategien anwenden, das Verfassen von Texten planen oder einen Kurzvortrag halten) ist eine Voraussetzung für selbstständiges und individuelles Lernen. In jedem Jahrgang werden den Schülern in den Kapiteln „Das Lernen lernen" Kompetenzen in Bezug auf ihr Lernverhalten, ihre Selbstorganisation und fächerübergreifende Arbeitstechniken vermittelt. Zudem enthält jeder Schülerband eine Methodeneinheit zur Rechtschreibung. Ein weiterer methodisch durchgehender Schwerpunkt des Lehrwerks liegt auf der Förderung der Texterschließungskompetenz durch die Vermittlung grundlegender Lesetechniken. Von Anfang an werden die Schüler zudem gezielt angeleitet, ihre eigenen Texte zu planen und zu überarbeiten.

Umgang mit Texten

Die an Themen und Textarten orientierten Kapitel zum Umgang mit literarischen Texten bieten ein breites Spektrum bewährter und neuer Texte. Dabei werden analytische, kreative sowie handlungs- und produktionsorientierte Zugänge ausgewogen angeboten. Die Schüler lernen zahlreiche zum Lesen motivierende Kinder- und Jugendbücher kennen und erhalten zusätzliche Lesehinweise.
Neben den literarischen Texten und der Leseförderung liegt ein weiterer Schwerpunkt auf der Vermittlung des methodischen Umgangs mit Sachtexten. Mindestens eine Einheit pro Band behandelt den Umgang mit Sachtexten und vermittelt den Schülern unterschiedliche Erschließungsmethoden. Dabei werden auch diskontinuierliche Texte mit einbezogen. Sowohl im Umgang mit fiktionalen als auch nicht fiktionalen Texten liegt ein deutliches Gewicht auf der Förderung von Lesetechniken und der Überprüfung des Leseverstehens. Dabei werden die Schüler mit den gängigen Aufgabentypen zum Leseverstehen, die in standardisierten Tests wie Lernstandserhebungen oder Abschlussprüfungen verwendet werden, vertraut gemacht.

Rechtschreibung

Jeder Schülerband enthält eine ausgewiesene Einheit, in der den Schülern Lösungsstrategien im Bereich der Rechtschreibung vermittelt werden. Darüber hinaus werden ausgewählte Rechtschreibprobleme gesondert thematisiert. In diesen Einheiten werden umfassend Übungsmaterialien angeboten. Der Umfang der Übungen ermöglicht sowohl eine Differenzierung und Individualisierung innerhalb des Lernprozesses als auch ein wiederholendes und nachhaltiges Lernen und Üben. Die Auswahl der Übungen orientiert sich dabei an unterschiedlichen Strategien und Lernertypen. Zu dem Angebot gehören auch zahlreiche Diktattexte, mit denen die Schüler selbstständig arbeiten können (z. B. in Form von Selbst- und Partnerdiktaten).

Umgang mit Medien

Insgesamt kommt ein weit gefasster Medienbegriff zum Tragen. Das Leitmedium Buch des Deutschunterrichts wird ausführlich thematisiert. Weiterhin setzen sich die Schüler mit modernen Medien kritisch auseinander und lernen, mit diesen umzugehen. Sie werden z. B. umfassend in die Methoden des Recherchierens mithilfe des Internets oder in die Methoden der Filmanalyse eingeführt.

Arbeitshefte

Die Arbeitshefte sind inhaltlich auf die einzelnen Schulbücher abgestimmt. Die für die jeweilige Jahrgangsstufe besonders wichtigen Kompetenzen können so in den Arbeitsheften noch einmal geübt und vertieft werden. Sie enthalten ein ungewöhnlich umfassendes Material- und Übungsangebot, aus dem sich im Zusammenspiel mit dem Schulbuch zahlreiche Differenzierungsmöglichkeiten anbieten. Wie in den Schülerbüchern sind die verschiedenen Anforderungsprofile der Aufgaben farblich gekennzeichnet. Aufgaben, die ein kooperatives Lernen verlangen und fördern, werden durch ein entsprechendes Piktogramm besonders ausgewiesen. Alle Übungen können von den Schülern alleine oder mit einem Lernpartner selbstständig durchgeführt werden und bieten diesen viele Möglichkeiten der Auswahl von Aufgaben gemäß des eigenen Lerntempos und Lernstandes. Dabei dient das beigelegte Lösungsheft der Kontrolle des individuellen Lernerfolgs durch den einzelnen Schüler. Wo dies sinnvoll und möglich ist, schließen die einzelnen Kapitel mit einer „Teste dich selbst!"-Seite ab. Die Lösungen und eine punktemäßige Einschätzung ihrer Leistungen finden die Schüler ebenfalls in dem beiliegenden Lösungsheft.

Lehrerkommentare

Zur Vorbereitung und Durchführung des Unterrichts findet die Lehrkraft in den Kommentarbänden viele Unterstützungsangebote. In den Vorüberlegungen zu den einzelnen Einheiten wird die Struktur und Anlage der einzelnen Kapitel skizziert und der angestrebte Kompetenzerwerb ausgewiesen. Dann erfolgt die didaktische Aufbereitung der einzelnen Teilkapitel mit Lösungsvorschlägen zu den Aufgaben, weiteren fachlichen, methodischen und didaktischen Kommentaren sowie Vorschlägen für Tafelbilder.

Materialien für Lehrerinnen und Lehrer

Die Materialien für Lehrerinnen und Lehrer bieten auf die Einheiten der Schulbücher abgestimmte Materialien zur Weiterarbeit und Differenzierung. Weiter enthalten die Materialien zu den Kapiteln der Schulbücher mindestens drei Klassenarbeiten mit Bewertungsbogen. Zu Themen, bei denen sich keine Klassenarbeiten anbieten (z. B. bei einigen Bereichen der Rechtschreibung), werden der Lehrkraft mindestens drei Vorschläge für Lernerfolgskontrollen angeboten. Auch zu diesen Lernerfolgskontrollen findet die Lehrkraft entsprechende Bewertungsbögen, sodass diese auch als Diagnose-Instrument genutzt werden können.

CD-ROM

Die den Materialien für Lehrerinnen und Lehrer beigelegte CD-ROM enthält alle Arbeitsblätter, Vorschläge für Klassenarbeiten und Lernerfolgskontrollen sowie Beurteilungs- und Lösungsbögen. Dies ermöglicht der Lehrkraft eine Anpassung der Materialien an die jeweilige Lerngruppe und -situation.

BiBox – Digitale Lehrermaterialien

In der digitalen Version des Lehrerbandes sind die Materialien den Kapiteln und Seiten des Lehrwerks zugeordnet, sodass auf einen Blick alle vorhandenen Lehrerband-Materialien (Arbeitsblätter, Lösungen, Bewertungsbogen zur Leistungsüberprüfung/Klassenarbeit) zu einer Lehrwerkseinheit zu sehen sind.

Hörverstehen und Zuhören

Die Ausbildung der Hörkompetenz ist vor dem Hintergrund, dass die Lebenswelt heutiger Schüler von audio-visuellen Medien bestimmt ist, zu einer wichtigen Aufgabe geworden. Zu den Schulbüchern für die Jahrgangsstufen 5–8 bietet „P.A.U.L. D. – Differenzierende Ausgabe" jeweils ein Paket von Doppel-CD und Arbeitsblättern zur Schulung der Hörkompetenz an. Auf der Doppel-CD werden viele Texte, darunter die meisten längeren Texte, die im Schulbuch abgedruckt sind, von professionellen Sprechern vorgetragen. Zu den Texten des ersten umfangreicheren Teiles „Hörverstehen" werden für die Schüler Arbeitsblätter zur Texterfassung und -erschließung angeboten. Diese Arbeitsblätter können insbesondere als Differenzierungsangebot für schwächere Schüler eingesetzt werden. Oft hilft ihnen das Hören eines Textes dabei, ein angemessenes Textverständnis zu entwickeln. Die

Arbeitsblätter geben diesen Schülern konkrete Hilfen, die zentralen Informationen, wichtigsten Aussagen und grundlegenden Intentionen eines Textes zu erfassen. Am Ende der zweiten CD werden einige literarische Texte, die im jeweiligen Schulbuch angeboten werden, unter der Überschrift „Zuhören" vorgetragen. Hier steht die Förderung der Motivation zur Beschäftigung mit Literatur im Vordergrund. Deshalb wurde bei diesem Teil auf Arbeitsblätter, die auf die technische Informationsentnahme im Sinne standardisierter Prüfungen zielen, verzichtet.

Online-Diagnose

Mithilfe eines 30-minütigen Tests kann für jeden Schüler eine individuelle Stärken-Schwächen-Analyse zu den einzelnen Kompetenzbereichen des Fachs Deutsch erstellt werden. Auf der Basis dieser Diagnose wird ein individueller Förderplan erstellt. Die Fördermaterialien können einfach heruntergeladen und ausgedruckt werden.

Wir und unsere Schule – die neue Klasse und Schule kennenlernen (S. 10–29)

Vorüberlegungen zur Einheit

In dieser Einheit geht es insbesondere darum, dass sich die Schüler der neuen Klasse besser kennenlernen. Dies geschieht in den **ersten beiden Teilkapiteln (S. 12–18)** z. B. über Gedichte, Spiele, Steckbriefe oder Partnerinterviews in spielerischer Form.
Im **dritten Teilkapitel (S. 19–21)** machen sich die Schüler mit den Räumlichkeiten der neuen Schule vertraut und sammeln allgemeine Informationen über sie.
Im **vierten Teilkapitel (S. 22–25)** werden die Schüler angeleitet, wie sie ihre Erfahrungen mit ihrer neuen Schule anderen in Form eines persönlichen Briefes mitteilen können.
Die Einheit wird mit dem **fünften Teilkapitel (S. 26–27)** abgeschlossen. Darin üben die Schülerinnen und Schüler die Benutzung von Schulbusplänen.

Zentrale Kompetenzen, die in dieser Einheit geschult werden, sind:
- eine Person und sich selbst beschreiben und vorstellen
- über Erfahrungen berichten und erzählen
- persönliche Briefe planen und verfassen
- einfachen diskontinuierlichen Texten Informationen entnehmen und sie für die Klärung von Sachverhalten nutzen
- Texte verbessern und überarbeiten

Die **Doppeleinstiegsseite (S. 10–11)** bietet den Schülern vielfältige Gelegenheiten, über eigene Erfahrungen, Eindrücke, Gefühle und Wünsche in Bezug auf ihre neue Schule zu sprechen. Insbesondere sollten sie ihre Sorgen und Ängste artikulieren und so eine Entlastung erfahren. Dies geschieht besonders durch die Möglichkeit, Gefühle über das Hineinversetzen in die beiden Kinder auf dem Foto auf S. 10 zu äußern. So müssen sie die hier vorgebrachten Ängste nicht als ihre eigenen vor der neuen Klasse offenlegen.

Didaktische Aufbereitung der Unterkapitel

1. Das bin ich – sich selbst vorstellen (S. 12–14)

LARA – ein Wortgedicht schreiben (S. 12–13)

Aufgaben 1–6
S. 12–13

Die Wortgedichte sollen es den Schülern auf spielerische Art und Weise ermöglichen, sich selbst vorzustellen und ihre Klassenkameraden besser kennenzulernen. Gleichzeitig werden sie im beschreibenden Umgang mit Adjektiven gefördert.

Aufgabe 7
S. 13

Das gemeinsame Spielen des Aufstehspieles ermöglicht Gemeinschaftserfahrungen, bereitet den Schülern erfahrungsgemäß Freude und sorgt ebenfalls dafür, dass die Schüler mehr übereinander erfahren.

„Einzigartig“ – etwas über sich erzählen (S. 13–14)

Die Auseinandersetzung mit Sprengers Gedicht verdeutlicht den Schülern, dass sie ihre individuellen Talente als Stärke begreifen können. Darüber hinaus soll vermittelt werden, dass die Wahrnehmung der eigenen Einzigartigkeit wichtig für die Entfaltung der Persönlichkeit ist und dass eine gute Klassengemeinschaft durch die Wahrnehmung des Besonderen an den anderen unterstützt wird.

Aufgabe 1
S. 13

Diese Aufgabe spricht zwei Kompetenzebenen an. Zum einen sollen die Schüler das Vortragen von lyrischen Texten üben und dabei auf eine sinnvolle Intonation achten. Zum anderen soll die Kernaussage des Gedichts durch den Vortrag mit besonderer Betonung der Schlüsselwörter („einzigartig“, „dich“, „du“, ...) herausgearbeitet werden, welches ein generell gängiges Verfahren beim Umgang mit unbekannten Texten darstellt. Denkbar ist, dass den Schülern zunächst kurz Zeit gegeben wird, die Worte, welche sie durch Betonung besonders herausheben wollen, farbig zu markieren, was ein anschließendes Vortragen vor der Klasse erleichtert. Dabei sollten sie mit einer Folie arbeiten, wenn ihnen das Buch nicht gehört.

Aufgabe 2
S. 14

Alternativ zum offenen Unterrichtsgespräch kann diese Aufgabe mithilfe einer „Kreidestaffel“ bearbeitet werden. Hierzu wird das Wort „einzigartig“ auf die Mitte der Tafel geschrieben, sodass die Schüler ihre ersten Einfälle, Ideen oder mögliche Synonyme um den Begriff schreiben können, wobei z. B. zwei Schüler ihre Einfälle mit Kreide an die Tafel schreiben und ihre Kreide an die nächsten weiterreichen. Wenn möglichst alle Schüler etwas an die Tafel geschrieben haben, können die Ergebnisse eventuell geordnet und besprochen werden.
Ziel ist es, dass Einzigartigkeit als positives Persönlichkeitsmerkmal wahrgenommen wird, welches mit Besonderheit und Individualität verbunden ist. Als mögliche Synonyme für einzigartig können *interessant, besonders, spannend, faszinierend*, ... genannt werden.

Aufgabe 3
S. 14

Wichtig ist es, dass den Schülern vermittelt wird, dass in den letzten drei Versen an den Leser appelliert wird, er solle seine Individualität als Stärke begreifen und diese nicht – beispielsweise durch Anpassung an eine Gruppe – verlieren. Sinnvoll kann es in diesem Kontext sein, dass die Schüler von eigenen Erfahrungen und auch von möglichen Problemen des Andersseins und des Sich-Nicht-Anpassens berichten.

Aufgaben 4–6
S. 14

Die folgenden Aufgaben dienen dazu, eigene Stärken zu entdecken und weiterzugeben, aber auch Besonderes, Talente und Interessen der Mitschüler und Mitschülerinnen wahrzunehmen. Die zum Teil spielerischen Aufgaben sind so angelegt, dass sie die Kommunikation innerhalb des Klassenverbundes fördern und das Miteinander-Vertrautwerden erleichtern.

2. Steckbriefe und Partnerinterviews – sich und andere beschreiben (S. 15–18)

Man nennt mich Hanna – sich mithilfe eines Steckbriefs vorstellen (S. 15–16)

Aufgaben 1/4
S. 15

Ziel der Aufgaben ist es, zentrale Aspekte, die für eine zugleich interessante und formal richtige Gestaltung eines Steckbriefes notwendig sind, zu erkennen. Hierzu sollen die Schüler zunächst die Informationen, welche Hannas Selbstdarstellung enthält, herausarbeiten und im Anschluss daran formulieren, was diese vielleicht noch offen lässt. Hierzu bietet sich folgendes Tafelbild an:

Tafelbild

Hannas Steckbrief

Das wissen wir über Hanna	***Das möchten wir noch wissen***
– *Vor- und Nachname*	– *Wann hat sie Geburtstag?*
– *Anschrift*	– *Hat sie Geschwister?*
– *Geburtsort*	– *Welchen Beruf üben ihre Eltern aus?*
– *Spitzname*	– *Wie groß ist Hanna?*
– *Aussehen (Foto)*	– *Hat sie ein Haustier?*
– *Lieblingsfach*	– *Was für Musik hört sie?*
– *Hobbys, Lieblingsbeschäftigungen*	– *Hat sie ein Lieblingsbuch?*
– *Grundschule*	– *Welches Sternzeichen ist sie?*
– *Wünsche für die Schulzeit*	– …

Aufgabe 3, S. 15 Auf der Basis des zuvor erstellten Tafelbildes soll nun eine Stichwortsammlung erstellt werden, welche Informationen enthält, die für einen ausführlichen Steckbrief notwendig sind. Es ist sinnvoll, nach Abschluss der Stichwortsammlung diese zu ordnen und zu gewichten. So erhalten die Schüler eine Struktur als Grundlage für das Erstellen eigener Steckbriefe.

Tafelbild

Der Aufbau eines Steckbriefs

allgemeine Informationen:

- *Vor- und Nachname*
- *Spitzname*
- *Geburtstag und -ort*
- *Anschrift*
- *Aussehen*
- *Größe*
- *Eltern und Geschwister*
- *Schule*
- *Sternzeichen*

Interessen und Charakter:

- *Hobbys*
- *Weitere Interessen*
  - → *Lieblingstier*
  - → *Lieblingsfach*
  - → *Lieblingsbuch*
  - → *Lieblingsfarbe*
  - → …
- *Musikgeschmack*
- *Haustiere*
- *typische Charaktereigenschaften*

Aufgabe 4 S. 15 Nachdem die ersten Aufgaben die inhaltliche Struktur eines Steckbriefes thematisiert haben, soll nun vermittelt werden, wie sich dieser optisch sinnvoll gestalten lässt. Mithilfe des Steckbriefs von Hanna sammeln die Schüler folgende Möglichkeiten, einen Steckbrief gelungen zu gestalten:

- Hervorheben von Schlüsselbegriffen
- Setzen einer interessanten Überschrift („Ich über mich“)
- Strukturierung nach Themenfeldern
- Hinzufügen von Bildern und Fotos
- farbige Gestaltung
- …

Aufgabe 5
S. 16

Auf der Basis der zuvor bearbeiteten Aufgaben können die Schüler anhand der erarbeiteten inhaltlichen und formalen Kriterien einen eigenen Steckbrief erstellen. Unterstützend können sie dabei die Lernbox auf Seite 16 heranziehen.

Aufgabe 6
S. 16

Aufgabe a) bietet für schwächere Schüler eine zu bewältigende Alternative zu der komplexen Form des Steckbriefs von Johanna, um sich selbst den anderen vorzustellen.
Die Aufgaben b) und c) zeigen Möglichkeiten auf, wie mit den Steckbriefen weitergearbeitet werden kann. Man kann sie dazu nutzen, um das gegenseitige Kennenlernen zu intensivieren (Aufgabe a) oder um das Identitätsgefühl der Schüler als Klasse zu stärken (Aufgabe b). Sofern die Zeit zur Verfügung steht, ist auch eine Kooperation mit dem Fach Kunst denkbar.

Was ist dein Lieblingsgericht? – Andere mithilfe eines Partnerinterviews vorstellen (S. 17–18)

Aufgaben 1–3
S. 17

Es geht zunächst darum, einen Fragenkatalog als Strukturierungshilfe für ein Interview mit den Mitschülern zu erstellen. Hierzu wird untersucht, was man in dem fiktiven Interview Fabians mit Hassan über diesen erfährt. Im nächsten Schritt sammeln die Schüler weitere Fragen, die man Hassan noch stellen könnte. Auf der Grundlage dieser Vorarbeiten planen und bereiten sie die Durchführung eines eigenen Partnerinterviews vor. Schwächeren Schülern kann **Arbeitsblatt 1** im Materialienband (S. 15) ausgehändigt werden, damit sie selbstständig ein Partnerinterview durchführen können.

Aufgaben 4–6
S. 17–18

Diese Aufgaben sprechen zwei Kompetenzebenen an. Einerseits sollen die Schüler lernen, ein Interview zu führen und sich geeignete Notizen zu machen. Im Anschluss daran sollen die Ergebnisse des Interviews in Form eines kurzen Vortrags der Klasse präsentiert werden. Damit das Partnerinterview gelingt, ist es sinnvoll, im Voraus Verhaltensregeln zum Führen eines Interviews zu klären und diese z. B. in folgender Form an der Tafel festzuhalten.

Verhaltensregeln zum Führen eines Interviews

Ich …
- *begrüße meinen Interviewpartner und sage ihm, worum es geht.*
- *spreche deutlich und langsam.*
- *zeige Interesse an meinem Gesprächspartner.*
- *bleibe konzentriert und aufmerksam.*
- *lasse meinem Gegenüber die nötige Zeit, um zu antworten.*
- *vermeide Ja-/Nein-Fragen.*
- *halte die Antworten nur in Stichpunkten fest.*
- *bedanke mich im Anschluss bei meinem Gesprächspartner.*
- *…*

Als Grundlage für das Interview dient der zuvor erstellte Fragenkatalog, Hilfestellung bietet außerdem die Lernbox auf Seite 18.

Aufgabe 7
S. 18

Diese Aufgabe dient der Binnendifferenzierung. Je nach Möglichkeiten der Schüler können sie denjenigen, den sie interviewt haben,

a) entweder mithilfe ihrer Stichworte in Form eines ausformulierten Textes als fiktive E-Mail oder
b) durch die Gestaltung der Stichworte selbst in Form eines Bildnamens (s. S. 16) vorstellen.

Die Schüler wollen natürlich nicht nur ihre Mitschüler näher kennenlernen, sondern auch ihre neuen Lehrer. Mithilfe von **Arbeitsblatt 2** im Materialienband (S. 16) können sie Interviews mit ihren neuen Lehrern durchführen. Eventuell können einzelne Schüler oder Kleingruppen die Ergebnisse dieser Interviews in Form von Steckbriefen, die in der Klasse ausgehängt werden, gestalten.

3. Was ist anders? – Die neue Schule erkunden (S. 19–21)

Wo ist der Musikraum? – Sich in der neuen Schule zurechtfinden (S. 19–21)

Aufgaben 1–5
S. 19–21

Das Bearbeiten dieser Aufgaben erleichtert es den Schülern, sich in der neuen Schule zurechtzufinden. Des Weiteren werden die Kompetenzbereiche des Entnehmens von Informationen bei diskontinuierlichen Texten und des Beschreibens angesprochen, indem die Schüler einen Flucht- und Rettungsplan benutzen und auf der Basis selbst erstellter Notizen eine Wegbeschreibung zu wichtigen Räumlichkeiten erstellen.

Wer? Wo? Was? – Sich über die neue Schule informieren (S. 21)

Aufgaben 1–2
S. 21

Die Aufgaben können einen kleinen informativen Text vorbereiten, wobei der zuvor erstellte Fragenkatalog, der an der Tafel festgehalten werden sollte, als Strukturierungshilfe dient. Sinnvoll ist es, im Klassengespräch eine geeignete Reihenfolge der Fragen zu erarbeiten.

4. Mir gefällt es gut ... – Briefe untersuchen und schreiben (S. 22–25)

Lisa geht es gut – den Aufbau eines Briefes untersuchen (S. 22–23)

Aufgabe 1
S. 23

Zu dieser Aufgabe kann folgendes Tafelbild erstellt werden, in welchem Lisas positive und negative Eindrücke gegenübergestellt werden. Anschließend berichten die Schüler davon, ob sie ähnliche Erfahrungen gemacht haben.

Tafelbild

Lisas Erfahrungen

Positiv	***Negativ***
– *Cafeteria mit einer großen „Auswahl an Leckereien"* – *viele nette Fächer und Lehrer* – *Möglichkeit, sich schnell einleben zu können* – ...	– *Größe der Schule* – *Schwierigkeiten bei der Orientierung* – *Problem, dass „viele Große […] das Sagen haben" und man als Neuling ungerecht behandelt wird* – ...

Aufgabe 2
S. 23

Folgende Stellen, in denen Lisa in ihrem Brief den Grundschulkindern die Angst vor der weiterführenden Schule nehmen will, können von den Schülern genannt werden:

- „Super ist aber die Cafeteria ..."
- „Die Auswahl der Leckereien könnt ihr euch nicht vorstellen!"
- „Toll sind auch die vielen neuen Fächer und die vielen Lehrer."
- „Ihr könnt euch auf den nächsten Sommer freuen."
- „Ich hätte nicht gedacht, dass ich mich auf der neuen Schule so schnell einleben könnte."

Aufgabe 3
S. 23

Diese Aufgabe kann zunächst in Partnerarbeit gelöst und die Ergebnisse können später im Plenum diskutiert werden. Es kann festgehalten werden, dass der Brief in seiner inhaltlichen und formalen Gestaltung gelungen ist.

Lisa
- nennt die negativen Dinge zuerst und erzählt dann von den positiven, sodass diese stärker in Erinnerung bleiben,
- benutzt positiv konnotierte Adjektive wie „super“ oder „toll“,
- beendet ihren Brief, indem sie den Kindern Mut macht und davon berichtet, dass es ihr leichtgefallen ist, sich in den neuen Schulalltag einzugewöhnen,
- ...

Aufgabe 4
S. 23

In der rechten Spalte sind die Bausteine des Briefes benannt, die die Schüler mithilfe der Lernbox auf dieser Seite in dem Brief von Lisa nachweisen:

Neustadt, den 2.9.2010	**Briefkopf**
Liebe Schülerinnen und Schüler der Klasse 4a,	**Anrede**
nach der ersten Schulwoche auf der Anne-Frank-Schule sitze ich gerade gemütlich an meinem Schreibtisch und habe mir überlegt, euch einen Brief darüber zu schreiben, was ich an der neuen Schule gut und nicht so gut finde. Natürlich ist vor allem die Größe der Schule eine riesige Umstellung für mich. In den Fluren der Fachräume habe ich mich die ersten Tage öfter mal verirrt. Außerdem muss ich mich daran gewöhnen, dass viele Große hier das Sagen haben. Auf dem Schulhof und auf den Treppen werden wir manchmal ordentlich hin- und hergeschubst. Das finde ich auch ganz schön anstrengend und nervig. Super ist aber die Cafeteria, in der wir uns während der Regenpausen aufhalten dürfen und uns auch etwas zu essen oder zu trinken kaufen können. Die Auswahl an Leckereien könnt ihr euch nicht vorstellen! Toll sind auch die vielen neuen Fächer und die vielen Lehrer. Besonders mag ich Biologie, da wir dort im Moment über unsere Haustiere sprechen. Nächste Woche darf ich sogar meine Katze „Molly“ mit in den Unterricht bringen. Darauf freue ich mich schon.	**Brieftext**
Ihr könnt euch auf den nächsten Sommer freuen, wenn ihr dann zu den „Neuen“ gehört. Ich hätte nicht gedacht, dass ich mich auf der neuen Schule so schnell einleben könnte.	**Briefabschluss**
Viele Grüße	**Gruß**
Lisa	**Unterschrift**

Ich bin Tim – einen Brief überarbeiten (S. 24)

Aufgabe 2
S. 24

Diese Aufgabe betont den Prozesscharakter des Schreibens, indem die Notwendigkeit der Überarbeitung in den Mittelpunkt gerückt wird. Ziel ist es, dass die Schüler ihr zuvor gelerntes Wissen über die inhaltliche und formale Gestaltung eines Briefes anwenden und an Tims Brief folgende Punkte bemängeln, die an der Tafel festgehalten werden können:

Tafelbild

formale Gestaltung	*Inhalt*
– *fehlende Gliederung (keine Absätze, kein Briefkopf)* – *Briefabschluss mitsamt Gruß fehlt* – *keine persönliche Anrede* – *kein „roter Faden“ erkennbar* – *Rechtschreibfehler* – *sprachliche Fehler und Ungenauigkeiten* – *…*	– *Im Brieftext werden die Leser nicht persönlich angesprochen.* – *Tim schildert bloß oberflächlich seine Gefühle und Gedanken.* – *…*

Aufgabe 3
S. 24

Auf der Basis der in Aufgabe 2 erstellten Fehlerliste sollen die Schüler nun Tims Brief überarbeiten. In verbesserter Form könnte dieser wie folgt lauten:

Neustadt, den 2.9.2010

Liebe Schülerinnen und Schüler der Klasse 4a,

nach den ersten Tagen auf der Anne-Frank-Schule sitze ich gerade in unserer schönen Cafeteria und habe mir überlegt, euch einen Brief darüber zu schreiben, was ich an meiner neuen Schule schon alles erlebt habe.

Mein erster Schultag begann in der großen Aula, wo alle Neuen vom Direktor begrüßt wurden. Zum Glück hat mich an dem Tag mein Vater begleitet, ich war nämlich ganz schön aufgeregt, weil alles so neu für mich war. Die Aufregung legte sich aber schnell, als ich meinen sehr netten Klassenlehrer Herrn Müller kennengelernt habe, der uns gleich alle wichtigen Dinge in der Schule gezeigt hat. In den Pausen kann man hier super Tischtennis spielen und sogar eine Kletterwand gibt es. Da ist es aber meistens so voll, dass man in der kurzen Zeit gar nicht zum Zuge kommt.

Herr Müller hat uns dann auch gleich den Stundenplan für das Schuljahr gegeben. Besonders spannend finde ich die neuen Fächer, welche ich bekommen habe. Morgen habe ich die erste Stunde Physik, worauf ich mich total freue.

Ich hoffe, ihr könnt euch jetzt etwas besser vorstellen, was euch nächstes Jahr erwartet. Wenn ihr noch mehr Fragen habt, schreibt mir doch einfach zurück. Ich würde mich sehr über eine Antwort von euch freuen.

Ich jedenfalls fühle mich sehr wohl hier und habe auch schon viele neue Freunde gefunden.

Viele Grüße

Tim

Liebe Schülerinnen … – einen persönlichen Brief schreiben (S. 24–25)

Aufgaben 1–4
S. 24–25

In Form eines persönlichen Briefes an die Schüler ihrer früheren Grundschule berichten die Schüler über ihre eigenen Erfahrungen an der neuen Schule. Die Aufgaben sind so gestaltet, dass die Schüler weitgehend eigenständig einen Briefentwurf erstellen und diesen mithilfe ihrer Klassenkameraden bewerten und überarbeiten. Die Lehrkraft übernimmt lediglich eine beratende Funktion und hält sich im Hintergrund.

Aufgabe 5
S. 25

Diese Aufgaben und Anregungen vermitteln den Schülern, dass ihr zuvor erlerntes Wissen über das Schreiben von Briefen einen starken Realitätsbezug hat. Durch das Knüpfen von Brieffreundschaften oder auch das eher formelle Schreiben an die Schülervertretung wird ihnen klar, wie sie ihr Wissen sinnvoll anwenden können.

5. Mit dem Bus unterwegs – einen Fahrplan lesen (S. 26–27)

Aufgabe 1
S. 26

Folgende Antworten sollen erarbeitet werden:

- Der rote Kasten und die fett gedruckten Namen über dem Plan geben den Namen der Linie, den Gültigkeitszeitraum (nur Werktage) und die Richtung mit Zwischenstopp an.
- Die Straßen- und Ortsnamen bezeichnen die Haltestellen, welche der Bus anfährt.
- Diese Zahlen in der obersten Zeile geben die vollen Stunden an, zu denen die Minuten in der Spalte darunter ergänzt werden müssen (6 = sechs Uhr morgens).
- Die kleinen Zahlen in den Spalten geben die Minuten an, welche die Stundenangabe am Kopf der Spalte ergänzen (erste Spalte „35“ = 6.35 Uhr).
- Das rote Kästchen mit dem „S“ in der zweiten Spalte bedeutet, dass der Bus ausschließlich an Schultagen fährt.

Aufgabe 2
S. 27

Folgende Antworten sind richtig:

- Jan muss spätestens um 7.47 Uhr von der Haltestelle losfahren.
- Der Bus ist acht Minuten unterwegs.
- Jan kann den Bus um 8.17 Uhr nehmen.
- Jan kann den Bus, der um 13.25 von der Domschule Richtung Storchsgasse fährt, nehmen.
- Jan muss den Bus um 16.17 Uhr nehmen.

Aufgabe 3
S. 27

Die Aufgabe a) sollte außerhalb des Unterrichts erledigt werden, indem sich die Schüler die nötigen Informationen selbstständig beschaffen.
Aufgabe b) sollte genutzt werden, um mit den Schülern über die Frage zu sprechen, ob sie die einzelnen Vorschriften, die die Icons verbildlichen, richtig finden. So kann ein angemessenes Verhalten in Schulbussen thematisiert werden. Dabei sollten auch Probleme angesprochen werden, die für sie mit dem Busfahren verbunden sind. Die einzelnen Icons bedeuten von links nach rechts:

- Im Bus ist das Essen verboten.
- Dieser Sitz ist für Rollstuhlfahrer oder Gehandicapte freizuhalten.
- Das Benutzen von Handys ist im Bus verboten.
- Laute Musik darf im Bus auch nicht über Kopfhörer gehört werden.

  Eine anschließende Aufgabe könnte sein, dass die Schüler nach weiteren Icons in Bussen suchen und diese der Klasse vorstellen und erklären.

Alles klar? – Wiederholen, üben und überprüfen (S. 28–29)

Aufgabe 3
S. 28

Folgende Bausteine eines Briefes müssen genannt werden:

- Briefkopf
- persönliche Anrede
- Brieftext
- Briefabschluss
- Gruß
- Unterschrift

Aufgabe 4
S. 28

Pias Brief weist neben den formalen Mängeln und einer fehlenden Strukturierung vor allem Schwächen im Inhalt und Ausdruck auf. In korrigierter Fassung könnte dieser etwa wie folgt aussehen:

Heepen, den 14.10.2010

Liebe Omi,

nach der ersten Woche auf meiner neuen Schule habe ich mich entschlossen, dir einen Brief zu schreiben. Ich habe die letzten Tage so viele nette Erfahrungen gemacht und Eindrücke bekommen, von denen ich dir gerne erzählen möchte.

Am Montagmorgen ging ich zusammen mit Mama und Papa in die große Aula meiner neuen Schule. Dort werden jedes Jahr die neuen Schüler vom Schulleiter begrüßt. Ich wurde dort auch meiner Klasse, der 5c, zugeteilt und habe meine neue Klassenlehrerin Frau Kranz kennengelernt, die ich richtig nett finde. Sie ist schon etwas älter, aber das macht gar nichts. Du bist ja auch schon etwas älter.
Sie brachte mich und meine Mitschüler dann in unsere Klasse, wo wir uns erst einmal selbst vorstellen durften. So ganz alleine vor der Klasse zu sprechen fiel mir etwas schwer, aber dann klappte es doch, weil mich Frau Kranz die ganze Zeit freundlich angeschaut hat. Mittlerweile habe ich schon viele nette Freunde gefunden und ich fühle mich echt wohl hier.

Ganz neu ist für mich auch die Fächerauswahl. Ich habe ab jetzt Fächer wie Biologie und Politik, welche mir bestimmt sehr viel Spaß machen. Nur Mathe finde ich auch hier immer noch etwas langweilig.

Ich freue mich, dich nächste Woche zu sehen, wenn du uns besuchst. Dann kann ich dir noch viel mehr von all dem erzählen, was ich an der neuen Schule erlebe.

Ganz liebe Grüße

Deine Pia

Aufgabe 5
S. 29

- Vom Südwall bis zum Schulzentrum ist der Bus 5 Minuten unterwegs.
- Serkan muss also spätestens den Bus nehmen, der um 8.44 Uhr vom Elsterweg abfährt. Dieser fährt um 8.45 Uhr vom Südwall ab und kommt um 8.50 Uhr am Schulzentrum an.
- Der Bus hält an den Stationen: Bahnhof und Adelbertstraße.
- Vom Bahnhof bis zum Schulzentrum ist der Bus 4 Minuten unterwegs. Also müssen die Jungen den Bus nehmen, der am Elsterweg um 9.14 Uhr abfährt. Dieser Bus fährt um 9:16 Uhr am Bahnhof ab und kommt um 9.20 Uhr am Schulzentrum an.
- Serkan muss spätestens den Bus nehmen, der um 7.29 Uhr vom Elsterweg startet. Er steigt um 7.30 Uhr im Südwall ein und kommt 7.51 Uhr an der Eichendorffstraße an.
- In den Schulferien muss er bereits den Bus um 7.23 Uhr vom Südwall nehmen. Der spätere Bus verkehrt nicht in den Ferien.
- Das Kästchen in der Legende zeigt an, welche Busse nicht am Schulzentrum halten.

Wichtiger Änderungshinweis zur Aufgabe 5, S. 29
Die Antworten im Lehrerkommentar beziehen sich auf einen überarbeiteten und vereinfachten Busfahrplan, der im Nachdruck abgedruckt wurde. Der Fahrplan der Erstauflage hat sich als zu schwierig erwiesen.
Zur einfacheren Nutzung im Unterricht sollte generell auf die Version der Neubearbeitung zurückgegriffen werden; sie ist im Materialienband auf S. 17 als **Arbeitsblatt 3** abgedruckt.

Von Schülern und Lehrern – Geschichten aus der Schule (S. 30–47)

Vorüberlegungen zur Einheit

In dieser Einheit geht es um erzählende Texte, in denen Erfahrungen mit dem Beginn an einer neuen Schule, alltägliche Probleme unter Mitschülern und Auseinandersetzungen und Beziehungen zwischen Schülern und Lehrern thematisiert werden. Alle Geschichten sind so ausgewählt, dass sie an den Erfahrungen der Schülerinnen und Schüler anknüpfen. So ermöglichen sie Anschlussgespräche (z. B. zu Fragen wie: Was macht einen guten Lehrer aus? Wie hätte ich mich anstelle der Figuren in der jeweiligen Situation verhalten?), die den Schülern Gelegenheit geben, eigene Erfahrungen, Ängste und Vorstellungen einzubringen. In allen Teilkapiteln werden zentrale Kompetenzen zum Umgang mit erzählenden Texten vermittelt (z. B.: Texte gliedern, Inhalte zusammenfassen, Textstellen deuten, Figuren beschreiben, sich in Figuren hineinversetzen, aus der Sicht von Figuren schreiben ...). Darüber hinaus hat aber jedes Teilkapitel einen spezifischen Schwerpunkt.
In dem **ersten Teilkapitel (S. 32–34)** steht die Identifikation der Schülerinnen und Schüler mit der Hauptfigur aus der Geschichte „Kribbeln im Bauch" im Vordergrund. Über das Verfassen von inneren Monologen vollziehen sie ihre Ängste und Sorgen zu Beginn des fünften Schuljahres an der neuen, weiterführenden Schule und deren Überwindung nach.
Die nächste Geschichte, „Die neue Klasse" von Paul Maar, die im Mittelpunkt des **zweiten Teilkapitels (S. 35–38)** steht, thematisiert Außenseiter-, Konkurrenz- und Gewalterfahrungen, wie sie im Schulalltag immer wieder auftauchen. Die Schülerinnen und Schüler lernen hier, sich einen Text gemeinsam im Sinne eines reziproken Lesens in Lesegruppen zu erschließen. Bei der Erarbeitung der Geschichte lernen die Schüler eine Figurenkonstellation übersichtlich in einem Schaubild darzustellen.
Das Beschreiben von Figuren bildet neben der Erschließung des Inhaltes der Geschichte „Der Klassenkasper" von Uta-Maria Heim den Schwerpunkt des **dritten Teilkapitels (S. 39–42)**. Inhaltlich geht es darum, dass man die Situation und Gefühle eines anderen verstehen kann, auch wenn man seine Sprache nicht versteht. Weiter steht die Reaktion eines autoritären Lehrers im Mittelpunkt, der entgegen der Erwartungen der Schüler eine problematische Konfliktsituation mit Humor und Verständnis löst.
Um einen alltäglichen Streit zwischen zwei Schülern und die Schwierigkeiten, sich wieder zu versöhnen, geht es in der letzten Geschichte, „Uli und ich" von Irmela Wendt, im **vierten Teilkapitel (S. 43–45)**. Diesmal bildet das genaue Erfassen und Zusammenfassen des Textinhaltes den Schwerpunkt. Über ein fiktives Schülerbeispiel, das verbessert werden muss, werden die Schüler angeleitet, den Textinhalt genau zu erarbeiten und zutreffend zusammenzufassen.
In der abschließenden **Überprüfungs- und Übungsdoppelseite (S. 46–47)** werden wichtige Kompetenzen (die Methode des Gruppenlesens, das Verfassen innerer Monologe, das Zusammenfassen von Textinhalten) noch einmal anhand der Geschichte „Ich bin so gemein gewesen" von Irina Korschunow vertiefend aufgegriffen.

Zentrale Kompetenzen, die in dieser Einheit geschult werden, sind:
- Inhalte einfacher literarischer Formen erfassen und kürzere Erzählungen verstehen

- sich mit Inhalten erzählender Texte, Handlungen und Figuren vor dem Hintergrund eigener Erfahrungen auseinandersetzen
- über notwendige Arbeitstechniken der Textbearbeitung verfügen (z. B.: Informationen entnehmen; Textaussagen markieren; Texte gliedern; Teilüberschriften finden; Notizen zum Gelesenen machen; einzelne Aussagen klären)
- einfache Verfahren der Textuntersuchung und Grundbegriffe der Textbeschreibung anwenden (z. B.: Textinhalte erfassen; Handlungen, Figuren und Konflikte beschreiben und kommentieren; einfache grafische Darstellungen, Überschriften finden und Gliederung von Texten als Hilfsmittel des Verstehens nutzen)
- Texte nach Textmustern verfassen, fremde Texte weiterschreiben, umschreiben oder verfremden
- elementare Methoden der Textüberarbeitung anwenden
- einen Text in Lesegruppen erschließen bzw. die Methode des reziproken Lesens kennenlernen

Die **Auftaktdoppelseite (S. 30–31)** kann als Einstieg in das Thema der folgenden Erzählungen genutzt werden. Die abgedruckten Bilder zeigen Situationen aus dem Schulalltag, die die Schüler sicher kennen. So können sie hier von ihren eigenen Erfahrungen und Erlebnissen erzählen. Anregungen dazu geben die Aufgaben 2 und 3 auf Seite 31.

Didaktische Aufbereitung der Unterkapitel

1. „Kribbeln im Bauch“ – einen inneren Monolog schreiben (S. 32–34)

Ingrid Hintz: Kribbeln im Bauch (S. 32–33)
Die Erzählung von Ingrid Hintz thematisiert die Erlebnisse eines jungen Schülers, Florian, an seiner neuen Schule. Es wird in der Er-Form erzählt, das personale Erzählverhalten sorgt aber dafür, dass der Leser über die Gefühle der Hauptfigur aufgeklärt wird. So kann sich der Leser mit Florian identifizieren und sich in seine Lage hineinversetzen. Der inhaltliche Kern der Geschichte ist folgender: Florian fühlt sich in der für ihn ungewohnten Umgebung seiner neuen Schule unwohl, überwindet dieses Unwohlsein jedoch dadurch, dass er auf Gleichgesinnte trifft, und durch die freundschaftliche Hilfe eines Klassenkameraden.
Im Sinne eines verzögerten und antizipierenden Lesens wird die Geschichte in zwei Teilen gelesen. Der erste Abschnitt auf S. 32 führt die Schüler in die Geschichte ein. Sie erfahren, wo sie spielt, wer die Hauptfigur ist und welches ihre Situation am Anfang der Handlung ist.

Aufgabe 1 S. 32
Diese Aufgabe ist als Einstieg in die Erarbeitung der Erzählung, aber auch als Annäherung an die Darstellungsform des inneren Monologs gedacht. Hierzu sollte der kurze Textauszug (Z. 1–9) zunächst laut gelesen werden, was von einem Schüler übernommen wird. Dann benennen sie die Gedanken, die Florian in der Geschichte durch den Kopf gehen, und sammeln weitere mögliche Gedanken Florians. Angesichts der Tatsache, dass die Schülerinnen und Schüler sich in einer Situation befinden, die der Florians ähnlich ist, sollte es nicht schwerfallen, ausreichend Ideen dafür, was Florian durch den Kopf gehen könnte, zu finden.

Gesichert werden kann das Material durch folgendes Folien- oder Tafelbild, wobei die Inhalte der Gedankenblasen entsprechend variieren:

Tafelbild

Florians erster Schultag

„Wäre Thore doch nur hier!“

„Ob ich hier neue Freunde finde?“

„Hoffentlich sind meine Klassenkameraden nett zu mir.“

„Ich fühle mich einsam!“

Florian

„Was ist, wenn mich die anderen nicht mögen?“

„Am liebsten würde ich gleich wieder nach Hause gehen!“

„Wie es Thore wohl gerade geht?“

…

Wie lässt sich Florians Situation beschreiben?

Florian …

- *fühlt sich einsam,*
- *ist aufgeregt,*
- *hat Angst,*
- *befindet sich in einer ungewohnten Umgebung,*
- *denkt viel an seinen Freund,*
- …

Aufgabe 2
S. 32

Für diese Aufgabe eignet sich alternativ zum Unterrichtsgespräch auch eine Gruppenarbeitsphase (ca. 4 Schüler). Ziel soll es sein, eine eigene Fortführung der Geschichte zu planen und zu verfassen. Als Grundlage hierfür eignet sich zu Beginn der Arbeitsphase ein stilles Schreibgespräch, bei dem die Schüler erste Ideen und Assoziationen auf einem Plakat, um das sie herumsitzen und das nach einer gewissen Zeit gedreht wird, festhalten. In die Mitte des Plakats wird der Titel „Kribbeln im Bauch“ geschrieben. Während der Arbeit dürfen die Schüler nicht sprechen, die Aussagen ihrer Mitschüler sollen sie auf dem Plakat, das mehrfach gedreht wird, kommentieren. Anschließend wird das Geschriebene im Gruppengespräch ausgewertet und die Ideen, wie die Geschichte weitergehen könnte, werden jeweils von einem Gruppenmitglied vorgestellt.
Intensiviert werden kann diese Aufgabe noch, indem man bestimmte Gruppen beauftragt, ein bewusst negatives bzw. positives Ende der Handlung zu entwickeln.
Anschließend werden die Schülerideen mit dem tatsächlichen Ende der Geschichte verglichen.

Aufgabe 3
S. 33

Die Schüler lesen die Geschichte zu Ende. Als Erstes tauschen sie sich im freien Gespräch darüber aus, wie sie den letzten Satz der Geschichte, „Das Kribbeln im Bauch war schon fast verschwunden.“ (Z. 35 f.), verstanden haben. Dabei sollten erste wichtige Punkte angesprochen werden, wie:

- Florians Ängste vor der neuen Schule und seiner neuen Klasse
- seine Sorgen, dass er keine Freunde findet
- die Freundlichkeit und Offenheit Murats
- das Verschwinden des Unwohlseins bei Florian

- die Erleichterung Florians darüber, dass die anderen ihn nicht ausschließen
- ...

Im Anschluss daran kann der Verlauf der Handlung mit den eigenen Fortsetzungen verglichen werden.

Aufgabe 4
S. 33

Diese Aufgabe knüpft an den Einstieg in Aufgabe 1 auf S. 32 an. Die innere Situation Florians wird hier noch einmal genau und an einem umfangreicheren Textausschnitt herausgearbeitet. Folgende besonders aussagekräftige Textstellen können dazu von den Schülern genannt und in einem Tafelbild festgehalten werden:

Tafelbild

Florians Gedanken und Gefühle vor der Pause

- *„Das Kribbeln im Bauch wollte nicht verschwinden." (Z. 1–2)*
- *„Thore war nicht dabei." (Z. 3–5)*
- *„Sein bester Freund Thore, der ihm […] so wichtig war." (Z. 3)*
- *„Es gelang Florian immer noch nicht, entspannt auszuatmen." (Z. 16)*
- *„Als Elfjähriger konnte er sich zu den Großen zählen." (Z. 14–15)*
- *„Würde er neue Freunde finden, solche wie Thore?" (Z. 18–19)*
- *…*

Innere Situation Florians: Aufregung, Unwohlsein, innere Anspannung, Gefühl der Einsamkeit …

Aufgabe 5
S. 33

Die Pause ist als Wendepunkt der Geschichte anzusehen: Florian gelingt es, durch das erfolgreiche Fußballspiel seine Aufregung abzulegen, und er kommt in Kontakt mit seinen Mitschülern. Damit verbunden ist eine wachsende Zuversicht Florians, dass er auf der neuen Schule Freunde finden wird, die ihn aufnehmen und mit denen er seine Interessen teilen kann. Dies erläutern die Schüler und belegen es an entsprechenden Textstellen aus dem Schlussabschnitt (Z. 28–36).

Aufgaben 6–7
S. 33

Nach Abschluss einer kurzen Einzelarbeitsphase, in der den Schülern Zeit gegeben wird, die Zeichnung zu dem Schluss (Z. 34–36) in ihr Heft zu übernehmen, füllen sie die Gedankenblasen. Die Schüler füllen die Gedankenblasen in dem Sinne, dass Florian sich aufgenommen fühlt, die anderen ihn aufgrund seines Tores akzeptieren und seine Ängste sich in Bezug auf die neue Schule und Klasse auflösen. Die Schüler stellen sich ihre Ergebnisse gegenseitig vor und begründen bzw. prüfen, ob sie zu der vorgegebenen Situation passen. Die Ergebnisse können an der Tafel gesichert werden. Hierzu bietet sich erneut ein Tafelbild an, auf dem in der Mitte Florians Name steht und um diesen herumgruppiert die Gedankenblasen, welche dann im Anschluss durch die Schüler gefüllt werden können.

Aufgabe 8
S. 34

Die Schüler lesen den Anfang der Schülerarbeit und beurteilen den Beginn des inneren Monologs in Bezug auf seine Passung zu der Situation, in der sich Florian am Ende der Geschichte befindet. Der innere Monolog ist deshalb gelungen, da er sich angemessen auf die Situation (Erleichterung Florians über sein Tor; erstes Vertraut-werden mit den neuen Mitschülern; ...) bezieht und Florians Gefühle nachvollziehbar beschrieben werden. Angemessen ist auch die sprachliche Gestaltung, da dem monologischen Sprechen gemäß eher kurze Sätze verwendet werden und auf komplexe Satzgefüge verzichtet wird. Es sollte auch herausgestellt werden, dass bei einem inneren Monolog die Gedanken einer Figur – wie in dieser Arbeit – im Präsens und in der Ich-Form wiedergeben werden müssen.

Aufgabe 9
S. 34

Im nächsten Schritt setzen die Schüler den angefangenen inneren Monolog fort. Eine solche Fortsetzung kann wie folgt lauten:
„Die Jungen der Klasse scheinen doch ganz okay zu sein. Dass die mich sofort so nett aufnehmen, finde ich echt super. Eigentlich kennen die mich doch noch gar nicht. Und bei Murat muss ich mich auch noch bedanken. Ich hätte mich gar nicht getraut, die Jungen einfach so anzusprechen. Vielleicht werden wir ja auch mal so gute Freunde wie Thore und ich, dann werden die Pausen hier bestimmt lustig. Aber auch so fühle ich mich hier schon etwas wohler. Ich bin auch gar nicht mehr so aufgeregt wie am Anfang. Ich hoffe nur, dass Thore genau so viel Glück an seiner neuen Schule hat, aber das kann er mir ja heute Nachmittag erzählen."
Die Auswertung der Aufgabe geschieht, indem zunächst einige Schülerarbeiten laut vorgelesen und dann vergleichend bewertet werden. Wichtige Kriterien dabei sind:
- das richtige Tempus (Präsens),
- die richtige Erzählform (Ich-Form) und -perspektive (Beschränkung auf die Sicht Florians),
- eine angemessene Darstellung von Florians Gedanken und Gefühlen (Erleichterung; Freude, so gut aufgenommen zu werden; Dankbarkeit gegenüber Murat; ...).

Aufgabe 10
S. 34

Bei Aufgabe 10 handelt es sich um Differenzierungsaufgaben. Ziel der **Aufgabe a)** ist es, dass die Schüler lernen, sich in Situationen von Figuren hineinzuversetzen, und dies als zentrale Voraussetzung für das Erstellen eines inneren Monologs verstehen. Die Sprechblasen können dabei etwa mit folgenden Gedankensplittern gefüllt werden:

Murat:
- „Florian braucht mal ein bisschen Unterstützung."
- „Florian wirkt irgendwie unglücklich, dabei spielt er doch bestimmt gerne Fußball."
- „Florian spielt doch gut Fußball, er traut sich nur nicht, die anderen Jungs anzusprechen."
- „Florian scheint sich echt unwohl zu fühlen."
- ...

Florian:
- „Eigentlich hätte ich ja schon Lust mitzuspielen ..."
- „Wäre ich doch nur ein bisschen mutiger, dann würde ich mich sofort als Spieler anbieten."
- „Hoffentlich bleibe ich nicht als letzter übrig, das wäre ja peinlich!"
- „Am liebsten hätte ich jetzt Thore dabei."
- ...

Fußballer:
- „Mist, ich kenne viele noch nicht, da weiß ich gar nicht, wen ich wählen soll."
- „Hoffentlich spielen die anderen genau so gerne Fußball wie ich."
- „Wen soll ich nur in meine Mannschaft wählen?"
- ...

Bei **Aufgabe b)** wird das Verfassen eines inneren Monologs noch einmal geübt. Die Schüler versetzen sich in die Situation Murats, als er den anderen vorschlägt, sie sollten Florian wählen. Dieser innere Monolog Murats sollte z. B. unter anderem folgende Gedanken enthalten:
- Murat fällt auf, dass sich Florian unwohl fühlt.
- Er weiß, dass Florian sich freuen würde, mit den anderen Fußball zu spielen.
- Er denkt, Florian traue sich nicht, die anderen zu fragen, ob er mitspielen darf.
- Er möchte Florian einen Gefallen tun, indem er ihn als guten Mitspieler vorschlägt.
- Er geht davon aus, dass Florian ein guter Fußballer ist.
- ...

Aufgabe c) knüpft an das vorher Erarbeitete an. Das Verfassen innerer Monologe wird noch einmal wiederholt. **Aufgaben d)** und **e)** sind hingegen anspruchsvoller. Sie bieten den Schülern Gelegenheiten, ihre Erfahrungen mit dem ersten Tag an der neuen Schule in Form eines Textes an Florian oder einer eigenen Schulgeschichte mitzuteilen.

2. Streit um Robert – einen Text in Lesegruppen erschließen (S. 35 – 38)

Paul Maar: Die neue Klasse (S. 35 – 36)

Aufgabe 1
S. 35

Hier sollen die Schüler die Methode der Lesegruppe als Möglichkeit erlernen, sich einen unbekannten Text in kleineren Gruppen selbst zu erschließen. Dabei ist es wichtig, dass sie die in der Lernbox auf S. 37 vorgegebenen Schritte einhalten. Am Ende sollte eine methodische Reflexion erfolgen. Erfahrungsgemäß sagen die Schüler selbst, dass sie durch die Formulierung von Fragen an den Text und deren Beantwortung dem abschnittweisen Überlegen, wie der Text weitergeht, und durch die Hilfe der Gruppe den Text besser und genauer verstanden haben als beim stillen Lesen.

Aufgabe 2
S. 37 – 38

Folgende Lösungen sollen gefunden werden:

- richtig (vgl. Z. 6)
- falsch (vgl. Z. 8 – 9)
- falsch (vgl. Z. 17, 24, 42 und 51 – 59)
- richtig (vgl. Z. 55 – 59)
- richtig (vgl. Z. 10 – 11)
- richtig (vgl. Z. 46 – 47)
- falsch (vgl. Z. 42 – 49)

Aufgaben 3 – 5
S. 38

Ziel dieser Aufgaben ist es, dass die Schüler eine übersichtliche Figurenkonstellation erstellen und dies als Möglichkeit erkennen, sich den Inhalt einer unbekannten Geschichte zu erschließen. Hierzu beschreiben die Schüler zunächst, wie bei dem angefangenen Schaubild auf S. 38 vorgegangen worden ist. Als nächstes werden Stichworte zu den einzelnen Hauptfiguren und ihren Beziehungen gesammelt. Auf dieser Basis kann im Anschluss daran das Schaubild vervollständigt werden. Dabei kann folgendes Folien- oder Tafelbild entwickelt werden:

Tafelbild

Paul Maar: Die neue Klasse – eine Figurenkonstellation

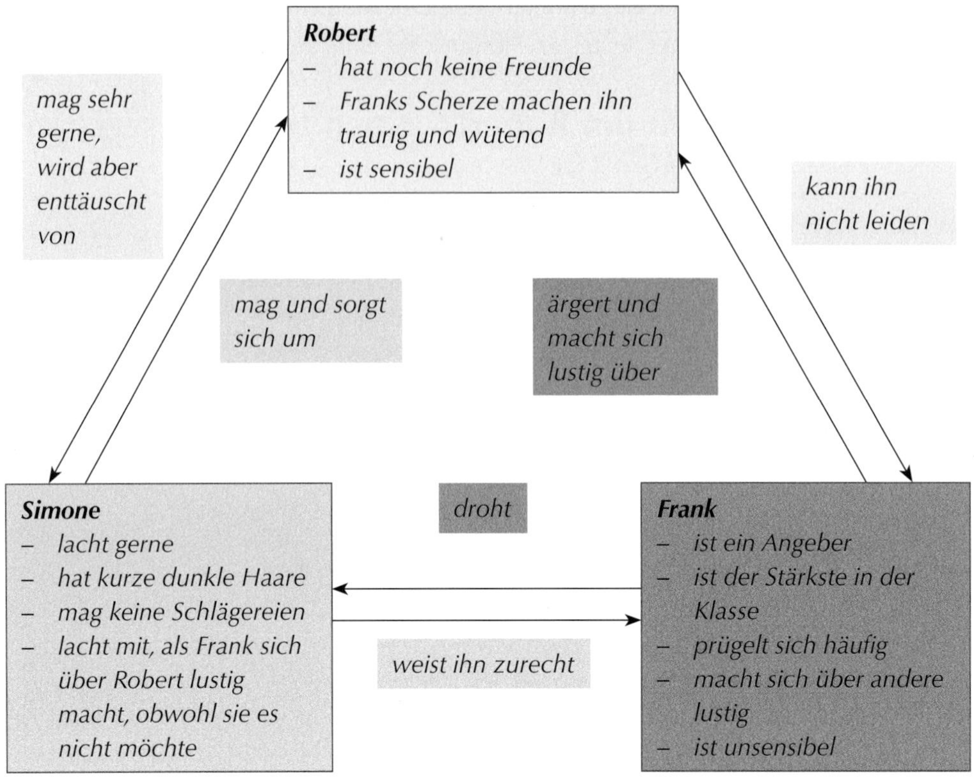

Aufgabe 6
S. 38

Diese Aufgaben bieten die Möglichkeit der Binnendifferenzierung und sprechen dabei mehrere Kompetenzen an. So sollen die Schüler durch einen kreativen Schreibprozess (innerer Monolog) die Handlung reflektieren (Aufgabe a), eine Figur und ihr Verhalten bewerten (Aufgabe b) und die Geschichte durch das Schreiben und anschließende Vortragen eines Dialogs weiterführen (Aufgabe c). Das sinnvolle Erfüllen dieser Aufgaben setzt eine intensive Auseinandersetzung mit der Erzählung im Allgemeinen und den Figuren und ihrem Innenleben im Besonderen voraus.

3. Mario und der Fetz – eine Figur beschreiben (S. 39–42)

Uta-Maria Heim: Der Klassenkasper (S. 39–41)

Die Geschichte beschreibt das Problem des Anders-Seins in der Gruppe, was durch die Tatsache, dass die Figuren aus verschiedenen Ländern bzw. Kulturkreisen stammen, intensiviert wird. Die Ich-Erzählerin, Meral, gerät immer wieder in Situationen, in denen sie durch ihr „Anders-Sein" aneckt und sie von der Gruppe nicht akzeptiert wird. Die Titelfigur, der aus Italien stammende Mario, findet zunächst seinen Platz in der Klassengemeinschaft, indem er sich als oberflächlicher Klassenkasper gibt. Er führt am Ende einen authentischen und mitreißenden Monolog in seiner Muttersprache, welcher seine Mitschüler und den eher streng-autoritär auftretenden Lehrer beeindruckt. Obwohl keiner wortwörtlich versteht, was Mario sagt, scheinen ihn doch alle zu verstehen: „Alle hören zu, was Mario zu sagen hat." (Z. 67 f.) Die Geschichte zeigt, dass ein Verstehen des anderen möglich ist, das auf Akzeptanz des Anders-Seins, Authentizität und Empathie beruht.
Die einzelnen Sinnabschnitte sind mit großen Buchstaben markiert. So ist es möglich, dass die Schüler auch diese Geschichte gemeinsam in Lesegruppen lesen und erschließen. Sie sollten dabei so vorgehen, wie es in der Lernbox auf S. 37 beschrieben wird.

Aufgaben 1–2
S. 41

Die Überschriften in richtiger Reihenfolge und mit den passenden Textabschnitten versehen, lauten wie folgt:

1.	Der ungeliebte Englischlehrer	Abschnitt A (Z. 1–14)
2.	Merals feuerrote Haare	Abschnitt B (Z. 15–22)
3.	Eine internationale Klasse	Abschnitt C (Z. 23–27)
4.	Merals Kummer	Abschnitt D (Z. 28–33)
5.	Mario und seine verrückten Einfälle	Abschnitt E (Z. 34–36)
6.	Marios wortlose Provokation	Abschnitt F (Z. 37–54)
7.	Marios wortreiche Rede	Abschnitt G (Z. 55–68)

Aufgabe 3
S. 41

Diese Aufgabe lässt sich nicht eindimensional lösen und bietet daher die Möglichkeit, eine Diskussion innerhalb der Klasse über die Bedeutung der Aussagen anzuregen. Dabei könnte es etwa zu folgenden Ergebnissen kommen:

a)	– Meral vermutet, dass Mario sich bloß verstellt. – Mario ist lustig und macht viele Scherze, er hat aber auch „etwas im Kopf". – Es wird deutlich, dass Mario Meral sympathisch ist, vielleicht auch, weil sie sich als „die einzigen Ausländerkinder in [der] Klasse" (Z. 23–24) in einer ähnlichen Situation befinden. – ...
b)	– Meral würde lieber dunkle Haare haben, um nicht so stark aufzufallen. – Vielleicht ist Meral aber auch stolz auf ihre „Eigenart". – Ihre „Eigenart" ist in jedem Falle der Grund dafür, dass sie in ihrer Schule häufig in Konflikte gerät, weil sie so, wie sie ist, nicht akzeptiert wird. – ...
c)	– Meral empfindet ihre Herkunft insofern als problematisch, als dass sie ihr im Alltag Probleme bereitet. – Es ist wahrscheinlich, dass Meral im Alltag mit Situationen umgehen muss, in denen sie mit Vorurteilen anderer zu kämpfen hat. Sie würde daher lieber als „Deutsche" gelten.
d)	– Die Gemeinheiten der Mitschüler und die Ablehnung, die sie in der Gruppe spürt, bereiten ihr großen Kummer. – Offenbar kann Meral diesen Kummer mit niemandem teilen und versucht daher, ihn zu verstecken, was sie noch unglücklicher zu machen scheint. – ...
e)	– Offensichtlich sind die Schüler es nicht gewohnt, den streng-autoritär auftretenden Lehrer lächeln zu sehen. – Diese Gefühlsregung seitens des Lehrers überrascht Meral. – Mario, der bei den Lehrern sonst unbeliebt ist, scheint es gelungen zu sein, den Pädagogen mit seiner Energie und Authentizität zu beeindrucken. – ...
f)	– Mario scheint seine Mitschüler zu beeindrucken (obwohl ihn niemand versteht, „hören" ihm alle wie gebannt zu). – Marios Ausdruck von Individualität stößt nicht auf Ablehnung, sondern auf Bewunderung. – Die Klasse erlebt Mario wohl zum ersten Mal als ernsthaften und authentischen Jungen. – ...

Aufgabe 4
S. 41

Wichtig hierbei ist es, dass die unterschiedlichen Charaktere herausgestellt werden. Meral tritt als introvertiertes Mädchen auf, welches sehr sensibel auf die Gemeinheiten seiner Klassenkameraden reagiert. Für den eher extrovertiert auftretenden Mario ist das Lachen der Mitschüler, welches er durch seine verrückten Einfälle hervorruft, eine Möglichkeit, innerhalb der Klassengemeinschaft Bestätigung zu finden. Dementsprechend unterschiedlich reagieren beide auf das Gelächter der anderen. Während Mario sich wohlfühlt, wenn die anderen über ihn lachen, ist Meral dadurch tief verletzt.

Aufgabe 5
S. 41

In den Mittelpunkt dieser Aufgabe kann die Wandlung, welche der italienische Junge durchmacht, gerückt werden, da sich hierdurch auch das Bild, welches Lehrer und Klasse von ihm haben, verändert. So beginnen die Mitschüler den Jungen, welchen sie sonst nur als den belustigenden Klassenkasper sehen, ernst zu nehmen. Der Lehrer, der Mario sonst nur als störend empfindet, reagiert auf seinen Ausbruch von Leidenschaft und Energie verständnisvoll. Zu dieser Thematik bietet sich folgendes Tafelbild an:

Uta-Maria Heim: Der Klassenkasper – die Veränderung von Mario, Fetz und der Klasse

Mario als „Klassenkasper“
– *komisch* – *albern* – *oberflächlich*

WANDLUNG →

Mario als „Redner“
– *leidenschaftlich* – *authentisch, ernst* – *beeindruckend*

↓ **ruft hervor**

Reaktionen	
der Klasse	***des Lehrers***
– *belustigt* – *nehmen Mario nicht ernst* – *sehen in ihm nur den Klassenkasper*	– *verärgert*

VERÄNDERUNG →

Reaktionen	
der Klasse	***des Lehrers***
– *still* – *beeindruckt* – *nehmen Mario ernst („hören zu, was er zu sagen hat“)*	– *begeistert* – *erfreut*

Aufgaben 6 – 7
S. 42

Folgende Fehler sollen von den Schülern in der Beschreibung von Mario entdeckt werden. Sie stellen sie vor und berichtigen sie. So erhalten die Schüler Hilfen zur Überarbeitung der Figurenbeschreibung. Folgende Punkte sollten vor der Verbesserung der Hausaufgabe besprochen werden:

- Mario ist kein „spanischer Junge“, sondern ein italienischer.
- Mario besucht eine weiterführende Schule und nicht die „Grundschule“.
- Die Klasse findet es lustig, dass Mario nie seine Vokabeln lernt und immer Quatsch macht.
- Es steht in der Geschichte nicht, dass sie es lustig findet, wenn der Lehrer Fetz sich „besonders“ aufregt. Dies finden sie aufgrund der Strenge von Fetz eher unangenehm.
- Es wird nicht gesagt, dass Mario „blaue Augen und blonde Haare“ hat. Da er Italiener ist, wird er dunkle Augen und Haare haben.
- Mario besitzt keine „Spanischkenntnisse“. Er beeindruckt die Klasse damit, dass er auf Italienisch, seiner Muttersprache, das sagt, was ihn bewegt. Dass dies etwas Ernsthaftes für Mario ist, spüren die Schüler, obwohl sie ihn nicht verstehen.

– Mario bekommt nicht „jeden Montag Ärger, weil er seine Englischvokabeln nicht gelernt hat.“ Fetz nimmt ihn unregelmäßig dran. Meistens dann, wenn er besonders gut gelaunt ist und Mario piesacken will.
– …

Anschließend lesen die Schüler die Lernbox auf S. 132 und sammeln, was man bezüglich der einzelnen Punkte einer Figurenbeschreibung noch weiter zu Mario sagen könnte. Auf der Grundlage dieser Vorarbeiten überarbeiten sie die Figurenbeschreibung von Mario.

Aufgabe 8
S. 42

Diese Aufgaben dienen der Binnendifferenzierung. Generell geht es darum, dass sich die Schüler intensiv mit den einzelnen Figuren auseinandersetzen. Dies kann entweder durch das Verfassen von Figurenbeschreibungen (Aufgaben b und d) erfolgen oder dadurch, dass sich die Schüler in einzelne Situationen der Figuren hineinversetzen und dazu Texte schreiben (Aufgaben a und c) geschehen. Der kreative Schreibauftrag in Aufgabe c) stellt die Schüler dabei vor die besondere Herausforderung, auf der Basis weniger Informationen Marios Monolog zu übersetzen und somit den Kern der Geschichte zu erschließen.

4. „Ich finde, man kann nicht …“ – den Inhalt einer Geschichte zusammenfassen (S. 43–45)

Irmela Wendt: Uli und ich (S. 43–45)

Der Text thematisiert eine ganz alltägliche Konfliktsituation zwischen zwei Klassenkameraden und die Unsicherheit und Ratlosigkeit der Protagonistin, mit dieser umzugehen. Am Ende finden die beiden eine Möglichkeit, sich wortlos zu versöhnen.

Aufgaben 1–2
S. 44

Die Gliederung des Textes kann wie folgt vorgenommen und an der Tafel gesichert werden:

Irmela Wendt: Uli und ich – Textgliederung

Überschrift des Textabschnitts	*Zeilenangaben*
Der Platzwechsel	*Z. 1–Z. 7*
Rolf, der Petzer	*Z. 8–Z. 12*
Jörg kehrt zurück	*Z. 13–Z. 17*
Ulis Ablehnung	*Z. 18–Z. 22*
Wieder neben Uli	*Z. 23–Z. 30*

Anhand der Textgliederung kann die Geschichte wieder in Lesegruppen erschlossen werden. Die Schüler sollten dann mit der Lernbox auf S. 37 arbeiten.

Aufgabe 3
S. 44

Die beiden Hauptfiguren der Erzählung bieten durch den glaubwürdigen Umgang mit ihrem Konflikt die Möglichkeit der Identifikation. Daher ist zu erwarten, dass die Schüler keine größeren Schwierigkeiten haben, die Textstellen zu deuten. Das offene Ende und die Tatsache, dass man über die Innensicht der Protagonistin eher weniger informiert wird, bieten genügend Interpretationsfreiheit. In etwa können Petras Aussagen wie folgt gedeutet werden:

a)	– Petra ist unsicher, wie sie mit der Situation umgehen soll. – Petra hat das Gefühl, etwas falsch gemacht zu haben. – Sie hat sich zuvor wenig Gedanken darüber gemacht, welche Konsequenzen ihr Platzwechsel haben kann. – ...
b)	– Petra überlegt, ob ihre Entscheidung, den Platz zu wechseln, nicht etwas übertrieben war. – Diese Aussage spiegelt nicht wider, was Petra wirklich denkt, und sie versucht, sich gegen ihren eigenen Willen etwas einzureden. – ...
c)	– Petra hat tatsächlich das Gefühl, Uli habe sich geändert. – Wahrscheinlicher ist jedoch, dass Petra bloß versucht, ihre wahren Gefühle zu unterdrücken, um dem Konflikt mit Uli aus dem Weg zu gehen. – ...

Aufgabe 4
S. 45

Die Schüler gehen die vorgegebene Inhaltszusammenfassung Satz für Satz durch und vergleichen sie mit der Geschichte. Sie arbeiten dabei heraus, welche Fehler Olgas Inhaltszusammenfassung enthält und korrigieren sie. Folgende Ergebnisse sollten sie dabei erarbeiten:

Olgas Zusammenfassung	Korrektur
„Petra sitzt neben <u>*Markus*</u>."	Uli
„Weil Uli einen <u>*Fleck*</u> in Petras Heft gemacht hat, will sie nicht mehr gerne neben ihm sitzen."	Strich
„Uli ist darüber <u>*froh*</u>, denn er hat ganz <u>*funkelnde*</u> Augen."	traurig, nasse
„<u>*Jörg*</u> hat sich zu Uli gesetzt."	Rolf
„Aber er hat immer wieder <u>*gequatscht,*</u> weil er meint, dass Uli zu <u>*ruhig*</u> ist."	gepetzt unruhig
„Als <u>*Rolf*</u> wieder da ist, setzt sich Petra wieder neben <u>*Markus*</u>."	Jörg Uli
„Sie findet es jetzt auch nicht mehr so schlimm, <u>*wenn Uli allein sitzt*</u>."	neben Uli zu sitzen.

Aufgabe 5
S. 45

Nachdem die Schüler sich so noch einmal intensiv mit der Erzählung beschäftigt haben, sollen sie nun mithilfe der zuvor erstellten Korrekturen selbst eine kurze Inhaltsangabe verfassen. Die Arbeit zu zweit soll den Schreibprozess erleichtern. Das schrittweise Vorgehen von Satz zu Satz gewährleistet eine gewisse Systematik, da Olgas Hausaufgabe die Chronologie der Ereignisse ausreichend berücksichtigt. Eine mögliche Zusammenfassung kann dann letztendlich z. B. so aussehen:
Petra sitzt in der Schule neben Uli. Weil Uli jedoch einen Strich in ihr Heft gemalt hat und sie deshalb eine schlechtere Note bekommen hat, will sie nicht mehr gerne neben ihm sitzen. Sie setzt sich daher auf Jörgs Platz, der gerade nicht in der Schule ist. Uli scheint darüber traurig zu sein, denn er hat ganz nasse Augen, als Petra den Platz wechselt. Rolf hat sich zu Uli gesetzt. Aber Rolf hat immer gepetzt, weil er meint, dass Uli zu unruhig sei und ihn ablenke. Als Jörg wieder da ist, setzt sich Petra erneut neben Uli. Sie sagt, dass es jetzt auch nicht mehr so schlimm sei, neben Uli zu sitzen.

Aufgabe 6
S. 45

Mit dieser Aufgabe, Uli und Petra zu beurteilen, wird die Textebene verlassen, sodass die Schüler offen ihre Meinung über die Figuren und ihr Verhalten äußern können.
Im nächsten Schritt könnte darauf eingegangen werden, ob der Schluss der Geschichte ein gutes Ende des Konflikts darstellt. Dabei werden die Schüler dies einerseits bejahen, da Uli und Petra wieder zusammensitzen. Andererseits werden sie auch das Problem sehen, dass der eigentliche Konflikt zwischen den beiden nicht aufgearbeitet worden ist. Die Schüler sollten dabei herausstellen, was Uli und Petra im Umgang mit ihrem Konflikt nicht richtig machen. Als Ergebnis kann festgehalten werden, dass Petra den Konflikt dadurch verschlimmert, dass sie nicht offen mit ihrem Mitschüler spricht und sich auch im Nachhinein die Situation lieber schönredet („aber man kann sich auch mal was gefallen lassen“), als ein klärendes Gespräch zu suchen. Uli seinerseits zeigt wenig Verständnis für Petras Unmut und scheint sich auch keiner Schuld bewusst zu sein, was daran deutlich wird, dass er sich nicht entschuldigt und darüber hinaus seiner Mitschülerin noch Vorwürfe macht.
Mit folgendem Tafelbild lässt sich dies visualisieren:

Tafelbild

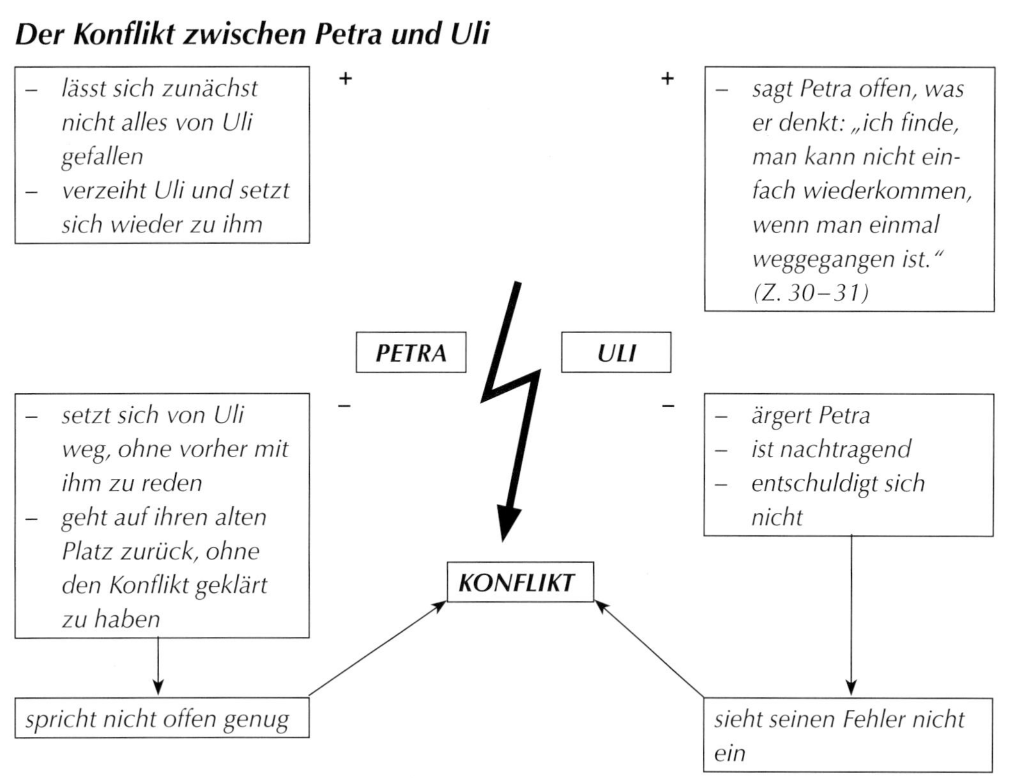

Aufgabe 7
S. 45

Als Erkenntnis aus der vorigen Aufgabe sollte den Schülern geblieben sein, dass eine Klärung des Konfliktes zwischen Petra und Uli nur möglich ist, wenn diese offen miteinander reden. Hieran knüpft diese Aufgabe, eine Aussprache der beiden zu entwickeln, an.
Der zu erstellende Dialog sollte dabei folgende Punkte berücksichtigen:

- Petra und Uli sind/waren befreundet.
- Beiden liegt noch etwas an der Freundschaft, eine Annäherung ist also in jedem Falle möglich.
- Petra ist böse, dass Uli seinen Fehler nicht einsieht.
- Uli wiederum erkennt nicht, dass sein Verhalten Petra sehr gestört und gekränkt hat.
- Uli zeigt noch keine Anzeichen, sein Verhalten für Petra ändern zu wollen.

- Uli ist traurig, dass Petra sich, ohne mit ihm zu reden, weggesetzt hat.
- Petra möchte Uli verzeihen, umgekehrt ist das nicht sicher.
- Beide könnten eine Entschuldigung verlangen.
- Der Dialog sollte mit einer Lösung des Konfliktes beendet werden, wobei diese nicht zwingend positiv ausfallen muss.

Einzelne Dialoge werden in verteilten Rollen der Klasse vorgelesen. Im Rahmen der obigen Kriterien kann dann die Passung der Dialoge zu der vorgegebenen Situation besprochen werden.

Aufgabe 8
S. 45

Diese Aufgaben dienen der Binnendifferenzierung. So kann die Geschichte rekapituliert werden, indem sie durch Bilder visualisiert wird (Aufgabe a).
Sie können sich noch einmal vertiefend in beide Figuren am Anfang des Konfliktes hineinversetzen und zu dieser Situation innere Monologe Petras und Ulis verfassen (Aufgabe b).
Bei der Aufgabe c) sollen die Schüler ihr erlerntes Wissen aus der vorangegangenen Einheit über das Schreiben von Briefen, welche durch eine Stichwortsammlung vorbereitet werden können, anwenden. Inhaltlich sollen sie sich dabei die Beziehung der beiden Figuren Uli und Petra intensiver erschließen, den Streit der beiden kennzeichnen und abschließend möglicherweise eine Lösung für diesen finden. Die Aufgabe d) bietet den Schülern darüber hinaus die Möglichkeit eines zweifachen Perspektivwechsels. Sie lassen ihre eigenen Briefe von ihren Klassenkameraden beantworten bzw. nehmen selbst die Rolle des Adressaten ein und beantworten den von einem Mitschüler geschriebenen Brief Ulis an Petra aus Petras Sicht.

Alles klar? – Wiederholen, üben und überprüfen

Aufgabe 1
S. 46

Die Arbeitsschritte in richtiger Reihenfolge lauten wie folgt:
1. Gliedert den Text in kleinere Abschnitte.
2. Einer aus der Gruppe liest den ersten Textabschnitt laut, langsam und deutlich vor.
3. Die anderen stellen jeweils zwei Inhaltsfragen zu dem Abschnitt.
4. Mithilfe des Textes werden die Fragen beantwortet.
5. Jeder schlägt eine Überschrift für den Textabschnitt vor.
6. Die Gruppe einigt sich auf eine passende Überschrift.
7. Genauso werden die nächsten Abschnitte behandelt.

Irina Korschunow: Ich bin so gemein gewesen (S. 46)
Ähnlich wie bei Wendt problematisiert diese Kurzgeschichte einen Konflikt zwischen zwei befreundeten Mitschülerinnen. Ausgangspunkt ist wieder ein Streit, welcher, auch weil beide Figuren sich nicht zu einem klärenden Gespräch zusammenfinden, die Freundschaft zumindest vorübergehend beendet.

Aufgabe 3
S. 47

Das Schreiben des inneren Monologs sollte vorbereitet werden, indem die Schüler zunächst erste Ideen und Assoziationen zu Carolas innerer Situation in Form von Gedankenblasen, auf denen dann der innere Monolog aufbaut, festhalten.
Wichtig ist, dass in dem inneren Monolog Carolas Enttäuschung über ihre Freundin und die daraus resultierende Wut und Traurigkeit deutlich werden. In einer Phase, in der sie durch die Gemeinheiten ihrer Mitschüler verunsichert wird, setzt sie fest auf die Unterstützung ihrer besten Freundin, die mitbekommen haben muss, dass es ihrer Mitschülerin offensichtlich sehr schlecht geht. Mit der Beleidigung „Brillenschlange" nimmt Anne, wenn auch im Affekt und ohne bösere Absicht, die Position der hänselnden Mitschüler

ein, wodurch Carola sich isoliert und einsam fühlt. Die Beleidigung stellt daher einen Vertrauensbruch dar, was erklärt, wieso Carola nicht bereit ist, den Streit durch ein klärendes Gespräch zu beenden.

Aufgabe 4
S. 47

In verbesserter Form kann die kurze Inhaltsangabe etwa wie folgt lauten, wobei die Unterstreichungen korrigierte Aussagen markieren:

Anne und Carola
Anne sitzt in der Schule neben <u>Carola</u>. Fast jeden Nachmittag treffen sie sich bei Carola <u>oder Anne</u> zu Hause und spielen Theater. Manchmal gucken ihnen dabei <u>ihre Mütter</u> zu. Eines Tages schämt sich Carola, weil sie eine <u>Brille</u> tragen muss. Anne beachtet diese nicht, aber von <u>einem Mitschüler</u> wird Carola am nächsten Tag als <u>„Brillenschlange"</u> beschimpft. <u>Carola ist darüber sehr traurig</u> und <u>sie wird daraufhin ganz still in der Schule</u>. Als die beiden eines Nachmittags wieder Theater spielen wollen, streiten sie sich um die Hauptrolle in dem Stück „Die Prinzessin und der Schweinehirt". Anne ist so wütend auf Carola, die auch die <u>Prinzessin</u> spielen möchte, dass sie zu ihr sagt: <u>„Hau doch ab, du Brillenschlange!"</u>. Sofort erkennt Anne an der Reaktion der Freundin, dass sie sehr gemein war, und merkt, <u>dass es mit ihrer Freundschaft erst einmal vorbei ist</u>.

Lernen …, aber wie?! – Das Lernen lernen (S. 48–65)

Vorüberlegungen zur Einheit

In diesem Kapitel wird das Lernen der Schüler zu Hause und in der Schule näher in den Blick genommen. Dabei werden den Schülern zunächst elementare Hilfen zur Bewältigung ihrer Arbeit angeboten. In kleinen Schritten lernen die Kinder Möglichkeiten kennen, sich das Lernen zu erleichtern, indem sie einzelne Aspekte ihrer Arbeit näher beleuchten. Die ersten Teilkapitel der Einheit geben den Schülern Hilfen zur Selbstorganisation. In den **ersten beiden Teilkapiteln** geht es um die **Zeiteinteilung bei** der Erledigung der **Hausaufgaben (S. 50–51)** und die **Vorbereitung auf den** kommenden **Schultag (S. 52)**. Weitere Schwerpunkte des Lernens liegen dann in den **nächsten Teilkapiteln** auf einem sinnvoll gestalteten **Arbeitsplatz (S. 53–54)**, einer angemessenen **Heftführung (S. 55–56)** und Hilfen für das Erfassen und **Verstehen von Aufgabenstellungen (S. 57–58)**.
Die Einheit ist so angelegt, dass die Schüler individuell geeignete Voraussetzungen für ihre Arbeit schaffen können. In diesem Sinne kann es nicht darum gehen, fertige Rezepte für den Umgang mit dem Lernen zu vermitteln, sondern vor allem darum, einen bewussten, reflexiven Umgang mit dem eigenen Lernen anzuregen.
Selbstverständlich können und müssen diese Kompetenzen auch in anderen Fächern vermittelt werden, sodass es sinnvoll ist, sie als elementare Bausteine eines fächerverbindenden, schulinternen Methoden-Curriculums zu installieren.
Im **sechsten Teilkapitel (S. 59–61)** werden die Schüler angeleitet, wie sie **mit den Lernboxen in P.A.U.L. D. arbeiten** und lernen können. Die Lernboxen – farblich hervorgehoben und durch Symbole gekennzeichnet – fassen in systematischer Weise erworbenes Wissen zu den Methoden („So gehst du vor") und Inhalten („Das musst du lernen und wissen") eines Themas oder Kapitels in P.A.U.L. D. zusammen. Die Kinder lernen in der Einheit, den Inhalt der Lernboxen auf das Wesentliche zu reduzieren, um sich die Informationen einprägen zu können. Methodisch wird vorgeschlagen, dass sich die Schüler ein Merkheft anlegen, in das sie in gekürzter Form die Lernboxen zusammengefasst übernehmen und systematisch eintragen.
In den Folgebänden von P.A.U.L. D. wird die Systematik der Lernboxen weitergeführt. Darüber hinaus wird pro Band eine Einheit angeboten, die sich unmittelbar mit dem Thema „Das Lernen lernen" beschäftigt und vielfältige Kompetenzen auf unterschiedlichen Gebieten vermittelt.
Das **letzte Teilkapitel (S. 62–63)** beinhaltet eine kurze Sequenz zum Thema Kommunikation, wobei ein angenehmes Gesprächsklima als Basis für erfolgreiches Arbeiten in der Klassengemeinschaft angesehen wird. Ausgehend von einer alltäglichen Schulsituation wird zunächst das Gesprächsverhalten selbst erörtert und es werden von den Schülern im Weiteren **Gesprächsregeln** erarbeitet, deren Beachtung die Voraussetzung für ein störungsfreies gemeinsames Lernen und Miteinandersprechen ist.

Zentrale Kompetenzen, die in dieser Einheit geschult werden, sind:
- zeitliche Organisation von Hausaufgaben
- Reflexion der eigenen Arbeits- und Vorbereitungsweise

- Bewusstmachung von Störfaktoren während der Hausaufgaben
- Vorgehensweise aus Aufgabenstellungen herleiten
- den Lernboxen die wichtigsten Informationen entnehmen und zum eigenständigen Lernen nutzen
- Störungen in Gesprächsabläufen erkennen und Verbesserungsvorschläge erarbeiten
- Gesprächsregeln für die Gesprächsführung vereinbaren und einhalten

Es ist möglich, das gesamte Kapitel zu Beginn des Schuljahres durchzuarbeiten. Es kann jedoch auch sinnvoll sein, die Teilkapitel über einen längeren Zeitraum, z. B. im ersten Schulhalbjahr, sukzessiv zu behandeln, um den individuellen Erfahrungen der Schüler mit den Arbeitsweisen an der neuen Schule gerecht zu werden.
Die Aufgaben auf der **Auftaktdoppelseite (S. 48–49)** sind dazu gedacht, dass die Schüler Erfahrungen mit dem Lernen und mögliche Probleme beim Lernen austauschen. Weiterhin reflektieren sie ihr eigenes Lernverhalten, was die Basis für die anschließende Einheit bildet.

Didaktische Aufbereitung der Unterkapitel

1. Am Montag – Hausaufgaben planen (S. 50–51)

Aufgaben 1–7
S. 50–51

Diese Aufgaben sollen die zeitliche Organisation als zentrale Kompetenz bei der Erledigung der Schularbeiten stärken. Hierzu werden zwei unterschiedliche Möglichkeiten der Führung eines Aufgabenheftes vorgestellt. Einerseits lässt sich ein solches Heft so gestalten, dass die Hausaufgaben eines Tages untereinander aufgelistet werden, was insbesondere die Übersichtlichkeit über die noch zu erledigenden Aufgaben fördert (Kerstin). Andererseits können die Schüler die Aufgaben auch dem Tag zuordnen, für welchen diese zu erledigen sind (Thomas). Das erleichtert die zeitliche Organisation und das Aufteilen der Hausaufgaben über mehrere Tage.
Bei der abschließenden Aufgabe 7, S. 51 muss hinsichtlich des Führens eines Hausaufgabenheftes nicht unbedingt eine Form für die ganze Klasse festgelegt werden. Den Schülern soll es vielmehr ermöglicht werden, individuell geeignete Voraussetzungen für ihre Arbeit zu schaffen, indem sie Vor- und Nachteile der beiden Methoden reflektieren.

Aufgaben 8–11
S. 51

Neben der zeitlichen Organisation soll den Schülern hier auch die Fähigkeit, effizient und konzentriert zu arbeiten, vermittelt werden. Der Begriff des „Zeitdiebes" weist dabei metaphorisch auf die alltäglichen Ablenkungen, denen die Schüler und Schülerinnen ausgesetzt werden, hin. Ziel der Aufgaben ist es, dass diese erkannt und möglichst vermieden werden. Als Einstieg kann das Wort „Zeitdieb" in die Mitte der Tafel geschrieben werden, sodass die Schüler anschließend ihre Assoziationen um den Begriff herum aufschreiben können (Kreidestaffel).

2. Die Schultasche – sich auf den nächsten Schultag vorbereiten (S. 52)

Aufgaben 1–4
S. 52

Eine aufgeräumte und ordentlich gepackte Schultasche erleichtert ein effizientes Arbeiten in der Schule, da die nötigen Materialien wie Arbeitsblätter, Hefte und Schreibutensilien gepflegt werden und griffbereit sind. Die Aufgaben regen die Schüler dazu an, ihre eigene Schultasche zu kontrollieren, zu ordnen und überflüssiges Material zu erkennen.

3. Ordnung oder Chaos – den Arbeitsplatz gestalten (S. 53–54)

Aufgaben 1–6
S. 53–54

Ein effektives, konzentriertes Arbeiten ist nur möglich, wenn der Arbeitsplatz aufgeräumt und gut strukturiert ist, da Zeit gespart und Ablenkungen vermieden werden. Diese Aufgaben sollen die Schüler dazu anhalten, selbstbestimmt für eine sinnvolle Struktur und Ordnung an ihrem Arbeitsplatz zu sorgen und dies als Voraussetzung für ein effizientes Arbeiten zu verstehen. Ausgangspunkt hierfür ist erneut eine kleine Selbstreflexion über die Art der eigenen Arbeit.

4. Datum, Überschrift ... – Hefte übersichtlich führen (S. 55–56)

Aufgaben 1–5
S. 55–56

Sich mit den Schülern auf ein gängiges Verfahren, was das Erstellen der Hausaufgaben und deren äußere Form angeht, zu einigen – so, wie es in der Lernbox auf S. 56 vorgeschlagen wird –, sollte kein größeres Problem darstellen. Es ist jedoch sinnvoll, sich auch im Kollegium fachübergreifend auf ein gängiges Verfahren zu einigen, um den Schülern die Arbeit zu erleichtern und Verwirrungen zu vermeiden.

5. Was ist hier gemeint? – Die Aufgabe verstehen (S. 57–58)

Aufgabe 1
S. 57

Besonders ärgerlich für die Lehrperson und die Schüler gleichermaßen ist es, wenn eigentlich mögliche Leistungen nicht erbracht werden, da die Aufgabenstellung nicht richtig verstanden wurde. Diese kurze Zwischeneinheit soll den Schülern den richtigen Umgang mit an sie gestellten Aufgaben zeigen. Dazu ist es sinnvoll, die als Tafelbild illustrierte Aufgabenstellung zu übernehmen (die Tabelle kann weggelassen werden), um dann anschaulich mit den Schülern daran arbeiten zu können. Die Schüler suchen die Verben „übertrage" und „ordne" heraus, weil sie ihnen sagen, was sie tun sollen. Dann erklären sie in ihren Worten, welche Tätigkeiten hier von ihnen verlangt werden. Folgende Tafelanschrieb übernehmen sie in ihr Heft:

Tafelbild

Aufgabe:

Übertrage die folgende Tabelle in dein Heft und ordne die Wörter mit lang gesprochenen Vokalen aus den zwei Gedichten in die Tabelle ein.

Aufgabe 2
S. 57

Die ausgewählten Verben sind solche, die besonders häufig in Aufgabenstellungen vorkommen. Es ist daher sinnvoll, mithilfe dieser Aufgabe ihre Bedeutung genau zu klären und diese an der Tafel zu sichern. Dies könnte z. B. in dieser Form erfolgen:

Tafelbild

Verben in Aufgabenstellungen und ihre Bedeutung

erklären	*= etwas mit eigenen Worten deutlich machen*
zusammenfassen	*= das Wichtigste in eigenen Worten nennen*
vergleichen	*= Gemeinsamkeiten und Unterschiede herausfinden*
Stellung nehmen	*= eine eigene Meinung äußern und begründen*
begründen	*= Gründe für etwas finden*
(be)nennen	*= z. B. Informationen zu einem Thema sammeln*
ergänzen	*= Fehlendes hinzufügen*

Aufgaben 3–6
S. 58

Die Schüler sollen nun, nachdem die ersten Aufgaben bearbeitet wurden, das Erlernte anwenden und Aufgabenstellungen mit eigenen Worten erklären und überlegen, wie sie diese lösen können. Hierzu eignet sich eine kurze Einzelarbeitsphase, da die Lernenden bei den Hausaufgaben oder während der Klassenarbeit die an sie gestellten Aufgaben auch eigenständig bearbeiten müssen. Sinnvoll kann es auch sein, Aufgabenstellungen aus anderen Fachbereichen zu untersuchen (Aufgabe 6).

6. So gehst du vor – mit den Lernboxen arbeiten (S. 59–60)

Aufgaben 1–2
S. 59

P.A.U.L. D. 5 enthält in den sogenannten Lernboxen viele methodische Anleitungen („So gehst du vor") sowie thematische Zusammenfassungen („Das musst du lernen und wissen"). Diese Zwischeneinheit ist dazu gedacht, den Schülern die Arbeit hiermit zu erleichtern. Es ist daher auch sinnvoll, diese am Anfang des Schuljahres zu besprechen, um ein effektives und sinnvolles Arbeiten mit dem Deutschbuch zu ermöglichen. Damit die Lernboxen auch über das Schuljahr hinaus genutzt werden können, bietet sich wie vorgeschlagen das Erstellen eines Merkheftes an.

Aufgaben 3–5
S. 60

Die Schüler werden hier an einem Beispiel – der Lernbox „Einen Sachtext erschließen" – angeleitet, eine Zusammenfassung, wie man sie ins Merkheft übernehmen könnte, zu erstellen. Die vollständige Zusammenfassung könnte z. B. so aussehen:

Mit einem Sachtext arbeiten
- Überschriften und Bilder ansehen
- unbekannte Wörter klären
- lesen ohne zu markieren
- gliedern und Überschriften für die Sinnabschnitte finden
- das Wichtigste markieren und unterstreichen
- Stichworte zum Inhalt am Textrand machen

Diese Methode des Zusammenfassens der Informationen der Lernboxen üben die Schüler anschließend selbstständig an weiteren Beispielen. Dazu wählen sie sich drei weitere Lernboxen aus P.A.U.L. D. 5 aus.

Aufgaben 6–8
S. 61

Hier üben die Schüler eine andere Methode, wie sie sich die Inhalte der Lernbox aneignen können, ein. Sie setzen dazu die einzelnen Aussagen grafisch um, z. B. mithilfe von Symbolen und Bildern. So können sie sich diese unmittelbarer und besser einprägen.

7. Streit um eine Klassenaktion – Gesprächsregeln entwickeln (S. 62–63)

Aufgaben 1–3
S. 62

Das szenische Lesen und der Schlusskommentar verdeutlichen die Schwierigkeiten, die mit diesem Gespräch verbunden sind. Fehlverhalten zeigt sich dort, wo die Schülerinnen und Schüler unsachlich werden (Rayhana), etwas lediglich behaupten (Matthias), den anderen nicht ausreden lassen und sogar beleidigen (Matthias, Thomas, Tim) und vom Thema abweichen (Aslihan). Dies führt dazu, dass das Gespräch an einen Punkt gelangt ist, an welchem es unsachlich und unproduktiv geworden ist.

Aufgabe 4
S. 63

Die Schüler arbeiten heraus, welche Vorschläge für die Klassenaktion gemacht werden und wie die anderen jeweils darauf reagieren. Die Ergebnisse können mithilfe des folgenden Tafelbildes visualisiert und gesichert werden.

Tafelbild

Streit um eine Klassenaktion

	Vorschlag	*Reaktionen der anderen*
Rayhana	*„Schule fällt aus“*	• *Unmut darüber, dass Rayhana die Frage nicht ernst nimmt*
Maria	*„Plätzchen backen“*	• *beleidigende, abfallende Bemerkung* • *Vorschlag wird nicht weiter beachtet* • *stattdessen wird mit einem Gegenvorschlag geantwortet*
Matthias	*„DVD-Nachmittag“*	• *allgemeine Zustimmung, ohne weiter auf Marias Vorschlag einzugehen* • *konkrete, aber unstrukturierte Planungen*

Aufgaben 5–6
S. 63

Die Aufgaben knüpfen an das zuvor erstellte Tafelbild an, da die Reaktionen der Schüler auf die in der Klasse geäußerten Vorschläge als sogenannte „Fertigmacher“ zu bezeichnen sind. Generell wird hierbei die Sachebene verlassen und das Gespräch durch abfällige Bemerkungen, Beleidigungen, Behauptungen und Abwertungen unnötig persönlich aufgeladen. Eine vernünftige, zielorientierte Fortführung des Gesprächs wird somit unmöglich.

Aufgaben 7–9
S. 63

Die im Zusammenhang mit diesen Aufgaben erarbeiteten Gesprächsregeln können als Plakat in der Klasse ausgehängt werden kann. Auch könnte man als „Warnung“ die folgende Zusammenstellung in der Klasse aushängen:

So misslingt ein Gespräch	So gelingt ein Gespräch
– den anderen ins Wort fallen – laut dazwischenrufen, schreien – die anderen beleidigen – die anderen nicht ernst nehmen – Dinge bloß behaupten – ...	– die anderen ausreden lassen – den anderen zuhören – beim Thema bleiben – sachlich bleiben – deutlich sprechen – meinen Standpunkt begründen – ...

Aufgabe 10
S. 63

Anschließend können diese Regeln mithilfe eines Klassengesprächs über ein beliebiges Thema erprobt werden (Aufgabe a). Sollte die Klasse Defizite aufweisen, was das Formulieren und das Sich-Äußern im Gespräch angeht, können die Aufgaben b) und c) bearbeitet werden.

Alles klar? – Wiederholen, üben und überprüfen (S. 64–65)

Aufgabe 1
S. 64

Der Lückentext muss mit folgenden Ausdrücken in dieser Reihenfolge gefüllt werden:
- zum Erledigen meiner Aufgaben
- übersichtlichen
- an meinem Schreibtisch befestigen
- Reihenfolge der Hausaufgaben
- Zeitdiebe
- Plan
- ruhigen
- festen
- direkt
- nur das einpacken

Aufgabe 2
S. 65

Die Schüler können den Leser der E-Mail weiterführend über folgende Dinge informieren:

- Wie führe ich ein Heft? (Struktur: Datum, Überschrift, Rand, etc.)
- Wie kann ich Aufgaben besser verstehen? (Verben unterstreichen und verstehen, Aufgabenstellung in eigene Worte „übersetzen“)
- Wie arbeite ich mit den Lernboxen in P.A.U.L. D. (Merkheft, Stichwortliste erstellen und auswendig lernen, etc.)
- Wie komme ich mit den Lerntipps zurecht? (eigene Erfahrungen)

Aufgabe 3
S. 65

Frage	wichtige Verben und ihre Bedeutung	Bearbeitungsmöglichkeit
1)	unterstreichen = markieren, hervorheben	Möglichkeit 3 (13)
2)	herausschreiben = heraussuchen und niederschreiben farbig nachzeichnen = farbig markieren	Möglichkeit 2 (2)
3)	erklären = etwas deutlich machen	Möglichkeit 1 (10)

Die Lösungszahl ist 25 : 5 = 5.

Komm mit in eine andere Welt – Märchen (S. 66–87)

Vorüberlegungen zur Einheit

Das Thema Märchen ist vielen Schülern bereits aus der Grundschule bekannt und zudem bringen viele Schüler Erfahrungen aus dem außerschulischen Kontext mit. An dieses Vorwissen möchte die folgende Einheit anknüpfen, indem zunächst mithilfe der Märchenfiguren und Märchengegenstände auf dieses Wissen zurückgegriffen wird und es aktiviert wird. Die Schwerpunkte der Reihe liegen auf dem Vortragen und dem methodischen Erschließen von Märchen sowie auf dem Erarbeiten von typischen Märchenmerkmalen und dem produktionsorientierten Schreiben zu Märchen.
Im **ersten Teilkapitel (S. 68–72)** werden elementare Verfahren der Texterschließung an dem relativ kurzen und oft bekannten Märchen „Sterntaler" wiederholt. Dann erfolgt die Einübung des gestaltenden Vortrags von Märchen am Beispiel „Sterntaler". Dies wird dann vertiefend an einem weiteren, den Schülern meist unbekannten Märchen „Der Bauer und der Teufel" eingeübt.
Im nächsten Schritt werden im **zweiten Teilkapitel (S. 73–78)** typische Märchenmerkmale erarbeitet und an Märchen nachgewiesen. Die Schüler sammeln dazu erst einmal die Merkmale von Märchen, die sie selbst kennen (s. S. 73–74). Diese Sammlung wird dann mithilfe eines Sachtextes ergänzt (s. S. 74–76). Nachdem die typischen Merkmale von Märchen erarbeitet worden sind, werden sie dann an einem Beispiel, dem Märchen „Die Wassernixe" (s. S. 76–78), nachgewiesen.
Die zentralen in dieser Einheit erworbenen Kompetenzen (Inhalte von Märchen erfassen, Märchen erschließen, Märchenmerkmale nachweisen, aus der Sicht von Märchenfiguren schreiben) werden dann im **dritten Teilkapitel (S. 79–81)** zusammenfassend mithilfe des portugiesischen Märchens „Der Prinz mit den Eselsohren" vertiefend behandelt. Im **vierten Teilkapitel (S. 82–83)** folgt ein kreativ spielerischer Teil, in dem die Schüler und Schülerinnen Interviews mit Märchenfiguren selbst gestalten können.
Die Einheit schließt ab mit Projektvorschlägen (Märchenlesung veranstalten, ein Klassenmärchenbuch gestalten) und dem Teilkapitel „Alles klar? – Wiederholen, üben und überprüfen", in dem die Schülerinnen und Schüler sich abschließend mit den in dieser Einheit erworbenen Kompetenzen beschäftigen.

Zentrale Kompetenzen, die mit dieser Einheit erworben werden, sind:
- von eigene Erfahrungen mit Märchen erzählen
- verschiedene Märchen kennenlernen
- elementare Strukturen und Merkmale der Textsorte „Märchen" erkennen und überprüfen
- Märchen untersuchen, erschließen und verstehen
- Märchen betont, akzentuiert und gestaltend vorlesen und -tragen
- Märchen nach Vorlagen oder frei nacherzählen
- eigene Texte nach Märchen entwickeln und verfassen (z. B.: aus der Sicht einer Märchenfigur erzählen oder Interviews mit Märchenfiguren entwickeln)
- einem Lexikonartikel Informationen entnehmen und sie für die Erschließung und Untersuchung von Märchen nutzen

- elementare Verfahren der Textuntersuchung und -bearbeitung anwenden (z. B.: Texte gliedern, passende Überschriften für Textabschnitte finden, Textaussagen markieren und klären, Notizen zum Erfassen des Inhalts machen, sich einen Überblick über die Handlung und die Figurenbeziehungen verschaffen).

Die **Auftaktdoppelseite (S. 66–67)** ruft das Vorwissen der Schüler ab. Die Reihenfolge der Aufgaben ist beliebig.

Aufgabe 1
S. 66

Die Schüler beschreiben die Abbildungen. Dann erzählen sie, was sie über die abgebildeten Märchenfiguren wissen und erzählen einzelne Märchen nach bzw. geben ihren Inhalt wieder.

Aufgaben 2–3
S. 67

Die geforderten Zuordnungen sind folgende:

Märchen/Märchenfigur (Zahl)	Gegenstand (Buchstabe)
Sternthaler (1)	Münzen (C)
Rotkäppchen (4)	Korb (B)
Frau Holle (2)	Kissen (D)
gestiefelter Kater (3)	Stiefel (A)
Hänsel und Gretel (5)	Knusperhäuschen (G)
7 Geißlein (6)	Wolf (F)
Dornröschen (7)	Dornenhecke, Spindel (E)
Schneewittchen (8)	Apfel (I)
Aschenputtel (9)	Schuh (H)

Bei der Vorstellung der Ergebnisse erklären die Schüler die Bedeutung der Märchengegenstände in dem jeweiligen Märchen.

Aufgabe 5
S. 67

Parallel zum Unterrichtsgeschehen sollen die Schüler mithilfe dieser Aufgaben dazu angeregt werden, sich mit Märchenliteratur oder anderen Medien (z. B. Filmen und CDs) auseinanderzusetzen.
Weitere Anregungen bietet das Kapitel 5 „Projektideen rund um Märchen“ (S. 84–85).

Didaktische Aufbereitung der Unterkapitel

1. „Es war einmal …“ – Märchen vortragen (S. 68–72)

Brüder Grimm: Sterntaler (S. 68)

Aufgabe 2
S. 69

Die Schüler ergänzen die folgende Tabelle und verschaffen sich einen Überblick über die Märchenhandlung:

Zeilen	Überschrift	Inhalt
Zeilen 1–7	Ausgangssituation des Mädchens	– Mädchen hat keine Eltern – Mädchen ist arm – es besitzt nichts außer den Kleidern, die es trägt, und einem Stück Brot – es ist gut und fromm

Zeilen 8–11	Treffen mit dem armen Mann	– armer Mann ist hungrig – er bittet das Mädchen um Brot – Mädchen gibt dem armem Mann das ganze Brot
Zeilen 12–15	Treffen mit dem ersten frierenden Kind	– Kind friert am Kopf – Kind bittet um einen Schutz vor der Kälte – Mädchen gibt Kind seine Mütze
Zeilen 16–18	Treffen mit dem zweiten frierenden Kind	– frierendes Kind bittet um ein Leibchen – Mädchen gibt Kind sein Leibchen
Zeilen 19–21	Treffen mit drittem frierenden Kind	– frierendes Kind bittet um Röckchen – Mädchen gibt sein Röckchen her
Zeilen 22–28	Treffen mit dem vierten frierenden Kind	– Kind bittet um ein Hemd – Mädchen gibt sein letztes Kleidungsstück (das Hemd) her
Zeilen 29–32	Schluss	– Mädchen wird beschenkt – Sterne fallen als Goldtaler vom Himmel und es erhält ein neues Leibchen – Mädchen ist reich für seinen Lebtag

Aufgaben 3–4
S. 69

Zunächst sollen die reduzierten Lebensumstände des Mädchens (Armut und Einsamkeit) herausgearbeitet werden, um diese dann mit dem Ende des Märchens zu vergleichen (das Mädchen ist reich und glücklich). Um den Grund dieser Veränderung zu verdeutlichen, kann das Verhalten des Mädchens gegenüber seinen Mitmenschen analysiert werden. Möglich ist auch, dem Märchen eine Art Moral oder Lebensweisheit zuzuordnen. Die Ergebnisse können in folgendem Tafelbild sukzessive oder in Teilen visualisiert und gesichert werden:

Brüder Grimm: Sterntaler

Ausgangssituation des Mädchens. Es ist …
- *arm (kein Zimmer, nur 1 Kleid, nur 1 Stückchen Brot …)*
- *einsam (Vater und Mutter sind gestorben …)*
- *gut und fromm*

↓ *Elend*

Veränderung →

Die Situation des Mädchens am Schluss. Es ist …
- *reich für sein Leben lang (viele Taler, neue Kleider)*
- *glücklich*

↓ *Belohnung*

das Mädchen verhält sich ihren Mitmenschen gegenüber …
- *aufopfernd*
- *fürsorglich*
- *mitfühlend*
- *tugendhaft*
- *selbstlos*
- *sozial*
- *…*

Lehre

„Behandele andere Menschen so, wie du auch behandelt werden möchtest."
„Tugendhaftigkeit und Fürsorglichkeit werden belohnt."
„Tue Gutes und dir widerfährt Gutes."
…

Aufgabe 5
S. 70

Diese Aufgabe bereitet einen eigenen Märchenvortrag vor. Die Sammlung der Vorschläge und Tipps kann in Form eines „Brainstormings" und dem Erstellen einer „Mind-map" in Gruppenarbeit geschehen. Alternativ kann die Stichwortsammlung auch an der Tafel erstellt und im Anschluss strukturiert werden. Als wichtige Gesichtspunkte eines gelungenen Märchenvortrags sollten die Schüler dabei erarbeiten:

- richtige passende Betonung
- deutliche Aussprache (langsames, ruhiges Sprechen)
- setzen sinnvoller Pausen
- üben des Vortrags
- benutzen mehrerer unterschiedlicher, zur jeweiligen Situation passenden Intonation (z. B. bei wörtlicher Rede, traurigen Stellen oder der Belohnung des Märchenhelden)

Aufgaben 6–7
S. 70

Nachdem eigene Vorschläge, was das richtige Vortragen eines Märchens angeht, gemacht wurden, arbeiten die Schüler nun an einer fiktiven Schülerarbeit weiter. Der Textauszug wurde so bearbeitet, dass Wörter, die besonders betont werden sollen, unterstrichen und kurze sowie lange Pausen mit Schrägstrichen gekennzeichnet wurden. Dies Verfahren beschreiben die Schülerinnen und Schüler mithilfe des Schülertextes. Es ist sinnvoll, dies als allgemeingültiges Verfahren einzuführen.
Anschließend kann das gestaltende Lesen des ersten Abschnitts des Sterntalermärchens mithilfe der Schülerarbeit in kleineren Gruppen geprobt werden. Dabei sollen die Schüler üben, die Markierungen beim Vortrag angemessen zu berücksichtigen.

Mithilfe der Anleitungen bereiten die Schüler einen eigenen Vortrag des Sterntalermärchens vor und halten ihn. Es ist gut möglich, als Abschluss der kleinen Einheit einen Märchennachmittag zusammen mit Eltern und Schülern zu gestalten. Dies kann auch fächerverbindend, z. B. unter Einbezug der Musik- und/oder Kunstfachlehrer, geschehen (s. auch S. 84 „Eine Märchenlesung veranstalten").

Brüder Grimm: Der Bauer und der Teufel (S. 71)

Aufgabe 1
S. 71

Folgende Textstellen können zur Beantwortung der Fragen genannt werden:

Frage	Textstelle
a)	Der Leser erfährt zu Beginn des Märchens über den Bauer, dass er – klug ist (Z. 1), – gerne Streiche spielt (Z. 1–2), – und er den Teufel besiegt und sich über ihn lustig gemacht hat (Z. 3–5).
b)	Der Teufel bietet dem Bauern einen unvorstellbar großen Schatz aus Gold und Silber an, wenn er dafür über zwei Jahre die Hälfte dessen bekommt, was auf dem Acker wächst. (Z. 14–19)
c)	Der Bauer handelt für das erste Jahr aus, dass dem Teufel das zusteht, was über der Erde wächst, und ihm selbst das, was unter der Oberfläche wächst. Nach Abschluss dieses Handels sät der Bauer Rüben, wohl wissend, dass nur der Teil der Pflanze Ertrag bringt, der in der Erde gedeiht. (Z. 20–25)
d)	Für das zweite Jahr wird der Handel umgekehrt: Dem Bauern steht zu, was über der Erde wächst. Nun pflanzt dieser aber Weizen, sodass der Ertrag bringende Teil der Pflanze über der Erde gedeiht. (Z. 26–32)
e)	Der Bauer wird – wie es der Handel wollte – mit dem Schatz entlohnt, während der Teufel leer ausgeht. Die hämische Aussage „So muss man die, die sich für klug halten, behandeln" (Z. 32–33) kann als abschließende Weisheit gedeutet werden.

Aufgabe 2
S. 72

Mithilfe des Vergleichs der Illustration und des Märchentextes kann das Textverständnis der Schüler überprüft, vertieft und gegebenenfalls korrigiert werden. Zu den Gemeinsamkeiten zwischen der Illustration und dem Märchen gehören klar erkennbar der „Haufen“ schwarzer Kohlen, auf dem der Teufel sitzt. Darüber hinaus kann das Aussehen der Figur thematisiert werden, da diese auf den Betrachter eher dümmlich und unwissend wirkt, zumindest nicht Angst einflößend. Dieses Bild korrespondiert mit der Darstellung des Teufels in der Geschichte. Zudem kann man die selbstbewusste bzw. gelassene Haltung des Bauern auch als Ausdruck von Überlegenheit oder Distanz deuten.
Der wichtigste Unterschied der Illustration zum Märchentext ist, dass der Teufel beide Früchte in den Händen hält; zum einen bekommt er diese im Text nicht ausgehändigt und zum anderen bedeutet dies einen Bruch in der Zeitabfolge. Schließlich werden Rüben und Weizen in unterschiedlichen Jahren angebaut. Die Ergebnisse des Vergleichs können folgendermaßen an der Tafel gesichert werden:

Tafelbild

Brüder Grimm: Der Bauer und der Teufel – Vergleich der Illustration mit dem Märchen

Gemeinsamkeiten	*Unterschiede*
– *Haufen schwarzer Kohlen*	– *Teufel hält beide Früchte in der Hand.*
– *Der Teufel sieht etwas dümmlich/ unwissend aus, so wie er in der Geschichte dargestellt wird.*	– *Zeitliche Reihenfolge stimmt nicht (Rüben und Weizen werden nicht zur selben Zeit gesät).*
– *Die Körperhaltung des Bauern drückt Überlegenheit, Gelassenheit aus.*	– *Teufel ist nicht klein und schwarz.*
– …	– …

Aufgabe 3
S. 72

Mithilfe dieser Aufgabe sollen die Schüler Kompetenzen aus den vorangegangenen Einheiten anwenden. Dazu gehört zum einen das Schreiben eines persönlichen Briefes, wobei hier besonders auf die formale Gestaltung geachtet werden muss. Zum anderen sollen die Schüler aber auch den Inhalt des Märchens in anderen Worten zusammenfassen bzw. darüber informieren, sodass hier das Erstellen einer kurzen Inhaltszusammenfassung geübt wird.

Aufgabe 4
S. 72

Die Schüler üben wieder einen Vortrag des Märchens ein. Dazu gehen sie vor, wie es in der Lernbox auf S. 72 beschrieben wird. Sie können als Hilfe auch auf die Anleitungen in Aufgabe 7 auf S. 70 zurückgreifen. Einzelne Vorträge werden der Klasse vorgestellt und es wird besprochen, was an ihnen besonders gelungen ist.

Aufgabe 5
S. 72

Diese Aufgaben dienen der Binnendifferenzierung, da mehrere Kompetenzen angesprochen werden, welche entsprechend den Fähigkeiten der Schüler verteilt werden können. So sollen die Schüler entweder eine kreative Schreibarbeit leisten (Aufgabe a), ein Märchen so vortragen, wie es gelernt worden ist (Aufgabe b) oder über das Vortragen von Märchen hinausgehend ein Märchen als kleines Theaterstück einüben (Aufgabe c).

2. Märchen unter der Lupe – Merkmale von Märchen erkennen und untersuchen (S. 73–78)

Feen, Zauberer und Wünsche – Märchenmerkmale sammeln (S. 73–74)

Aufgabe 1
S. 73

Folgende Märchen werden gesucht:

A	Hänsel und Gretel
B	Aschenputtel
C	Rapunzel
D	Rumpelstilzchen
E	Dornröschen
F	Die Bremer Stadtmusikanten
G	Rotkäppchen
H	Der Froschkönig

Aufgabe 2
S. 74

Diese Aufgabe soll die Schüler dafür sensibilisieren, auf bestimmte Merkmale in Märchen zu achten. Folgende Indizien, dass es sich bei den Zeichnungen um Szenen aus Märchen handelt, können von ihnen genannt werden:

- Auftreten von Figuren mit außergewöhnlichen oder übernatürlichen Fähigkeiten (z. B.: die Hexe bei Hänsel und Gretel)
- Eingreifen übernatürlicher Kräfte (z. B.: Zauberei beim Froschkönig, der „Dornröschenschlaf")
- sprechende Tiere treten auf (z. B.: Rotkäppchen und der böse Wolf)
- Prinzen, Prinzessinnen treten als für Märchen typische Figuren auf (z. B.: Dornröschen, Rapunzel, Froschkönig)
- eindeutige Trennung der Figuren in Gut und Böse
- ...

Aufgabe 3
S. 74

Hier wird unmittelbar an die vorhergehende Aufgabe angeknüpft. Die Schüler haben sich durch die Auftaktdoppelseite und die Zeichnungen bereits mit der Textsorte Märchen und ihren Merkmalen auseinandergesetzt. Darüber hinaus ist zu erwarten, dass sie auf der Basis eigener Erfahrungen Ideen mit einbringen können.
Methodisch kann so vorgegangen werden, dass das Grundgerüst des Ideensterns an die Tafel geschrieben wird und die Schüler diesen dann nach kurzer Bedenkzeit füllen. Anschließend bietet es sich an, die lose Auflistung zu strukturieren. Beim Übertragen der Ergebnisse ins Heft sollten die Schülerinnen und Schüler darauf hingewiesen werden, dass der Ideenstern noch ergänzt werden kann. Dies geschieht nach der Bearbeitung des Sachtextes „Märchen" von Tanja Heinemann, welcher weiterführende Informationen über typische Merkmale von Märchen enthält, die den Schülern noch unbekannt sein werden (z. B.: Zahlensymbolik).
Ein überarbeitetes, sukzessive zu erstellendes Strukturbild, welches auf der Tafel oder auf Folie bzw. auf Plakatkarton festgehalten werden kann, kann dann so aussehen:

Tafelbild

Merkmale von Märchen

übernatürliche Kräfte
- *Zauberei*
- *Wunder*
- *unüberwindbare Aufgaben werden gelöst*
- *keine Trennung zwischen Wunderwelt und Wirklichkeit*
- *überirdische Mächte kommen den Helden zu Hilfe*
- *im Märchen ist nichts unmöglich*

Figuren
- *sprechende Tiere*
- *Hexen*
- *Zwerge und Riesen*
- *Feen*
- *Zauberer*
- *Prinzen und Prinzessinnen*
- *Könige*
- *Drachen*
  - → *oft ohne festen Namen*
  - → *„Märchenheld" befindet sich meist am Anfang in einer Notlage*

Symbole
- *formelhafte Wendungen („Es war einmal", „Und wenn sie nicht gestorben sind, dann leben sie noch heute", ...)*
- *die Zahlen „drei" und „sieben" (z.B.: „sieben Zwerge", „sieben Geißlein", drei Prüfungen ...)*

Zeit/Ort
- *feste Zeit- und Ortsangaben fehlen*
- *etwas geschieht bloß irgendwo und irgendwann*

Konflikt von Gut und Böse
- *Charaktereigenschaften sind eindeutig verteilt und verändern sich nicht*
- *das Gute siegt über das Böse*
- *die Guten werden belohnt, die Bösen bestraft*

Typisch für ein Märchen ist ... – einem Sachtext Informationen entnehmen (S. 74–76)

Tanja Heinemann: Märchen (S. 74–75)

Mithilfe des Sachtextes wird den Schülern im Zusammenhang mit dem Thema Märchen auch vermittelt, wie sie einen ihnen unbekannten Sachtext sinnvoll bearbeiten können. Dazu werden im Einzelnen folgende Kompetenzen geschult:
- das genaue Lesen (Abschnitt für Abschnitt)
- das Stellen von Fragen an den Text
- die Entwicklung von passenden Zwischenüberschriften für die einzelnen Textabschnitte
- das Arbeiten am Text mit Markierungen und Unterstreichungen

Aufgabe 1 S. 76 Hier bietet sich die Erstellung der folgenden Übersicht an, welche auch als Tafelbild gestaltet werden kann:

Tafelbild

Abschnitt	*Fragen, auf die der Textabschnitt antwortet*	*Überschrift für den Textabschnitt*
Z. 1–Z. 9	*Seit wann gibt es Märchen?* *Wo gibt es überall Märchen?* *Wie werden Märchen überliefert?* *Sind Märchen in allen Ländern gleich?*	*Die Verbreitung des Märchens auf der ganzen Welt*
Z. 10–Z. 19	*Ab wann wurden Märchen aufgeschrieben?* *Wer hat sie gesammelt und schriftlich festgehalten?* *Welche war die wichtigste Quelle für Märchen in Deutschland?*	*Das erste Niederschreiben der deutschen Märchen*
Z. 20–Z. 35	*Was ist typisch für ein Märchen?*	*Typische Merkmale eines Märchens*
Z. 36–Z. 41	*Welche Eigenschaften sind für Märchenfiguren typisch?*	*Typische Eigenschaften von Märchenfiguren*
Z. 42–Z. 49	*Was ist so beruhigend an einem Märchen?* *Was geschieht mit den guten Märchenfiguren?*	*Belohnungen für „gute" Märchenfiguren*
Z. 50–Z. 58	*Was müssen die Märchenhelden leisten, bevor sie belohnt werden?* *Welche Zahlen haben in Märchen eine besondere Bedeutung?*	*schwierige Aufgaben für die Märchenhelden*
Z. 59–Z. 67	*Was für Formulierungen spielen bei Märchen eine ganz besondere Rolle?*	*formelhafte Sätze und Zaubersprüche*

Aufgabe 2
S. 76

Mithilfe dieser Aufgaben soll das Arbeiten am Text durch Markierungen und Unterstreichungen geübt werden. Die Schüler sollen dazu die Fragen beantworten, indem sie z. B. Schlüsselbegriffe farbig markieren (evtl. mit Folie arbeiten!) und weitere Erklärungen unterstreichen. Folgende Antworten sollen so gefunden werden:

a) Märchen wurden überall auf der Welt bloß mündlich weitergegeben, was zu unterschiedlichen Fassungen geführt hat.
b) Der ältere Bruder hieß Jakob Grimm und lebte von 1785–1863, der jüngere Bruder Wilhelm Grimm von 1786–1859. Beide hatten es sich zur Lebensaufgabe gemacht, Märchen zu sammeln und sie niederzuschreiben. Selbst verfasst haben sie zwar keine, aber sie haben meist kleinere Veränderungen vorgenommen.
c) Märchenfiguren
   - sind oft Wesen mit übernatürlichen Kräften,
   - haben meist keinen eigenen Namen,
   - haben unveränderliche Charaktereigenschaften (gut oder böse, fleißig oder faul, schön oder hässlich, ...),
   - werden belohnt, wenn sie „gut" sind, und bestraft, wenn sie „böse" sind,
   - müssen, wenn sie der Held der Geschichte sind, meist scheinbar unüberwindbare Aufgaben lösen, was ihnen jedoch mithilfe übernatürlicher Kräfte und Instanzen gelingt.
d) im Text werden folgende typische Eigenschaften eines Märchens genannt:
   - „Märchenwelt", in der nichts unmöglich zu sein scheint
   - übernatürliche Wesen (Märchenfiguren)

- Konflikt von Gut und Böse, wobei das Gute immer gewinnt
- Zeit- und Ortsangaben fehlen
- Zahlensymbolik („drei“ und „sieben“)
- formelhafte Wendungen

Aufgabe 3
S. 76

Diese Aufgabe soll den Schülern als Überprüfung dienen, ob sie den Sachtext richtig erschlossen haben. Inhaltlich lehnt sie sich stark an Aufgabe 1 an, sodass deren Lösung auch hier herangezogen werden kann.

Aufgabe 4
S. 76

Die Schüler ergänzen den angefangenen Ideenstern um die Märchenmerkmale, die in dem Sachtext aufgeführt werden und die sie selbst noch nicht genannt haben. Ein fertiggestellter Ideenstern ist unter Aufgabe 3, S. 74 zu finden.

Zwei Kinder und die böse Wassernixe – Märchenmerkmale nachweisen (S. 76–78)

Brüder Grimm: Die Wassernixe (S. 76–77)

Aufgabe 1
S. 77

Die richtigen Zuordnungen sind die folgenden:

Textabschnitt	Bild
Abschnitt A	Bild Nr. 2
Abschnitt B	Bild Nr. 4
Abschnitt C	Bild Nr. 3
Abschnitt D	Bild Nr. 1

Aufgabe 2
S. 77

Folgende Antworten können von den Schülern erwartet werden:

a) Die Kinder fallen beim Spielen in einen Brunnen, in dem eine böse Wassernixe wohnt.
b) Die Kinder müssen für die Nixe schwere Arbeiten verrichten:
   - Das Mädchen muss spinnen und Wasser schleppen.
   - Der Junge muss mit einer stumpfen Axt Holz hacken.
c) Die Kinder flüchten, als die Nixe gerade in der Kirche ist. Anschließend werden sie von dieser verfolgt, können ihr aber durch Zauberei (Verwandlung von Gegenständen in einen Bürstenberg, einen Kammberg und einen Spiegelberg) entkommen.

Aufgabe 3
S. 77

Die Schüler werden bei der ersten Teilaufgabe die Figuren aufgrund folgender Merkmale als typische Märchenfiguren charakterisieren. Die Figuren

- haben keinen persönlichen Eigennamen (nur Kinder, Wassernixe),
- sind eindeutig in gut (Kinder) und böse (Wassernixe) aufgeteilt,
- sind übernatürlich (Nixe) oder können Übernatürliches verrichten (Zauberei der Kinder),
- (die guten Märchenhelden) befinden sich zunächst in einer Notlage und müssen eine scheinbar unlösbare Gefahr überwinden. Es gelingt ihnen aber am Ende.
- ...

Bei der zweiten Teilaufgabe können die Schüler den zuvor erstellten Ideenstern verwenden und mit der Lernbox auf S. 78 arbeiten. So erhalten sie Hilfen, die Erarbeitung der Märchenmerkmale strukturiert vorzunehmen. Folgende typische Märchenmerkmale sollen so erkannt werden:

- **Figuren** (s. erste Teilaufgabe)
- **übernatürliche Kräfte**
  - Zauberei (Bürstenberg, Kammberg, Spiegelberg) als überirdische Macht kommt den Kindern zu Hilfe.

- **Zeit/Ort**
  - Feste Zeit- und Ortsangaben fehlen.
- **Konflikt von Gut und Böse**
  - Charaktereigenschaften sind eindeutig verteilt und verändern sich nicht (Nixe ist und bleibt böse, Kinder sind und bleiben gut).
  - Das Gute (Kinder) siegt über das Böse (Nixe).
  - Die Guten werden am Ende durch ihre Freiheit belohnt.
- **Symbole**
  - Zahlensymbolik: die Kinder müssen drei Zauber anwenden, um der Wassernixe zu entkommen.
  - Formelhafte Wendungen fehlen in diesem Märchen.

Aufgabe 4
S. 78

Diese Aufgaben bieten die Möglichkeit der Binnendifferenzierung. Die ersten beiden Aufgaben dienen der vertieften Aneignung des Märchens. Mithilfe der Aufgaben c) und d) soll hingegen das Wissen über die typischen Merkmale eines Märchens, welche zuvor eingehend erarbeitet wurden, abschließend gefestigt werden. Die letzte Aufgabe ist anspruchsvoller und birgt die Herausforderung, das Märchen umzuschreiben und dabei das Gelernte vertieft verstanden anzuwenden.

3. „Es war einmal ein König …“ – ein Märchen erschließen (S. 79–81)

Der Prinz mit den Eselsohren (S. 79–80)

Aufgabe 1
S. 80

Die richtige Reihenfolge der den Textabschnitten zugeordneten Überschriften lautet wie folgt:

Überschrift des Textabschnitts	Buchstabe des Textabschnittes
d) Der neugeborene Prinz wird von einer Fee verwünscht.	(A)
a) Der Prinz versteckt seine Eselsohren unter einer Mütze.	(B)
f) Ein Barbier erfährt von den Eselsohren des Prinzen.	(C)
b) Der Barbier befreit sich von der Last seines Geheimnisses.	(D)
c) Die Flöten der Hirten verbreiten das Geheimnis des Prinzen.	(E)
e) Der Prinz ist von der Last der Eselsohren befreit.	(F)

Aufgabe 2
S. 81

Folgende Antworten können erwartet werden:

a) Die drei Feen verhelfen dem Königspaar zu einem Sohn, dem sie bei der Geburt als Gaben bestimmte Eigenschaften zusprechen. Neben Schönheit und Tugendhaftigkeit wird diesem dabei auch ein Makel in Form von Eselsohren verliehen.

b) Der König ist entsetzt über den Wunsch der dritten Fee, da der Makel den Prinzen daran hindern könnte, die Thronnachfolge anzutreten. Er beschließt daher, die Eselsohren unter einer Mütze, die der Prinz Tag und Nacht tragen muss, zu verstecken.

c) Als der Prinz älter wird, ist es an der Zeit, dass diesem die Haare geschnitten werden. Hierfür wird ein Barbier gerufen, dem der Tod angedroht wird, sollte er von den Eselsohren berichten. Unter der Last des Geheimnisses leidet der Mann sehr.

d) Da den Barbier das Geheimnis so belastet, sucht er einen Priester auf, der ihm rät, an einer entlegenen Stelle ein Loch zu buddeln und dort das Geheimnis hineinzurufen, um sich so von diesem zu befreien.

e) An der Stelle, wo der Barbier sein Geheimnis „vergraben" hat, wächst Schilfrohr, aus welchem sich Hirten Flöten basteln. Sobald auf diesen Flöten gespielt wird, erklingen Stimmen, die das Geheimnis des Prinzen verraten.
f) Als das Geheimnis verbreitet ist und der König den Barbier deshalb hinrichten lassen möchte, entschließt sich der Prinz, zu seinem Makel zu stehen, was dazu führt, dass er von diesem befreit wird.

Aufgabe 3
S. 81

Die Schüler erläutern, dass der Prinz seine Eselsohren in dem Augenblick, in dem er sich zu seinem Makel bekennt, „verliert". In einem Klassengespräch kann thematisiert werden, dass es oft viel besser ist, sich zu einem vermeintlichen Makel zu bekennen, als ihn unbedingt verbergen zu wollen. Es ist sicher interessant, wenn die Schüler dafür aktuelle Beispiele anführen.

Aufgabe 4
S. 81

Die erste Aufgabe ermöglicht es, sich die Figur des Prinzen näher zu erschließen. Mittels des Tagebucheintrags können die Schülerinnen und Schüler darüber hinaus auch über eine mögliche Lebensweisheit, die das Märchen vermittelt, nachdenken. Schließlich wird der Prinz von seinem Makel befreit, als er aufrichtig und selbstbewusst zu diesem steht.
Mithilfe der Lernbox auf S. 78 untersuchen die Schüler das Märchen auf typische Märchenmerkmale (Aufgabe b). Die meisten zuvor erarbeiteten Merkmale lassen sich in dem vorliegenden Märchen wiederfinden. Lediglich der Konflikt von „Gut" und „Böse" ist nicht sofort ersichtlich, wenngleich z. B. die Tatsache, dass der Prinz sich entschließt, zu seinem Makel zu stehen, als „gute" Charaktereigenschaft zu sehen ist, für die der Protagonist wie gewohnt am Ende belohnt wird.
Für den Vergleich können die Schüler eine Tabelle anlegen, bei der in der linken Spalte die Kriterien aus der Lernbox und in der rechten Spalte Übereinstimmungen mit dem Märchen aufgelistet werden. Die in der Lernbox genannten Merkmale können noch durch selbst erarbeitete ergänzt werden (Ideenstern). Die Ergebnisse sollten auf Folie gesichert werden:

Merkmale aus der Lernbox	Der Prinz mit den Eselsohren
– Notlage am Anfang des Märchens	– Prinz bekommt Eselsohren
– Personen sind eindeutig durch „gut" oder „böse" charakterisiert	– der Konflikt von „Gut" und „Böse" spielt zwar auch in diesem Märchen eine Rolle, ist aber weniger stark ausgeprägt als üblich.
– besondere Wesen	– Feen, Prinz mit Eselsohren
– Zahlensymbolik	– drei Feen
– Zauberformeln, besondere Sprüche	– „Prinz mit den Eselsohren – Prinz mit den Eselsohren"
– das Gute siegt über das Böse und wird belohnt	– als Sieg des Guten kann man in diesem Märchen die Entscheidung des Prinzen, zu seinem Makel zu stehen, bezeichnen. Die Belohnung stellt dann der Verlust der Eselsohren dar.
– formelhafter Anfang	– „Es war einmal ein König ..."
– formelhaftes Ende	– fehlt hier
– Figuren haben keine festen Namen	– Prinz mit den Eselsohren, der König, der Barbier

Merkmale aus der Lernbox	Der Prinz mit den Eselsohren
– Zeit- und Ortsangaben fehlen	– trifft zu
– überirdische Kräfte	– Zauberei der Feen, „sprechende“ Flöten

Die Aufgabe c) kann Grundlage für eine vertiefende Beschäftigung mit dem Thema Märchen sein. Es ist zu erwarten, dass die Schüler aus der Klasse z. T. aus anderen Kulturkreisen stammen, sodass sie sicherlich andere Märchen kennen als die der Gebrüder Grimm. Durch das Vortragen oder szenische Vorspielen von Märchen aus anderen Ländern kann das Interesse an anderen Kulturkreisen geweckt werden. Ergebnissichernd können abschließend z. B. mögliche Gemeinsamkeiten, aber auch Unterschiede zwischen bereits bekannten und den vorgestellten Märchen gesucht werden.
Das Erschließen von Märchen und das Nachweisen von Märchenmerkmalen kann mithilfe von **Arbeitsblatt 1** (Materialienband, S. 41 f.) am Beispiel des Märchens „Jorinde und Joringel“ von den Gebrüdern Grimm vertiefend geübt werden.

4. Wie war es wirklich? – Interviews mit Märchenfiguren erfinden (S. 82–87)

Der Wolf und die sieben Geißlein – zu Bildern ein Märchen nacherzählen (S. 82)

Aufgabe 1
S. 82

Zur Vorbereitung der Entwicklung des Interviews mit dem Wolf rufen sich die Schüler den genauen Verlauf des Märchens vom Wolf und den sieben Geißlein über die Bilderfolge und das Nacherzählen ins Gedächtnis oder lernen ihn kennen.

Der Wolf packt aus – ein Interview mit einer Märchenfigur weiterführen (S. 83)

Aufgaben 1–2
S. 83

Die Vorlage für das Interview bietet „Das Märchen vom Wolf und den sieben Geißlein“. Dabei wird das Märchen als Stoff, der für die Presse von Belang ist, dargestellt, wobei der Reporter dem Wolf nun die Möglichkeit gibt, seine Sicht der Geschehnisse vorzutragen. Der Wolf sieht sich als Opfer einer verleumderischen Zeitungskampagne und verdreht somit die Sachlage. Er hegt die Absicht, nicht als Täter dargestellt zu werden.

Aufgabe 3
S. 83

Der Text unterscheidet sich schon formal durch die Form des Interviews, bei dem der typische Märchenstil aufgegeben wird. Inhaltlich unterscheidet sich der Text von seiner Vorlage durch die neue Position des Wolfes, der sich als Opfer einer reißerischen und verleumderischen Zeitungskampagne darstellt und somit die Täterrolle abstreitet.

Aufgabe 4
S. 83

Nach einer Phase der Ideensammlung schreiben die Schüler das Interview mit dem Wolf weiter und stellen es vor, indem sie es mit verteilten Rollen lesen.

Aufgabe 5
S. 83

Die Schüler schreiben am Beispiel von Kahlert orientiert noch weitere Interviews mit anderen Märchenfiguren, die sie sich selbst auswählen. Diese lesen sie mit verteilten Rollen vor oder spielen sie als kleine Szene. Um das Interesse der Zuhörer an den Interviews zu steigern, sollte vor der Präsentation nicht verraten werden, wer zu welchem Märchen interviewt wird.

5. Projektideen rund um Märchen (S. 84–85)

Dieses Teilkapitel bietet Möglichkeiten, zusammen mit den Schülern Projekte zu entwickeln, in denen diese die erworbenen Kompetenzen einsetzen können. Das lockert den Lernprozess auf und ermöglicht es, wichtige Kompetenzen, wie etwa das Erarbeiten und Vortragen eines Märchens, auf spielerische Art und Weise zu festigen. Das Projekt „Ein Klassenmärchenbuch gestalten" kann auch parallel zur Unterrichtseinheit ablaufen, sodass die Schüler dazu angeregt werden, sich während der Einheit selbstständig mit Märchenliteratur auseinanderzusetzen.

Alles klar? – Wiederholen, üben und überprüfen (S. 86–87)

Aufgabe 1
S. 86

Folgende Antworten sind richtig:
a) Märchen gibt es **in unterschiedlichen Fassungen in verschiedenen Ländern**.
b) Im Märchen **bleiben die Guten immer gut und die Bösen immer schlecht**.
c) Die Brüder Grimm haben Märchen **gesammelt**.
d) Märchen haben **einen formelhaften Anfang und ein formelhaftes Ende**.
e) Märchen wurden zunächst mündlich **überliefert**.
f) Die Zahlen **3 und 7** haben in Märchen eine besondere Bedeutung.
g) Märchen gibt es **seit Hunderten von Jahren**.
h) In Märchen siegt immer **das Gute**.

Aufgabe 2
S. 87

Folgende Lösungswörter sind richtig:

Märchen	Lösungswort
Sterntaler	HEXEN
Der Bauer und der Teufel	KÖNIG
Die Wassernixe	PRINZ
Der Prinz mit den Eselsohren	TIERE

Gedichte zu jeder Jahreszeit (S. 88–89)

Vorüberlegungen zur Einheit

Das Kapitel gibt erste Einsichten in die elementaren Grundlagen der Lyrik (Vers, Strophe und Reim) und in die Möglichkeiten der bildhaften Sprache (Vergleich, Personifikation). Die Einheit gliedert sich zunächst in vier Teile, die die vier Jahreszeiten thematisieren.
Im **ersten Teilkapitel (S. 90–93)** lernen die Schüler am Beispiel von drei Gedichten zum **Frühling** auf der Grundlage gesicherten Textverständnisses Wege kennen, einen gelungenen **Gedichtvortrag** vorzubereiten, einzuüben und zu halten. Thematisch beschäftigt sich das **zweite Teilkapitel (S. 94–97)** mit dem **Sommer**. Schwerpunktmäßig werden vor allem Kenntnisse über typische **formale Merkmale** lyrischer Texte (Vers, Strophe und Reimschemata) vermittelt.
Das **dritte Teilkapitel (S. 98–101)** setzt den Schwerpunkt auf das **Verstehen sprachlicher Bilder** (Personifikationen und Vergleiche). Inhaltlich geht es hier um die Jahreszeit des **Herbstes**.
Bei den konkreten Erfahrungen der Schüler setzt das **vierte Teilkapitel (S. 102–105)** zum Thema **Winter** an. Ausgehend von ihren eigenen Assoziationen zum Winter können sie eigene Wintergedichte schreiben. Der Schwerpunkt in diesem Kapitel liegt auf dem **Auswendiglernen** von Gedichten.
In allen vier Teilkapiteln wird selbstverständlich neben den oben genannten Schwerpunkten das genaue Erfassen und Erschließen des Inhaltes gefordert und eingeübt. Auf die Beschäftigung mit den Jahreszeiten folgt im **fünften Teilkapitel (S. 106–109)** die **„Gedichtewerkstatt** – Gedichte schreiben und gestalten“ (S. 106–109). Hierbei steht der **handlungs- und produktionsorientierte Umgang mit Gedichten** im Vordergrund. Das Verfassen von Elfchen, Haikus und Parallelgedichten vermittelt auf kreative Weise die Strukturen und Merkmale lyrischer Texte.

Wichtige Kompetenzen, die in dieser Einheit vermittelt werden sind:
- Gedichte gestaltend vortragen
- Fragen zu Texten beantworten und Aussagen am Text belegen
- notwendige und einfache Arbeitstechniken und -verfahren der Textbearbeitung und -untersuchung beherrschen (z. B.: Textaussagen markieren, Texte gliedern, Überschriften zu Sinnabschnitten formulieren etc.)
- einfache literarische Formen unterscheiden und deren Inhalte und Wirkung unter Berücksichtigung struktureller und sprachlicher Merkmale (z. B. die Form von Gedichten wie Vers, Reim, Strophe oder sprachliche Bilder wie Vergleich und Personifikation) untersuchen und erfassen
- Gedichte auswendig lernen
- Texte bzw. Gedichte nach einfachen Textmustern verfassen oder weiter- oder umschreiben

Der **Einstieg** über die **Auftaktdoppelseite (S. 88–89)** führt die Schüler über typische Fotos der vier Jahreszeiten und einige Auszüge aus Gedichten zu den vier Jahreszeiten in das Thema ein. Eine erste Sensibilisierung für die sprachliche Seite der Einheit – Erfahrungen mit Jahreszeiten in Form von lyrischen Texten auszudrücken – erfolgt durch die Aufgabe, die abgedruckten Gedichtauszüge den Fotos zuzuordnen und diese Zuordnung zu begründen. Die Aufgaben auf S. 89 können im Einzelnen so gelöst werden:

Aufgabe 1
S. 89

Folgende Zuordnung der Fotos zu den Gedichtauszügen ist die richtige:
- Frühling: Die Luft ist blau, das Tal ist grün ...
- Sommer: Wenn morgens kein Wecker klingelt ...
- Herbst: Die Luft schmeckt so bitter ...
- Winter: Nordwind bläst. Und Südwind weht, ...

Aufgabe 2
S. 89

Bei der Begründung, weshalb die Gedichte zu den Jahreszeiten passen, ist jeweils die Nennung verschiedener Textstellen möglich:
- Frühling: z. B.: Maiglöckchen blühn/und Schlüsselblumen drunter;/ ...
- Sommer: z. B.: wenn die Sonne den ganzen Tag strahlt/das Freibad knackend voll ist/ ich nach acht noch unterwegs sein darf/ ...
- Herbst: z. B.: Die Vögel sind/Über alle Berge/Der Nebel macht/Die Häuser bleich/ ...
- Winter: z. B.: Und es schneit. Und taut. Und schneit./...

Aufgabe 3
S. 89

Der Einstieg wird damit abgeschlossen, dass die Schüler einen eigenen kleinen Text zu den Jahreszeiten schreiben, in dem sie darlegen, welches ihre Lieblingsjahreszeit ist und warum sie gerade diese Jahreszeit so sehr mögen.

Didaktische Aufbereitung der Unterkapitel

1. Eines Morgens ist der Frühling da – Gedichte vortragen (S. 90–93)

James Krüss: Frühlinter (S. 90)

Aufgabe 1
S. 90

Die Schüler tauschen ihre ersten Eindrücke von dem Gedicht aus und beschreiben die Situation, in der sich die Person befindet, und ihre Gedanken mit ihren Worten.
Die Person geht spazieren. Es ist „April“ (Z. 1 u. 2) und das Wetter ist nicht berechenbar bzw. durchwachsen. Die Luft und die Natur lassen den Frühling schon ahnen. Gleichzeitig ist es noch regnerisch, nasskalt und es kann zu unvorhersehbaren Regenschauern kommen. Es ist „halb Frühling [...], halb Winter“ (Z. 9). Trotzdem spaziert die Person, von dem in dem Gedicht gesprochen wird, fröhlich durch den „Matsch“ (Z. 7) und genießt die Zwischenjahreszeit zwischen dem sich verabschiedenden Winter und dem nahenden Frühling.
Als Einstieg in das Gedicht ist es auch möglich, die Schüler die Illustration auf S. 90 auf das Gedicht beziehen zu lassen. Sie suchen dann Textstellen heraus, die sich ihrer Meinung nach besonders gut in der Illustration wiederfinden lassen und begründen ihre Auswahl.
Eine andere Möglichkeit des Einstieges wäre die Frage, was die Sprichwörter „April, April, der macht, was er will“ oder „Aprilwetter und Kartenglück wechseln jeden Augenblick“ besagen und was sie mit dem Inhalt des Gedichtes zu tun haben.

Aufgabe 2
S. 90

„Frühlinter“ setzt sich aus den Wörtern **Frühl**-ing und W-**inter** zusammen. Den Schülern wird auffallen, dass es das Wort so nicht gibt. Es ist ein Neologismus (Neuwortschöpfung), der das Zwischen-Winter-und-Frühling-Sein beschreibt. Textstellen, an denen der Charakter einer Zwischenjahreszeit („Frühlinter“) des Aprils deutlich wird, sind:
- Er jubelt: Frühl... Dann schweigt er still/und murmelt matt/Frühlinter (Z. 4 ff.)
- halb Frühling ist’s, halb Winter (Z. 9)
- von jedem was:/Frühlinter (Z. 11 f.)

Aufgaben 3–4 S. 90

Die Schüler werden sicher erkennen, dass die Wörter, die in Leons Gedichtvortrag besonders betont werden sollen, unterstrichen sind. Auch die Schrägstriche werden sie – eventuell über den Vortrag des Lehrers der ersten Strophe – als die Kennzeichnung einer kürzeren (/) und längeren Sprechpause (//) einordnen können. Anschließend versuchen sie, die ersten beiden Strophen so vorzutragen, wie es in dem Schulbuch annotiert ist. Sie üben dies entsprechend in kleinen Gruppen ein. Einzelne Schüler tragen dann die ersten beiden Strophen vor und es wird besprochen, inwieweit es gelungen ist, die vorgegebenen Markierungen und Unterstreichungen im Vortrag zu berücksichtigen.

Aufgaben 5–7 S. 90–91

Im nächsten Schritt wenden die Schüler das Gelernte an. Sie bereiten mithilfe von Unterstreichungen und Markierungen – an den Vorgaben der ersten beiden Strophen orientiert – die dritte Strophe für einen Gedichtvortrag vor. Eine mögliche Lösung könnte so aussehen:

Wohin das/zielt?//
Was das/bezweckt?//
Es kommt kein Mensch dahinter.//
Wenn ein Kind sich mit Lust bedreckt,/
dann frag nicht, was dahintersteckt.//
Es ist April://
Frühlinter!

Dann üben sie mithilfe der Hinweise aus der Lernbox auf S. 93 den Vortrag des ganzen Gedichtes ein. Einzelne Vorträge werden abschließend vorgestellt. Dabei sollte dann erst einmal besonders herausgestellt werden, was dem Sprecher gut gelungen ist, bevor an einzelnen Stellen Verbesserungsvorschläge gemacht werden.

Christine Nöstlinger: Frühling (S. 91)

Aufgabe 1 S. 91

Die Schüler nähern sich der Erschließung des Gedichtes, indem sie mithilfe der Tipps die richtige Reihenfolge der verwürfelt abgebildeten Teile des Gedichtes wieder herstellen. Das Gedicht lautet dann:

Christine Nöstlinger
Frühling

Eines Morgens ist der Frühling da.
Die Mutter sagt,
sie *riecht* ihn in der Luft.

Piet *sieht* den Frühling.
An den Sträuchern im Garten
sind hellgrüne Tupfen.

Anja *hört* den Frühling.
Neben ihr, auf dem Dach,
singen die Vögel.

Unten vor dem Haus
steigt Vater in sein Auto.
Er *fühlt* den Frühling.
Die Sonne scheint warm
auf sein Gesicht.

Aber *schmecken*
kann man den Frühling noch nicht.
Bis die Erdbeeren reif sind,
dauert es noch lange.

(aus: Piet und Anja entdecken das Jahr. Teil 1. Der Frühling kommt, Schroedel Verlag, Hannover 1972)

Aufgabe 2
S. 91

Die Schüler suchen am Text heraus, woran die einzelnen Figuren den Frühling erkennen. Dabei sollte auch auf die Bedeutung der letzten beiden Verse eingegangen werden. Das Ergebnis kann in folgendem Tafelbild festgehalten werden:

Tafelbild

Christine Nöstlinger: Frühling – Woran erkennen die Menschen den Frühling?

Mutter riecht den Frühling	→	*Frühlingsdüfte in der Luft*
Piet sieht den Frühling	→	*Blätter sprießen an den Sträuchern*
Anja hört den Frühling	→	*Vögel singen*
Vater fühlt den Frühling	→	*Sonnenschein auf seinem Gesicht*
Keiner** kann den Frühling **schmecken	→	*Die Früchte fangen an zu reifen, essen kann man sie aber erst nach dem Frühjahr.*

Aufgaben 3–4
S. 91

Die Schüler bereiten einen Vortrag des Gedichtes vor, indem sie es mithilfe der Lernbox auf S. 93 mit den entsprechenden Betonungs- und Pausenannotationen versehen. Die könnte z. B. folgendermaßen erfolgen:

Christine Nöstlinger
Frühling//

Eines Morgens ist der Frühling da./
Die Mutter sagt,
sie *riecht* ihn in der Luft.//

Piet *sieht* den Frühling./
An den Sträuchern im Garten
sind hellgrüne Tupfen.//

Anja *hört* den Frühling./
Neben ihr, auf dem Dach,
singen die Vögel.//

Unten vor dem Haus
steigt Vater in sein Auto./
Er *fühlt* den Frühling./
Die Sonne scheint warm
auf sein Gesicht.//

Aber *schmecken*
kann man den Frühling noch nicht.
Bis die Erdbeeren reif sind,
dauert es noch lange.//

Dann üben sie den Vortrag in kleinen Gruppen und stellen besonders gelungene der Klasse vor.

Christine Busta: Die Frühlingssonne (S. 92)

Aufgabe 1
S. 92

Als Einstieg in das Gedicht ordnen die Schüler Textstellen der Schülerzeichnung zu. Dies gewährleistet ein interessegelenktes und genaues Lesen des Gedichtstextes, auf dessen Grundlage die anschließende Deutung der sprachlichen Bilder erfolgen kann. Folgende Textstellen können die Schüler z. B. dem Bild von Carsten zuordnen:

- „schleckt sie mit ihrer goldenen Zunge den Schnee". (Z. 6 f.)
- „Bald ist die Erde wieder blank." (Z. 10)
- „Die Zwiebelchen [...] beginnen neugierig zu sprießen." (Z. 11–13)
- „Eins nach dem andern blüht auf: Schneeglöckchen, Krokus und Tulpe," (Z. 14 f.)
- „Die zufriedene Katze [= Sonne] strahlt." (Z. 17)

Aufgabe 2
S. 92

Die Schüler erläutern, dass die Sonne wie eine Katze dargestellt wird und sich auch so verhält. Sie springt, läuft, geht über Dächer, schleicht, ist zufrieden und hat warme Pfoten. An dieser Stelle kann mit den Schülern über die Frage, woher der Leser weiß, dass es kein Katzengedicht ist, geklärt werden, dass das über die Katze Gesagte auf die Sonne und die Situation des Frühlingsanfangs mithilfe der Überschrift übertragen werden muss.

Aufgabe 3
S. 92

Indem die Schüler die Aussagen als richtig oder falsch beurteilen und ihre Meinung begründen, erklären sie den Prozess der Übertragung, der notwendig ist, um den Vers richtig zu verstehen, mit ihren Worten.

richtig: – Mit der Katze ist die Sonne gemeint.
– Die goldene Zunge sind die Sonnenstrahlen.

falsch: – Katzen haben goldene Zungen.

Aufgabe 4
S. 93

Auf der Grundlage der Deutung des sprachlichen Bildes aus dem siebten Vers in der vorherigen Aufgabe deuten die Schüler nun noch weitere sprachliche Bilder des Gedichtes. Dies kann in folgendem Tafelbild festgehalten werden:

Christine Busta: Frühlingssonne

Sprachliches Bild		***Bedeutung***
Unhörbar wie eine Katze,/kommt sie über die Dächer, (V. 1–2)	→	*Die Frühlingssonne geht auf. Nach dem Winter erscheint sie oft überraschend.*
Er schwindet dahin wie Milch,/in einer Katzenschüssel. (V. 8–9)	→	*Der Schnee taut unter der Frühlingssonne. Der Winter verabschiedet sich.*
Die Zwiebelchen [...]/[...] beginnen neugierig zu sprießen. (V. 11–13)	→	*Die Blumen beginnen im Frühjahr an zu wachsen. Die Natur erwacht zu neuem Leben.*

Aufgabe 5
S. 93

Die Beschäftigung mit dem Gedicht schließt ab, indem die Schüler wieder einen passenden Vortrag des Gedichtes entwickeln. Der Vortrag kann mit folgenden Markierungen und Pausenzeichen vorbereitet werden. Schwächeren Schülern kann diese vorgegeben werden. Sie erhalten dann die Aufgabe, das Gedicht gemäß den Annotationen vorzutragen:

Christine Busta
Die Frühlingssonne

Unhörbar wie eine Katze,
kommt sie über die Dächer,/
springt in die Gasse hinunter,
läuft durch Wiesen und Wald.//

Oh, sie ist hungrig!/Aus jedem
verborgenen Winkel schleckt sie
mit ihrer goldenen Zunge den Schnee.//

Er schwindet dahin wie Milch
in einer Katzenschüssel./
Bald ist die Erde wieder blank.//

Die Zwiebelchen unter dem Gras
spüren die Wärme ihrer Pfoten
und beginnen neugierig zu sprießen.//

Eins nach dem andern blüht auf.//
Schneeglöckchen, Krokus und Tulpe,
weiß, gelb, lila und rot.//
Die zufriedene Katze strahlt.

(„Die Frühlingssonne“, aus: Christine Busta, *Die Scheune der Vögel* © Otto Müller Verlag, 3. Auflage, Salzburg 1995)

Mithilfe des **Arbeitsblattes 1** (Materialienband, S. 58) kann das Vorbereiten und Einüben eines Gedichtvortrages an einem weiteren Frühlingsgedicht durchgeführt werden.

2. „Kinder, ist das eine Hitze!“ – Die Form von Gedichten bestimmen (S. 94–97)

Shel Silverstein: Auf dem Sprungbrett (S. 94)

Aufgabe 1
S. 94

Shel Silverstein beschreibt in dem in Prosaform abgedruckten Gedicht die Situation von jemanden, der auf einem Fünf-Meter-Sprungbrett steht. Derjenige fühlt sich zuerst ganz wohl. Allerdings hat er auch Zweifel und befürchtet, dass das Sprungbrett sein Gewicht nicht aushalten könnte. Nicht nur das Sprungbrett wird überprüft, sondern auch die eigene Person, z. B. auch, ob die Badehose fest sitzt.
In dem letzten Satz, „Nur was das Sprungbrett echt nicht bringt, ist, dass man auch mal runterspringt.“ (Z. 10 f.), werden die Zweifel und Ängste deutlich, die denjenigen plagen, der auf dem Sprungbrett steht, bevor er runterspringen muss. Diesen Schritt muss derjenige alleine machen, auch wenn die äußeren Umstände wie die Haltbarkeit des Sprungbrettes und der Sitz der Badehose stimmen.

Aufgabe 2
S. 94

Im nächsten Schritt rekonstruieren die Schüler die Originalfassung des Textes in Gedichtform. Dabei untersuchen sie auf spielerische Weise die Form des Gedichtes. Um das Gedicht in Versform aufschreiben zu können, suchen sie zuerst die Reimwörter in der Prosafassung heraus. Die zehn Reimwörter sind:

Brett – nett; glatt – hat; bricht – Gewicht; richtig – wichtig; bringt – springt.

Aufgabe 3
S. 94

Anschließend schreiben sie das Gedicht in seiner ursprünglichen Form in ihr Heft. Dies sollte so erfolgen:

Shel Silverstein
Auf dem Sprungbrett

Du stehst auf dem 5-Meter-Brett,
Und alles ist soweit ganz nett.
Das Sprungbrett ist auch nicht zu glatt,
Sodass man einen Halt drauf hat.
Und was ist, wenn das Sprungbrett bricht?

Nein, es hält spielend dein Gewicht.
Das Sprungbrett federt gerade richtig.
Die Hose sitzt; auch das ist wichtig.
Nur was das Sprungbrett echt nicht bringt,
Ist, dass man auch mal runterspringt.

(Shel Silverstein, *Auf dem Sprungbrett*. Übersetzt von Harry Rowohlt. Copyright ©Kein & Aber AG Zürich)

Aufgabe 4
S. 94

Der Fokus der Schüler wird noch einmal auf das Reimschema des Gedichtes gelenkt. Sie erläutern, dass man die Reime des Gedichtes Paarreime nennt, weil zwei Reimwörter aufgrund ihres Gleichklanges (z. B.: Brett – nett) ein „Paar" bilden.

Aufgabe 5
S. 95

Mithilfe der Lernbox vervollständigen die Schüler nun ihr Wissen über die Form von Gedichten. Um dies anzuwenden beschreiben sie die Form des Gedichtes von Silverstein, indem sie den im Schulbuch vorgegebenen Lückentext ergänzen und dabei die entsprechenden Fachbegriffe benutzen. Der vollständige Lückentext lautet:

> Das Gedicht mit dem Titel **„Auf dem Sprungbrett"** von
> **Shel Silverstein** besteht aus
> einer **Strophe** mit zehn **Versen.** Die Reime sind
> alle durchgehend **Paarreime.**

Aufgabe 6
S. 95

Die Schüler können dann die Beschäftigung mit dem Gedicht abschließen, indem sie einen Vortrag zu dem Gedicht gestalten und dazu eine passende Pantomime einüben.

Christel Süßmann: Sommerhitze (S. 96)

Aufgabe 1
S. 96

Im Vergleich des Gedichts mit dem Foto stellen die Schülerinnen und Schüler fest, dass die Grundsituation die gleiche ist. Beide – der Sprecher in dem Gedicht und der Junge auf dem Foto – haben es offensichtlich mit einem heißen Sommertag zu tun. Im Unterschied zu dem Sprecher in dem Gedicht, der sich über die Möglichkeit „Baden gehen oder Eis" (V. 4) freut, leidet der Junge auf dem Bild aber unter der Hitze. Auch der Ventilator, der Wassereimer und das Trinken scheinen ihm keine Erleichterung zu bieten.

Aufgabe 2
S. 96

Bei dieser Aufgabe geht es darum, dass die Schüler das Gedicht genau zur Kenntnis nehmen und seinen Inhalt strophenweise z B. wie folgt wiedergeben:

1. Strophe:
Dem Sprecher in dem Gedicht ist es sehr heiß. Er sucht eine Erfrischung, um sich etwas abzukühlen. Seiner Meinung nach hilft gegen die Hitze nur entweder ein Bad im Schwimmbad oder in einem See oder ein kühlen Eis zu essen.

2. Strophe:
Der Sprecher in dem Gedicht ist voller Tatendrang und bereitet sich für einen Besuch in der Badeanstalt vor. Er packt seine Badesachen ein. Er bedauert es zwar, dass er nicht im Meer schwimmen kann, freut sich aber trotzdem auf das Schwimmbad.

3. Strophe:
Auch am nächsten Tag will der Sprecher wieder in die Badeanstalt gehen. Er freut sich sehr darauf. Am Ende jubelt er darüber, dass er Ferien hat und gerade jetzt so schönes Sommerwetter herrscht. So kann er die ganze Ferienzeit mit „Sonnenschein und Wasserplantschen!" (V. 11) genießen.

Aufgabe 3
S. 96

Im Anschluss an das zuvor über die Form von Gedichten Vermittelte untersuchen die Schüler die Form des Gedichts und halten ihre Ergebnisse in folgendem Text fest:

Das Gedicht mit dem Titel **„Sommerhitze"** von **Christel Süßmann** besteht aus drei **Strophen** mit je vier **Versen.** Die Reime sind fast alle **Kreuzreime.**

Aufgabe 4
S. 97

Die Beschäftigung mit dem Gedicht schließt mit der Erarbeitung eines die fröhliche Stimmung des Gedichtes wiedergebenden Vortrags. Bei schwächeren Lerngruppen sollte die Lehrkraft den Schülern durch den Vortrag der ersten Strophe Hinweise geben, was dabei zu beachten ist.

Ilse Kleberger: Sommer (S. 97)

Aufgabe 1
S. 97

Das Reimschema in dem Gedicht „Sommer" von Ilse Kleberger ist ein Kreuzreim. Dies bestimmen die Schüler für die erste Strophe. Das Ergebnis kann in folgendem Tafelbild festgehalten werden.

Reimschema des Gedichtes „Sommer" von Ilse Kleberger

Reime der 1. Strophe	*... riecht?*	*a*	
	... Nelken,	*b*	
	... Vergissmeinnicht,	*a*	
	... welken,	*b*	*= Kreuzreim*
	... See	*c*	
	... Badehosen,	*d*	
	... Sonnenkrem,	*c*	
	... Rosen.	*d*	

Aufgabe 2
S. 97

Die Schüler vervollständigen nun die nächsten beiden Strophen des Gedichts. In der zweiten Strophe zählt der Sprecher des Gedichtes auf, wonach der Sommer „schmeckt" (V. 12), und in der dritten, was man im Sommer hört (vgl. Z. 14). Zur Vorbereitung kann entsprechendes Wortmaterial gesammelt und in einem Tafelbild gesichert werden:

Wörter für unsere Sommergedichte

Der Sommer schmeckt nach:

- *Eis*
- *Früchten (Kirschen)*
- *Gras und Heu*
- *Grillgeruch*
- *Sonnen*
- *...*

Im Sommer hört man:

- *Vögel zwitschern*
- *Stimmen aus dem Freibad*
- *Bäume, die sich im Wind wiegen*
- *summen und brummen von Insekten*
- *Traktor vom Bauern*
- *...*

Mithilfe dieses Wortmaterials schreiben die Schüler dann ihre zweite und dritte Strophe des Gedichtes. Leistungsstärkere Schüler sollten angehalten werden, darauf zu achten, dass ihre Strophen acht Verse haben und Reime bzw. ein möglichst durchgehendes Reimschema aufweisen.

Aufgabe 3
S. 97

Die Aufgaben a) und b) bieten Möglichkeiten, wie die Schüler sich ihre Gedichte mithilfe von eigenen Zeichnungen oder Collagen gegenseitig präsentieren können. Schwächere Schüler können solche Arbeiten zu der ersten Strophe des Gedichtes von Ilse Kleberger gestalten.

3. „Die Tanne spricht zum Herbste“ – sprachliche Bilder erkennen und deuten (S. 98–101)

Peter Hacks: Der Herbst steht auf der Leiter (S. 98)

Aufgabe 1 S. 98

Das Gedicht sollte im Lehrervortrag präsentiert werden. Nach dem Austausch über die ersten Eindrücke der Schüler, worum es in dem Gedicht geht, was das Besondere daran ist und wie es ihnen gefällt, lesen sie das Gedicht und suchen heraus, als was der Herbst dargestellt wird und was er macht. Diese Erschließung des Inhaltes kann als Tafelbild festgehalten werden. Das Tafelbild kann dann später um den Begriff der Personifikation ergänzt werden:

Tafelbild

Peter Hacks: Der Herbst steht auf der Leiter

Darstellung des Herbstes: *lustiger Waldarbeiter + froher Malersmann*

Tätigkeiten:

- *steht auf der Leiter*
- *malt Blätter an*
- *kleckst mit Farbe*
- *pinselt die Blätter der Bäume an*
- *bemalt auch den frechen Zeisig*
- *spricht mit der Tanne*

Der Herbst wird personifiziert (= Personifikation)

Aufgabe 2 S. 98

Die Schüler beschreiben die auf dem Foto dargestellte Gesprächssituation. Die abgebildeten drei Schüler unterhalten sich darüber, wie man das Gedicht verstehen muss. Alexander stellt sich das Gesagte wortwörtlich vor. Er sieht den Herbst als einen Mann, der mit einem Pinsel die Blätter bunt anmalt. Dies ist in seinen Augen unrealistisch, deshalb lehnt er das Gedicht ab.

Fatima dagegen erkennt, dass es sich um sprachliche Bilder handelt. Sie sagt, dass der Herbst kein Mann sei, sondern der Herbst in dem Gedicht mithilfe von menschlichen Eigenschaften beschrieben werde. Das fiktive Gespräch – insbesondere das wortwörtlich Nehmen der Personifikationen – gibt den Schülern Hilfen, sich den abstrakten Sachverhalt, wie man sprachliche Bilder zutreffend deuten muss, zu erschließen.

Nachdem sie die Gesprächssituation dargestellt haben, erläutern die Schüler die Aussage Fatimas in ihren Worten und wenden sie auf das Gedicht an. Sie weisen z. B. darauf hin, dass sich im Herbst die Blätter verfärben und in dem Gedicht der Herbst bzw. der Malermann, der für den Herbst steht, einen Pinsel in der Hand hat und die Blätter anmalt.

Aufgabe 3 S. 99

Nachdem die Schüler über das fiktive Schülergespräch an das Phänomen der sprachlichen Bilder und des Verstehens derselben herangeführt worden sind, lesen sie die Lernbox auf S. 99 und deuten die Personifikation in V. 1–2: „Der Herbst steht auf der Leiter/Und malt die Blätter an“. Sie führen dazu aus, dass der Herbst menschliche Eigenschaften bekommt; er steht und malt Blätter an. Dies zeigt in Form einer Personifikation über die Jahreszeit Herbst, dass der Sommer vorbei und der Herbst da ist. Der Herbst hat erst begonnen, denn die Blätter verfärben sich, aber sie fallen noch nicht ab.

Aufgabe 4 S. 99

Die Schüler wenden jetzt das Gelernte an und suchen aus dem Gedicht weitere Personifikationen heraus und erklären, was sie bedeuten. Dazu können sie sich z. B. folgende Übersicht in ihr Heft anlegen:

Tafelbild

Peter Hacks: Der Herbst steht auf der Leiter

Sprachliche Bilder	***Bedeutung***
„lustiger Waldarbeiter" (V. 3)	*Die Blätter im Wald verfärben sich.*
„froher Malersmann" (V. 4)	*Der Herbst ist eine schöne und farbige Jahreszeit.*
„Er kleckst und pinselt fleißig,/auf jedes Blattgewächs," (V. 5 f.)	*Im Herbst verfärben sich alle Blätter an den Bäumen und Sträuchern.*
„Die Tanne spricht zum Herbste: (V. 9 f.) […] Was färbste nicht mal mich?" (V. 12)	*Die Tannen behalten im Herbst ihre grünen Nadeln.*
…	…

Aufgabe 5
S. 99

Aufgabe a) sollte von schwächeren Schülern mithilfe der Lernbox auf S. 99 bearbeitet werden. Durch das Ausfüllen und die Übernahme des Lückentextes in ihr Heft erarbeiten sie sich noch einmal eine Zusammenfassung des Gelernten. Folgenden Text sollten sie z. B. dabei in ihr Heft übernehmen:

> In dem Gedicht „Der Herbst steht auf der Leiter" malt der Dichter Peter Hacks **mit der Sprache**. Der Herbst kann gar nicht auf der Leiter stehen, er handelt sich dabei um eine **Personifikation**. Diese **Personifikation** muss man so verstehen, dass der Herbst beginnt und sich die Blätter verfärben.

Die leistungsstärkeren Schüler, insbesondere diejenigen, die am Vortragen und -spielen von Texten Freude haben, sollten einen Gedichtvortrag mit verteilten Rollen und zu dem Gedicht passende Pantomimen einüben. Einige dieser Vorträge könnten dann der Klasse präsentiert werden (s. Aufgabe b).

Schülergedicht: Der Herbst (S. 100)

Aufgabe 1
S. 100

Die Schüler erschließen sich das Gedicht, indem sie seinen Inhalt Strophe für Strophe mit eigenen Worten wiedergeben. Dies könnte so geschehen:

1. Strophe:
Wenn es Herbst wird, werden die Blätter bunt. Es wird kalt, es regnet und windet. Vor dem Herbst kann man nicht davonlaufen, denn er ist überall.

2. Strophe:
Im Herbst gibt es auch oft Nebel, der sich über die ganze Landschaft legt. Wie lange der Herbst dauert ist nicht vorhersehbar, genauso wie eine Drachenschnur, die mal lang oder mal kurz ist.

3. Strophe:
Der Herbst kommt jedes Jahr, er ist so verlässlich wie die Abfolge von Tag und Nacht. Der Herbst kommt auch jedes Jahr nach dem Sommer.

Aufgabe 2
S. 100

Im nächsten Schritt untersuchen die Schüler die sprachlichen Bilder, die Alina verwendet hat, heraus. Damit sie sicherer bei der Unterscheidung der verschiedenen Arten von sprachlichen Bildern werden, beschäftigen sie sich mit den Personifikationen und Vergleichen getrennt. Sie beginnen zunächst mit den Personifikationen und erklären deren Bedeutung. Dazu können sie sich folgende Übersicht anlegen:

Personifikationen	Bedeutung
„schleicht der Herbst um jedes Haus" (V. 3)	Es wird überall Herbst.
„mit Regen und Wind bepackt" (V. 4)	Im Herbst gibt es oft Regen und Wind.
„Mit dem Nebel streift er [...] durch Felder und Wälder" (V. 5)	Im Herbst gibt es oft Nebel. Besonders oft bildet er sich im Wald oder über freien Feldern.
„steht er jedes Jahr vor der Tür" (V. 10)	Der Herbst kommt jedes Jahr wieder.
„mit Farben für die Blätter in der Hand" (V. 11)	Im Herbst verfärben sich die Blätter.
„Und verscheucht lachend den Sommer" (V. 12)	Nach dem Sommer kommt der Herbst.

Aufgaben 3–4 S. 100

Als Nächstes untersuchen die Schüler die Vergleiche in dem Gedicht. Sie untersuchen es diesbezüglich genau, indem sie herausfinden, dass es fünf und nicht vier oder sechs Vergleiche enthält. Weiter benennen sie diese Vergleiche und erklären, dass man Vergleiche an dem Vergleichswort – in diesem Fall jedes Mal „wie" – erkennen kann. Anschließend deuten sie die Vergleiche. Dazu können sie sich wieder z. B. so eine Übersicht anlegen:

Vergleiche	Bedeutung
1. V. 1: So bunt **wie** die Farben	Die Blätter haben viele verschiedene Farben.
2. V. 2: So kalt **wie** der Frost	Im Herbst kann es sehr kalt werden, manchmal kann es sogar frieren.
3. V. 5: Mit dem Nebel streift er **wie** eine Katze	Der Nebel – und mit ihm der Herbst – kommt still und leise. Der Übergang der Jahreszeiten geschieht allmählich.
4. V. 7: So lang **wie** eine Drachenschnur	Wie lange der Herbst dauert, kann man nicht vorhersagen. Mal dauert er länger und mal kürzer.
5. V. 9: So **wie** Tag und Nacht	Der Herbst kommt verlässlich jedes Jahr wieder.

Aufgabe 5 S. 100

Diese Aufgabe dient dazu, den Umgang mit sprachlichen Bildern binnendifferenziert zu üben. Aufgabe a) richtet sich an leistungsstärkere Schüler. Sie können eigene Jahreszeitengedichte wie Alina schreiben und dabei Vergleiche und Personifikationen verwenden. Die Schüler stellen ihre Gedichte der Klasse vor und erklären einzelne der sprachlichen Bilder, die sie benutzt haben.

Schwächere Schüler können sich mithilfe von Aufgabe b) und c) noch einmal mit der Deutung von Personifikationen und Vergleichen beschäftigen. Sie sollten vorher noch einmal die Lernbox auf S. 99 genau lesen. Die richtigen Zuordnungen zu Aufgabe b) sind folgende:

Vergleiche	**Bedeutung**
Er sah wie ein begossener Pudel aus.	Er ist ein besonders kluger Mann.
Er arbeitete wie ein Pferd.	Er ist besonders tapfer.
Er ist schlau wie ein Fuchs.	Er war von Kopf bis Fuß nass.
Er ist mutig wie ein Löwe.	Er schuftet mehr, als ein Mensch eigentlich kann.

Wolfgang Bächler: Der Nebel (S. 101)

Aufgabe 1 S. 101

Zum Einstieg vervollständigen die Schüler das Gedicht, indem sie die Verbformen aus dem Wortspeicher passend ergänzen. Sie müssen sich genau mit dem Inhalt des Gedichtes auseinandersetzen und erschließen ihn sich spielerisch. Das vollständige Gedicht lautet:

Wolfgang Bächler
Der Nebel

Der Nebel ist unersättlich.
Er frißt alle Bäume, die Häuser,
die parkenden Autos,
die Sterne, den Mond.

Der Nebel rückt näher,
unförmig gemästet,
wird dicker und dicker,
drückt gegen die Mauer,
leckt an den Fenstern mit feuchter Zunge,
mit grau belegter,
frißt alles,
frißt dich.

(aus: Gedichte für Anfänger, Rowohlt Verlag, Reinbek bei Hamburg 1980, S. 77. Aus lizenzrechtlichen Gründen ist dieser Text nicht in reformierter Rechtschreibung abgedruckt.)

(Die zu ergänzenden Verbformen sind unterstrichen.)

Aufgabe 2 S. 101

Aufgrund ihres Textverständnisses beschreiben die Schüler als Nächstes in ihren Worten, dass in dem Gedicht „Der Nebel“ von Wolfgang Bächler der Nebel wie ein unheimliches Tier bzw. Wesen beschrieben wird. Er ist sehr hungrig und verschlingt alles, was sich ihm in den Weg stellt, die Bäume, die Häuser, die Autos, die Sonne, den Mond und sogar den Leser. Der Nebel wirkt insgesamt sehr bedrohlich.

Aufgabe 3 S. 101

Es folgt die Untersuchung der sprachlichen Gestaltung. Dabei sollte herausgestellt werden, dass die unheimlich bedrohliche Atmosphäre durch die Personifikationen erzeugt werden. Die Schüler suchen diese heraus und erklären ihre Bedeutung und Wirkung. Die Ergebnisse dieser Textuntersuchung können in reduzierter Form in folgender Übersicht an der Tafel oder auf OHP-Folie gesichert werden:

Tafelbild

Wolfgang Bächler: Der Nebel

Personifikationen		***Bedeutung***
„Der Nebel ist unersättlich." (V. 1) *„frisst alles,/frisst dich." (V. 12 f.)*	→	*Der Nebel verschlingt alles und breitet sich immer weiter aus.*
„Er frisst alle Bäume, … den Mond." (V. 2 ff.)	→	*Der Nebel hüllt alles ein, sogar die Bäume.*
„Der Nebel rückt näher," (V. 5)	→	*Der Nebel kommt unaufhaltsam immer näher.*
„drückt gegen die Mauer," (V. 8)	→	*Der Nebel steht zwischen den Häusern und steigt durch die nachdrückenden Nebelschwaden an den Häuserwänden entlang.*
„leckt an den Fenstern mit feuchter Zunge," (V. 9)	→	*Er vernebelt bzw. verdunkelt die Fenster und lässt keine freie Sicht mehr zu.*

Fazit: *Der Nebel wirkt durch die Personifikationen wie ein unheimliches bedrohliches Wesen, das alles verschlingen will.*

Aufgabe 4
S. 101

Über die Aufgabe, ein Parallelgedicht zu schreiben, in dem der Nebel positiv dargestellt wird, können die Schüler nun selbst Personifikationen kreativ entwickeln. Dies wird ihnen möglich sein, weil sie dazu größtenteils nur Verben und Adjektive finden müssen, die inhaltlich das Gegenteil von den Ausdrücken bedeuten, die Bächler benutzt (z. B.: unersättlich – bescheiden, streichelt – frisst, unförmig gemästet – wolkenartig schwebend …).

4. „Ich male mir den Winter" – Gedichte auswendig lernen (S. 102–105)

Aufgaben 1–4
S. 102

Der Einstieg in das Thema Winter erfolgt über die Assoziationen der Schüler zu dieser Jahreszeit. Diese werden in einem Cluster festgehalten. Bei schwächeren Lerngruppen kann dies gemeinsam an der Tafel geschehen. Ansonsten sollten die Schüler in Kleingruppen entsprechende Cluster entwickeln. Mithilfe des gesammelten Wortmaterials schreiben die Schülerinnen und Schüler dann eigene Wintergedichte, üben ihren Vortrag ein und stellen sie der Klasse oder innerhalb kleiner Gruppen vor.
Hierbei kann das Verbessern von Textentwürfen in kleinen Gruppen geübt werden. Weiter sollte bei den Präsentationen der Gedichte immer wieder auf besonders auffällige sprachliche Bilder und ihre Bedeutung und Wirkung eingegangen werden.

Josef Guggenmos: Ich male mir den Winter (S. 103)

Aufgabe 1
S. 103

Bei dieser Aufgabe sind individuelle Lösungen möglich, so z. B.:
- Z. 4: „Weiß ist das Land"
- Z. 5: „schwarz ist der Baum"
- Z. 18: „Sie frieren nur und schweigen"
- Z. 23: „Der zieht einen dicken Pullover an"
- Z. 24: „vor lauter Zittern und Frieren"
- …

Aufgabe 2
S. 103

Die Schüler beantworten die Leitfragen und erschließen so das Gedicht genau. Folgende Ergebnisse sollten sie dabei erarbeiten:

a) Der Sprecher (= das lyrische Ich) in dem Gedicht malt ein Bild über den Winter.
b) Auf dem Winterbild, das das lyrische Ich malt, sieht man eine weiße Winterlandschaft mit einem „schwarz[en]" (V. 5) kahlen „Baum" (V. 5) im Vordergrund. Der „Himmel"

(V. 6) im Hintergrund ist „grau“ (V. 6). Auf dem Baum hocken frierend „zwei schwarze Krähen“ (V. 12).

c) Diese Beschreibung belegen die Schüler mit entsprechenden Textstellen aus der ersten und zweiten Strophe.

d) Die Krähen in der dritten Strophe verhalten sich passiv. Sie sitzen auf den Zweigen der Bäume, „fliegen nicht fort“ (V. 17) und tun nichts, außer zu frieren. Durch ihr Verhalten kann man erkennen, dass es sehr kalt ist und die Krähen sich nicht wohl fühlen, da sie nur schweigen. Dies verdeutlicht, wie unangenehm die Winterkälte ist.

e) Wenn man sich das Winterbild anschaut, wird es einem unwillkürlich kalt. Man spürt die unangenehme Eiseskälte. An folgenden Textstellen kann man dies erkennen:
Z. 21–22: „wird den Winter durch/und durch spüren.“
Z. 23–24: „Der zieht einen dicken Pullover an/vor lauter Zittern und Frieren.“

Aufgaben 3 – 4
S. 104

Nach der inhaltlichen Erschließung erfolgt die Annäherung an den Schwerpunkt dieses Teilkapitels, dem Auswendiglernen von Gedichten. Die Schüler berichten zuerst – angeregt durch das Foto auf S. 103 – davon, welche Texte sie auswendig gelernt haben und wie sie dabei vorgegangen sind. Die dabei deutlich werdenden Tipps können an der Tafel festgehalten werden. Auf folgende Tipps könnten die Schüler dabei hinweisen:

Tafelbild

Tipps für das Auswendiglernen von Gedichten

Das Gedicht …
- *mehrmals hintereinander laut vorlesen,*
- *sich von jemandem Strophe für Strophe vorlesen lassen und jede Strophe aus dem Gedächtnis aufsagen,*
- *an mehreren Orten aufhängen, an denen man es oft sieht und liest (über dem Schreibtisch, an der Zimmertür …),*
- *Bilder zu dem Gedicht malen,*
- *…*

Diese Tipps werden mithilfe der Lernbox auf S. 105 ergänzt. Dann arbeiten die Schüler in Vierer-Gruppen. Jedes Gruppenmitglied lernt eine Strophe des Gedichtes von Guggenmos auswendig. Das gesamte Gedicht wird anschließend von den einzelnen Gruppen auswendig vorgetragen.

Aufgabe 5
S. 104

Diese Aufgabe dient der Differenzierung. Aufgabe a) verlangt noch einmal, das Gedicht von Guggenmos genau zu lesen, indem die Schüler das Bild des lyrischen Ichs zeichnen sollen. Leistungsstärkere Schüler können ein Parallelgedicht zu Guggenmos' Gedicht über eine andere Jahreszeit schreiben (Aufgabe b). Besonders gute Schüler können ihr Gedicht dann auswendig lernen und vortragen.

Adolf Holst: Eislauf (S. 104)

Aufgabe 1
S. 105

Die Schüler können als kreativen Zugang zu dem Gedicht eine Bilderfolge zeichnen. Dabei halten sie den Inhalt jeder Strophe in einem Bild fest. Anschließend geben sie mithilfe ihrer Zeichnungen den Inhalt des Gedichtes Strophe für Strophe in ihren eigenen Worten wieder. Dabei sollte folgendes deutlich werden:

1. Strophe

Die Kinder freuen sich begeistert darauf, dass sie bald Schlittschuhlaufen gehen. Das Eis (offensichtlich auf einem See) ist so tief gefroren, dass man sich darauf bedenkenlos aufhalten kann. Wer Schlittschuhlaufen könne, fordert der Sprecher des Gedichtes die Kinder auf, solle sich die Mütze aufsetzen und die Schlittschuhe anziehen.

2. Strophe

Der Sprecher des Gedichtes beschreibt, wie schön es ist, so auf dem Eis dahinzugleiten. Man fühle sich wie ein Vogel (bzw. eine Schwalbe). Das Eis glitzere in der Sonne und die Schlittschuhkufen glänzten.

3. Strophe

Die beiden Jungen, Max und Fritz, tragen eine braune Pudelmütze und fahren gekonnt über das Eis. Sie sind ganz geschickte Läufer. Der Sprecher bewundert sie für ihre Laufkünste.

4. Strophe

Die beiden machen kühne Kunststücke, indem sie ein Bein hochheben und gewagte Kurven drehen. Sie fahren sehr schnell, doch plötzlich fällt Fritz auf das Eis.

Aufgaben 2 – 4 S. 105

Hier kann binnendifferenziert vorgegangen werden. Ein Teil der Schüler übt einen passenden Vortrag des Gedichtes ein, bei dem sie ihren annotierten Text benutzen. Die anderen Schüler lernen das Gedicht mithilfe der Lernbox auf S. 105 auswendig und tragen es aus dem Gedächtnis vor. Besonders deutlich sollte bei den Vorträgen die begeisterte und fröhliche Stimmung des Sprechers werden. Eine für einen Vortrag vorbereitete Fassung des Gedichtes kann z. B. so aussehen:

Adolf Holst
Eislauf

Heute, Kinder, wolln wirs wagen!/
Heute wird das Eis wohl tragen,/
Darum los, wer laufen kann!
Mütze auf und Schlittschuh an!//

Ach, so wohlig sich zu wiegen,/
Schwalben gleich dahin zu fliegen,/
Auf und ab im Sonnenstrahl,
Blank das Eis und blank der Stahl!

Müllers Max und Schneiders Fritze
Mit der braunen Pudelmütze,/
Wie sie schwenken und sich drehn!/
Habt ihr so was schon gesehn?//

Hoch das Bein und kühn im Bogen
Kommen sie herangeflogen,/
Eins – zwei – drei und wie der Blitz –
Bums! Da liegt der Schneider Fritz!//

(aus: Adolf Holst: Tandaradei. Neue Kinderlieder III von Ernst Kutzer, Stalling, Oldenburg 1924)

5. Gedichtewerkstatt – Gedichte schreiben und gestalten (S. 106–108)

Dieses Teilkapitel bietet den Schülern vielfältige Möglichkeiten, mit Gedichten kreativ umzugehen und mit Sprache zu experimentieren und zu spielen. Sie können

- Lautgedichte sprechen,
- Elfchen, Haikus und Parallelgedichte schreiben und
- Gedichte zeichnerisch gestalten.

Alles klar? – Wiederholen, üben und überprüfen (S. 110–111)

Aufgabe 1 S. 110

Bei einem Gedichtvortrag bedeutet das Zeichen /, dass man ein kurze Sprechpause einlegen soll. Das Zeichen // bedeutet, dass man bei einem Vortrag eine lange Sprechpause einlegen soll.

Aufgabe 2 S. 110

Bei einem Gedichtvortrag zähle ich bei einer kurzen Pause in Gedanken 3, 4 und 5.
Bei einer langen Pause zähle ich 11, 12, 13 und 14.
Unterstrichene Wörter hebe ich besonders hervor.

Aufgabe 3 S. 110

Die richtigen Zuordnungen sind:

Personifikation/Vergleich	Bedeutung
a. Es gießt wie aus Kübeln.	2. Es stürmt heftig.
b. Sie redet wie ein Wasserfall.	3. Es regnet sehr stark.
d. Die weißen Spitzen der Alpen grüßen.	4. Jemand redet ununterbrochen.
e. Der Wind heulte.	5. Auf den hohen Bergen liegt Schnee

Aufgabe 4–6 S. 111

So könnte eine Schülerlösung aussehen. Die gesuchten Reimfolgen sind mit Buchstaben angegeben. Die Personifikationen sind einfach und die Vergleiche doppelt unterstrichen:

Christian Morgenstern
Wenn es Winter wird

Der See hat eine Haut bekommen, a
sodass man fast drauf gehen kann, b
und kommt ein großer Fisch geschwommen, a — Kreuzreim
so stößt er mit der Nase an. b

Und nimmst du einen Kieselstein, c
und wirfst in drauf, so macht es klirr d
und titscher – titscher – titscher – dirr ... d — umarmender Reim
Heißa, du lustiger Kieselstein! c

Er zwitschert wie ein Vögelein e
und tut als wie ein Schwälblein fliegen – f
doch endlich bleibt mein Kieselstein e
ganz weit, ganz weit auf dem See draußen liegen. f

Da kommen die Fische haufenweis g
Und schaun durch das klare Fenster von Eis g
Und denken, der Stein wär etwas zum Essen; h — Paarreim
Doch sosehr sie die Nase ans Eis auch pressen, h
das Eis ist zu dick, das Eis ist zu alt, i
sie machen sich nur die Nasen kalt. i

Aber bald, aber bald i
werden wir selbst auf eignen Sohlen j
hinausgehn können und den Stein wiederholen. j

(aus: Christian Morgenstern: Gesammelte Werke, Verlag R. Pieper & Co., München 1965)

Aufgabe 7
S. 111

Die beiden Gedichte lauten:

Ortfried Pörsel
Sommerrätsel

Bei Sonne blau,
bei Regen grau.

Sand
zwischen Wasser und Land.

Erst hell
und schnell,
dann lautes Getöse,
als wäre jemand böse.

Erdreistet sich einer
ohne zu fragen –
Krambambarumbum! –
irgendwo einzuschlagen.

(aus: Der bunte Hund. Magazin für Kinder in den besten Jahren, H. 47/August 1997)

Friedrich Hebbel
Herbstbild

Dies ist ein Herbsttag, wie ich keinen sah!
Die Luft ist still, als atmete man kaum,
Und dennoch fallen raschelnd, fern und nah,
Die schönsten Früchte ab von jedem Baum.

O stört sie nicht, die Feier der Natur!
Dies ist die Lese, die sie selber hält,
Denn heute löst sich von den Zweigen nur,
Was vor dem milden Strahl der Sonne fällt.

(aus: Friedrich Hebbel: Werke, Band 3, hg. von Gerhard Fricke, Wissenschaftliche Buchgesellschaft, Darmstadt 1965)

Aufgabe 8
S. 111

Bei den beiden Gedichten handelt es sich um Elfchen.

Blau	1 Wort (eine Farbe)
mein Wellensittich	2 Wörter (etwas, das diese Farbe hat)
auf der Gardinenstange	3 Wörter (wo es ist)
er spricht mit mir	4 Wörter (wie es auf mich wirkt)
Hallo!	1 Wort (Abschließender Eindruck)

Rot	1 Wort (eine Farbe)
eine Tomate	2 Wörter (etwas, das diese Farbe hat)
aufgewachsen in Italien	3 Wörter (wo es ist)
ich möchte sie essen	4 Wörter (was ich dazu sagen kann)
jetzt!	1 Wort (Abschließender Eindruck)

Ein Freund ist wie ein zweites Ich – Jugendbücher lesen und vorstellen
(S. 112–139)

Vorüberlegungen zur Einheit

Das **Hauptanliegen dieser Einheit** besteht darin, die Schüler zum Lesen und Verstehen längerer Auszüge aus Jugendromanen anzuregen und anzuleiten. Darüber hinaus werden ihnen Hilfestellungen bei der Erschließung von Erzähltexten geboten, wichtige Arbeitstechniken zur Untersuchung fiktionaler Texte eingeübt und nicht zuletzt ein individueller Zugang zu den Texten über produktionsorientierte Aufgaben ermöglicht.
In den drei Unterkapiteln finden sich Auszüge aus **traditionellen Jugendbüchern** (Astrid Lindgren „Ronja Räubertochter") und aus bekannten **aktuellen Jugendbüchern** (Andreas Steinhöfel „Rico, Oskar und die Tieferschatten" und Cornelia Funke „Herr der Diebe").
Der alle vorgestellten Textauszüge inhaltlich miteinander verbindende Leitfaden ist das Thema „Freundschaft", das hier in unterschiedlichen Facetten dargestellt wird. Dabei geht es um Widerstände, die einer Freundschaft im Wege stehen können, um die Frage, was eine Freundschaft überhaupt wesentlich ausmacht, sowie um die Tatsache, dass Freunde oft wichtige Bezugspersonen in Notsituationen sind.
Durch die Auswahl und den Umfang der Textauszüge wird der **Forderung, auch längere Texte im Unterricht zu besprechen**, Rechnung getragen. Die einzelnen Unterkapitel können als gesonderte, in sich geschlossene Bausteine im Unterricht behandelt werden. Sie können aber auch einander ergänzend behandelt werden, denn sie setzen jeweils unterschiedliche Schwerpunkte in der Herangehensweise an literarische Texte und vermitteln aufeinander aufbauende zentrale Kompetenzen wie z. B. das Beschreiben der Figuren.
Die **Reihenfolge der Unterkapitel** (Rico – Ronja – Herr der Diebe) ist bewusst so gewählt, denn das Kapitel zu dem Jugendbuch „Herr der Diebe" stellt sowohl vom Anspruchsniveau der Textauszüge als auch von den Aufgaben erhöhte Anforderungen und setzt eine bereits gewonnene Sicherheit im Umgang mit längeren Textauszügen voraus.
Auf der **Auftaktdoppelseite (S. 112–113)** wird durch die Abbildung verschiedener Cover von Jugendbüchern das Interesse der Schülerinnen und Schüler an der Thematik „Freundschaft in Jugendromanen" geweckt. Sie bietet ihnen einen ersten persönlichen Zugang (Aufgaben 1 und 2) und ruft ihr Vorwissen ab (Aufgabe 3). Möglich wäre als **alternativer Einstieg** auch, dass die Schüler Bücher oder andere Medien zum Thema Freundschaft von zu Hause mitbringen und darüber berichten, worum es z. B. in den Büchern, Hörspielen oder Filmen geht und was ihnen daran jeweils gefällt.
Im **ersten Unterkapitel (S. 114–120)** sollen die Schüler sich mit zwei Textauszügen aus dem **Jugendroman „Rico, Oskar und die Tieferschatten"** aufgabengeleitet auseinandersetzen. Im Mittelpunkt der Texte stehen die Jungen Rico und Oskar, die sich sehr voneinander unterscheiden. Es wird in den Textauszügen gezeigt, dass sich bei aller Verschiedenheit der Charaktere – die nicht nur darin besteht, dass sich der eine für tiefbegabt, der andere für hochbegabt hält – eine echte Freundschaft zwischen beiden entwickelt. Die ersten Aufgaben stehen dabei ganz im Dienst der Texterschließung und Figurencharakteri-

sierung; die letzten Aufgaben dienen jeweils dazu, sich mit dem Thema Freundschaft vertieft auseinanderzusetzen und ermöglichen einen produktiven Zugang (z. B. über das Schreiben von Tagebucheinträgen und innerer Monologe Ricos).
Im **zweiten Unterkapitel (S. 121–126)** steht ein Auszug aus dem Jugendroman **„Ronja Räubertochter" von Astrid Lindgren** im Mittelpunkt. Der Auszug wurde gewählt, weil hier über die erste Begegnung Ronjas und Birks erzählt wird und sich nach anfänglicher beidseitiger Ablehnung im Laufe der Handlung die Möglichkeit einer freundschaftlichen Annäherung der Figuren andeutet. Darüber hinaus handelt es sich um eine Textstelle, die sehr spannend ist. Schwerpunkte der Erarbeitung liegen zum einen in der Untersuchung des Handlungsaufbaus (Gliedern des Textes, Teilüberschriften finden), zum anderen in der Beschreibung der Figurenbeziehung. Die Schülerinnen und Schüler werden aber auch dazu angehalten, produktive und gestaltende Schreibformen zu nutzen, d. h. Leerstellen auszugestalten und den Text weiterzuschreiben.
Das **dritte Unterkapitel zu Cornelia Funkes Jugendroman „Herr der Diebe" (S. 127–135)** ist das anspruchsvollste. Bereits das Erfassen der Beziehungen der verschiedenen Figuren zueinander (die beiden Brüder, die Kinderbande um Scipio, der Detektiv, die Verwandten der beiden Jungen) stellt einen hohen Anspruch an die Schüler dar. Die Erarbeitung der Textauszüge steht nach einem ersten Zugang mithilfe texterschließender Fragen zu den Hauptfiguren
(s. S. 128 f.) unter zwei Schwerpunkten: der Beschreibung der Figuren und ihrer Beziehungen (S. 129–132) und der Untersuchung der Spannungsgestaltung (S. 133–135). Dabei finden sich aber auch Aufgaben, die einen produktionsorientierten Umgang mit den Texten ermöglichen (z. B. innere Monologe oder Fortsetzungen der Textauszüge schreiben).
Um die Schüler zum Weiterlesen anzuregen, finden sich am Ende jedes Unterkapitels **weiterführende Lektüretipps**. Dabei werden jeweils solche zusätzlichen Leseangebote gegeben, die unmittelbar an den thematischen Rahmen angebunden sind oder von dem entsprechenden Autor stammen. Im **vierten Unterkapitel (S. 136–137)** erhalten die Schülerinnen und Schüler in diesem Zusammenhang Anleitungen, Tipps und Anregungen, wie sie eine **Buchvorstellung planen, vorbereiten und durchführen** können.

Zentrale Kompetenzen, die in diesem Kapitel geschult werden, sind:
- ein Spektrum altersangemessener Werke bedeutender Autorinnen und Autoren kennenlernen
- sich mit Ausschnitten aus Jugendbüchern auseinandersetzen und diese untersuchen und verstehen
- aufgabengeleitet literarische Texte untersuchen
- eigene Deutungen des Textes entwickeln, am Text belegen, begründen und sich mit anderen darüber verständigen
- literarische Figuren vorstellen und beschreiben
- die Beziehungen von literarischen Figuren untersuchen und beschreiben
- den Spannungsverlauf von Texten untersuchen und darstellen
- Arbeitstechniken der Textbearbeitung anwenden (z. B.: Texte gliedern und Teilüberschriften finden)
- wesentliche Elemente eines Textes erfassen (z. B.: Figurencharaktere und -beziehungen oder Handlungs- und Spannungsaufbau)
- eigene Meinungen formulieren und begründen (z. B.: zu Handlungen, Verhaltensweisen und Verhaltensmotiven von Figuren Stellung nehmen und diese bewerten)
- einfache Verfahren der Untersuchung fiktionaler Texte und Grundbegriffe der Textanalyse anwenden

- gestaltende und produktive Schreibformen nutzen
- Inhalte veranschaulichen (z. B. in Form eines Schaubildes)
- einen Vortrag bzw. eine Buchvorstellung planen, vorbereiten und durchführen
- gestaltende und produktive Schreibformen nutzen
- einen Vortrag bzw. eine Buchvorstellung planen, vorbereiten und durchführen

Didaktische Aufbereitung der Unterkapitel

1. Andreas Steinhöfel: Rico, Oskar und die Tieferschatten – sich mit Figuren auseinandersetzen (S. 114–120)

Die Ausschnitte aus dem Jugendbuch „Rico, Oskar und die Tieferschatten“ von Andreas Steinhöfel thematisieren das Aufeinandertreffen zweier Figuren, die zwar beide auf eine äußerst humorvolle Art und Weise übertrieben eigenartig wirken, ansonsten aber grundverschieden sind. Dem steht jedoch nicht entgegen, dass die beiden Protagonisten Freunde werden können. Freundschaft wird also als etwas dargestellt, das Gegensätze überwinden und Brücken bauen kann.

Rico und Oskar – aus der Sicht einer Figur schreiben (S. 114–117)

Aufgabe 1
S. 116

Die Schüler überprüfen ihr Textverständnis. Dazu geben sie die jeweils richtige Antwort auf die Fragen und nennen gegebenenfalls die Zeilenangabe der Textstelle, die zeigt, dass die Antwort die zutreffende ist. Folgende Antworten sind richtig:

a) Er sucht eine Nudel.
b) Er glaubt es, weil Rico Angst hat, sich zu verlaufen, obwohl er sein Wohnhaus direkt vor Augen hat.
c) Er fängt an zu heulen.

Aufgabe 2
S. 117

Ricos erste Eindrücke bezüglich des anderen Jungen können in folgendem Tafelbild festgehalten werden:

Rico und Oskar – die erste Begegnung

Oskar

- *ist sehr klein (Z. 6 ff.)*
- *trägt einen Sturzhelm mit hochgeklapptem Visier (Z. 7 ff.)*
- *sieht „völlig beknackt“ aus (Z. 13)*
- *hat riesige Zähne (Z. 11 ff.)*
- *trägt an seinem Hemd ein „winziges knallrotes Flugzeug“ (Z. 22 ff.)*
- *…*

} *wirkt insgesamt etwas eigenartig, sonderlich, komisch, …*

Aufgabe 3
S. 117

Rico ärgert sich über Oskars arrogant wirkende und ihn lächerlich machende Reaktion darauf, dass er im Alltag oftmals Probleme mit den einfachsten Dingen hat (in diesem Fall, den Weg zum wenige Meter entfernten Haus zu finden). Er wirft Oskar deshalb vor, dass sich dieser aufgrund seiner ausgeprägteren Intelligenz als ihm überlegen fühlt. Rico sieht ihn aber bloß als ein überhebliches und angeberisches „Superhirn“, welches alles besser wissen möchte und daher bei seinen Mitmenschen unbeliebt ist. Die Schülerinnen und Schüler erläutern diese Haltungen Ricos gegenüber Oskar und ziehen dazu z. B. folgende Textstellen heran bzw. suchen sie heraus:

- „Du bist wirklich doof, oder?" [Oskar] (Z. 50 f.)
- „Wenn man etwas direkt vor Augen hat und nur geradeaus gehen muss, kann man sich unmöglich verlaufen." [Oskar] (Z. 51 f.)
- „Und wenn du wirklich so schlau wärst, wie du behauptest, wüsstest du, dass es Leute gibt, die das können." [Rico] (Z. 54 f.)
- „Ich bin nicht freiwillig dumm oder weil ich nicht lerne!" [Rico] (Z. 56 f.)
- „Aber du bist wohl eins von diesen Superhirnen, die alles besser wissen und dauernd mit irgendwas angeben müssen, weil sich nämlich sonst keiner für sie interessiert [...]." [Rico] (Z. 57 ff.)
- ...

Aufgabe 4–5
S. 117

Anhand der Textstellen wird bereits deutlich, dass die beiden Jungen grundverschieden sind. Diese Ambivalenz zeigt sich auch in ihrer Intelligenz. Rico fällt es schwer, komplex zu denken, ihm „fällt manchmal etwas aus seinem Gehirn" (vgl. Z. 56), was sich auch in seiner Sprache zeigt. Etwas naiv und euphemistisch bezeichnet er diese Minderbegabtheit als „tiefbegabt" (Z. 39), was – typisch für ihn – eine Wortneuschöpfung darstellt.
Oskar behauptet von sich, „hochbegabt" (Z. 39) zu sein. Man kann dem Textauschnitt zwar nicht entnehmen, ob diese Behauptung der Wahrheit entspricht, im Kontext des Buches ergibt sich jedoch, dass der Junge tatsächlich „hyperintelligent" ist.
Die Ergebnisse der Deutung der beiden Textstellen durch die Schüler können in dem folgenden Tafelbild zusammengefasst werden. Dabei sollen die Schüler mögliche Synonyme für die beiden Begriffe suchen, wobei herausgestellt werden sollte, dass es sich bei „tiefbegabt" um einen Neologismus bzw. Wortneuschöpfung handelt.

Tafelbild

Rico ist TIEFBEGABT	*Oscar ist HOCHBEGABT*
– *dumm/doof*	– *schlau/intelligent*
– *naiv*	– *durchdenkend*
– *unwissend*	– *wissend*
– *unbegabt*	– *begabt*
– *verwirrt*	– *geordnet*
– ...	– ...

Anschließend vergleichen die Schüler ihre Auffassung des Begriffs „tiefbegabt" mit der Definition, die Rico in dem Roman selbst gibt. Dabei sollte gegebenenfalls herausgestellt werden, dass die Schüler viel stärker negativ bei ihren Definitionsversuchen gewertet haben. In abgeschwächter Form kennt jeder die Schwäche, die Rico hier beschreibt. Dies könnte zum Anlass genommen werden, darüber zu reden, inwiefern Rico trotz all seiner Sonderlichkeiten irgendwie doch recht „normal" ist.

Aufgabe 6
S. 117

Im offenen Unterrichtsgespräch ist zu erwarten, dass die Schüler einerseits erkennen, dass die beiden Jungen grundverschieden sind und es daher auch zum Streit kommt, es andererseits aber auch deutliche Anzeichen für eine mögliche Freundschaft gibt. So ist anzunehmen, dass die beiden durch ihre Andersartigkeit eher eine isolierte Stellung in ihrem jeweiligen sozialen Umfeld einnehmen und sie so trotz ihrer Verschiedenheit eine zentrale Gemeinsamkeit haben. Zudem zeigen beide offensichtlich Interesse am anderen und sprechen recht frei miteinander.
Die Ergebnisse können in folgendem Tafelbild gesichert werden:

Tafelbild

Das spricht für die Freundschaft	*Das spricht gegen die Freundschaft*
– *Beide sind auf ihre Art und Weise eigenartig/anders.* – *Sie zeigen Interesse aneinander (z. B. 13 ff.).* – *Oskar entschuldigt sich bei Rico für seine arrogante Reaktion und dieser nimmt die Entschuldigung an (Z. 67 ff.).* – *Sie reden sofort miteinander.* – *...*	– *Sie sind von Grund auf verschieden.* – *Sie streiten sich sofort (Z. 50 ff.).* – *Sie gehen auseinander, ohne sich richtig unterhalten zu haben (Z. 80 ff.).* – *...*

→ *Trotz ihrer Gegensätzlichkeit ist eine Freundschaft möglich.* ←

Aufgabe 7
S. 117

Mit dem Tagebucheintrag üben die Schüler in produktionsorientierter Form, eine Figur schriftlich zu beschreiben. Diese Aufgabe dient den Schülern auch zur Reflexion des Textauszugs und insbesondere der Beziehung der beiden Figuren. Dabei kann zum Beispiel auch abschließend geklärt werden, ob sich Rico eine Freundschaft zu Oskar vorstellen kann oder sogar wünscht. Je nach Leistungsstand der Klasse kann diese Aufgabe dadurch verstärkt werden, dass die Schüler nicht nur die Gedanken des Jungens aufschreiben, sondern versuchen, seine Art des Sprechens bzw. Schreibens zu übernehmen. Die Schüler können ähnlich wie Rico neue Fantasiewörter erfinden oder bewusst auch einmal den „roten Faden“ verlieren. Dies ermöglicht eine differenzierte Auseinandersetzung mit der Textvorlage und eine intensive Annäherung an die Hauptfigur. Damit wird das folgende Teilkapitel („Figuren beschreiben und vergleichen“) vorbereitet.

Das Treffen bei Rico – Figuren beschreiben und vergleichen (S. 118–120)

Aufgaben 1–2
S. 119

Die Fragen bieten die Möglichkeit, über Merkmale und Voraussetzungen von Freundschaft zu diskutieren. Dabei sind durchaus ambivalente Meinungsäußerungen zu erwarten. So kann das Ende des Textauszuges als ehrlicher Freundschaftsbeweis gesehen werden, während Oskars Prüfung eher als Indiz für Oberflächlichkeit und Naivität gedeutet werden kann. Im Anschluss können die Schüler eigene Erwartungen und Vorstellungen äußern, insbesondere, ob Unterschiedlichkeit in Bezug auf Freundschaften eher belastet oder sogar fördernd sein kann.

Aufgabe 3
S. 119

Die Tabelle kann wie folgt gefüllt und an die Tafel geschrieben werden:

Tafelbild

Typisch für Rico ist:	*Typisch für Oskar ist:*
Rico ... – *hat fast immer gute Laune (Z. 11)* – *weiß nicht viel (Z. 12)* → *ist „tiefbegabt [...]“ (Z. 38)* – *hat Angst, sich zu verirren* – *findet sich nicht leicht zurecht (Z. 17)* – *fängt an zu weinen, wenn ihn etwas sehr aufregt (Z. 60 f.)* – *spricht nicht über den Tod seines italienischen Vaters (Z. 79 f.)* – *...*	*Oskar ...* – *hat meist schlechte Laune (Z. 13)* – *weiß jede Menge merkwürdiger Dinge (Z. 12)* → *ist hochbegabt (Z. 39)* – *hat ein auffälliges Äußeres (Z. 6 ff.)* – *ist sehr direkt in dem, was er sagt* – *ist übertrieben ängstlich (Z. 8 ff.)* – *...*

Aufgabe 4
S. 119

Auf der Basis der zuvor ausgefüllten Tabelle sollte es den Schülern keine größeren Probleme bereiten, die beiden Figuren kurz zu beschreiben. Dabei ist besonders auf die Unterschiede zu achten: Der naive und etwas dümmliche Rico steht hier dem hochbegabten und in seiner Ausdrucksweise sehr direkten Oskar gegenüber. Gemeinsam ist beiden, dass sie bestimmte Eigenarten haben, welche sie zu einer Art Sonderlingen machen.

Aufgabe 5
S. 119

Der Textauszug endet damit, dass Rico und Oskar sich anfreunden. Die Schüler stellen dies fest, indem sie entsprechende Textstellen aus dem Abschnitt von Z. 29–42 heraussuchen. Dabei können sie folgende Signale für die zunehmende Freundschaft der beiden heranziehen:

- Rico wird „rot [...] vor Aufregung" (Z. 30), weil er hofft, dass Oskar am nächsten Tag wieder für ihn Zeit hat.
- Oskar hat eigentlich „schon was vor" (Z. 37), verschiebt dies aber, als er sieht, wie wichtig Rico das Treffen am nächsten Tag ist.
- Am Ende sagt Oskar, dass die beiden „schon die ganze Zeit" (Z. 42) Freunde seien.
- Rico fühlt, dass sich Oskars Hand „ganz warm" (Z. 41) anfühlt.
- ...

Aufgabe 6
S. 119

Abschließend sollen die Schüler noch einmal die Beziehung der beiden Jungen reflektieren. Die Textsorte des inneren Monologs kann dabei als Ausdrucksmöglichkeit genutzt werden, indem die Schüler durch das Aufschreiben von Ricos Gedanken, Ängsten und Wünschen sowie seiner Vorstellung von Freundschaft ihr Urteil festhalten.
Alternativ kann zum Abschluss auch **Arbeitsblatt 2** (Materialienband, S. 77) eingesetzt werden. Mithilfe des Arbeitsblattes können schwächere Schüler die Beziehung der beiden noch einmal Revue passieren lassen und grundlegende Techniken der Textarbeit üben.

Aufgaben 7–8
S. 120

Sollte die Zeit ausreichen, kann die Einheit durch verschiedene Buchvorstellungen weiterer dem Alter der Schüler angemessener Werke des Autors Steinhöfel ergänzt werden, um zu eigenständigem Lesen anzuregen und die Lesekompetenz zu fördern. Hilfen dazu erhalten die Schüler auf den Seiten 136–137 („Projekt: Buchvorstellung").
Eine weitere Figur aus dem Roman – die Mutter Ricos – können die Schüler mithilfe des **Arbeitsblattes 8** (Materialienband, S. 86) beschreiben. Mit diesem Arbeitsblatt können sie das Beschreiben und Vorstellen einer Figur vertiefend üben. Dazu kann zusätzlich **Arbeitsblatt 5** (Materialienband, S. 80) als Hilfe für die Schüler verwendet werden.
Das **Arbeitsblatt 9** (Materialienband, S. 88) kann **als Klassenarbeit** eingesetzt werden. Wenn das nächste Teilkapitel nicht mehr behandelt werden sollte, müsste vor der Klassenarbeit mithilfe der Lernbox auf S. 132 anhand von Rico und Oskar das Beschreiben von Figuren vorbereitend geübt werden. Vor der Klassenarbeit sollte den Schülern der Textauszug bekannt sein und ein erster freier Austausch über die Figur der Mutter stattgefunden haben.

2. Astrid Lindgren: Ronja Räubertochter – den Handlungsaufbau untersuchen (S. 121–126)

Ronja und Birk in Gefahr (S. 121–124)

Aufgabe 1
S. 124

Der Ausschnitt aus dem Jugendbuch „Ronja Räubertochter" thematisiert den Einfluss äußerer Zwänge und Widerstände, die das Schließen von Freundschaften erschweren können.
Nach dem gemeinsamen Lesen im Unterricht oder der vorbereiteten Lektüre zu Hause erfolgt der Einstieg in die Erarbeitung über die Frage, wie die Schülerinnen und Schüler die Möglichkeit einschätzen, dass Ronja und Birk Freunde werden. Sie tauschen ihre An-

sichten darüber im freien Gespräch aus und begründen sie. Es ist hierbei zu erwarten, dass sich die Schüler in der Mehrzahl negativ über die Chancen, dass Ronja und Birk Freunde werden, äußern. Diesen ersten Eindruck gilt es im Folgenden dann am Text zu präzisieren und zu belegen.

Aufgabe 2
S. 124

Hier wird die folgende Aufgabe, in der die Schüler eine Textgliederung erstellen, vorbereitet. Dabei soll u. a. erkannt werden, dass ein neuer Sinnabschnitt oft mit einer Veränderung des Handlungsverlaufs einhergeht.
So kann man das Springen über den Höllenschlund insofern als Veränderung – und damit als den Beginn des zweiten Textabschnittes – sehen, als die Distanz zwischen den Protagonisten aufgelockert wird, wenngleich noch keine echte Annäherung stattfindet. Birks Absturz wiederum kann als dramatischer Einschnitt in den Handlungsverlauf gewertet werden, sodass hier das Setzen des Beginns des dritten Sinnabschnitts gerechtfertig ist. Das Ende des dritten Abschnitts sollte bei Zeile 83 gesetzt werden, da an dieser Stelle die eigentliche Rettung Birks durch Ronja beginnt.

Aufgabe 3
S. 124

Mithilfe der Lernbox auf S. 126 gliedern die Schüler den Textauszug. Folgendes Tafelbild stellt eine mögliche Lösung dar.

Tafelbild

Astrid Lingren: Ronja Räubertochter – eine Textgliederung

Zeilen 1–42	*Ronja Räubertochter trifft Birk Borkasohn*
Zeilen 43–76	*Die Sprünge über den Höllenschlund*
Zeilen 71–83	*Der Absturz*
Zeilen 84–108	*Die Rettung*
Zeilen 100–126	*Dank, Abschied und Hoffnung auf ein Wiedersehen*

Aufgabe 4
S. 125

Um den Einstieg in das Erstellen der kleinen Inhaltsangabe zu erleichtern, knüpfen die Schüler an den Einleitungstext auf Seite 121 an. Ein möglicher Textbeginn für eine das Geschehen zusammenfassende Nacherzählung könnte wie folgt lauten:

Auf einem ihrer Streifzüge untersucht Ronja eines Tages, obwohl ihr Vater es verboten hat, den tiefen „ Höllenschlund“. So nennen die Räuber die Kluft, welche die Mattisburg seit Ronjas Geburt teilt.
Am Höllenschlund angekommen trifft sie auf einen Jungen ihres Alters, der sich als Birk Borkasohn vorstellt. Wie sich zeigt, gehört er der verfeindeten Räuberbande an, welche die andere Seite der Mattisburg besetzt hat. Scheinbar mögen sich die beiden Kinder nicht, da sie sich gegenseitig beleidigen. Als Ronja gerade wutentbrannt verschwinden möchte, springt Birk plötzlich über den Höllenschlund hinweg zu ihr hinüber ...

Schwächeren Schülern könnte dieser Beginn als Hilfe zur Verfügung gestellt werden.

Aufgabe 5
S. 125

Die Beziehung der beiden Protagonisten ist durch die Fehde, welche ihre Familien austragen, und die Vorurteile, die ihnen vermittelt worden sind, vorbelastet. Dementsprechend unfreundlich gehen sie miteinander um. Das Überspringen des „Höllenschlunds“ ist keinesfalls als eine Art Spiel zu sehen, sondern dient vielmehr dazu, dem jeweils anderen Stärke und Mut zu beweisen. Durch die Rettung Birks durch das Mädchen nähern sich die beiden Figuren zwar an, dennoch geschieht dies eher einseitig. Deutlich wird dies anhand des Dialogs zum Ende der Textstelle, der sich besonders durch seine Ambivalenz auszeichnet. Auf die freundschaftlich dankbaren Aussagen Birks reagiert Ronja aggressiv und beleidigend.

Im Einzelnen beschreiben die Schüler die Beziehung der beiden, indem sie entsprechende Textstellen zu den einzelnen Fragen der Aufgabe heraussuchen und erläutern.

Frage 1:

- Am Anfang stehen sich Birk und Ronja aufgrund der Rivalität zwischen den beiden Räuberfamilien ablehnend gegenüber. Dies kann an z. B. folgenden Textstellen verdeutlicht werden:
  - „Willst du etwa behaupten, dass die ganze Nordburg voller Hosenschisser ist?“ (Z. 31–32)
  - „Aber da drüben, wo du wohnst, da ist es knüppelvoll von Hosenschissern, das hat man ja immer gehört.“ (Z. 34–36)
  - „Was für eine unglaubliche Unverschämtheit!“ (Z. 37–38)
  - „Sie hatte [...] genug von dem Lümmelgeschwätz und den Frechheiten.“ (Z. 41–42)
  - „Kommst du her, dann hau ich dir aufs Maul, dass dir die Nase abfliegt!“ (Z. 48)

Frage 2:

- Sie wollen sich gegenseitig in Bezug auf Stärke und Mut übertrumpfen. Dabei sehen sie sich als Vertreter der verfeindeten Familien. An folgenden Textstellen wird dies z. B. deutlich:
  - „Es reichte, [...] kein Borkaräuber sollte hier irgendwelche Sprünge machen, die ein Mattisräuber nicht nachmachen konnte!“ (Z. 51–54)
  - „Da konnte er stehen und ihr nachglotzen, soviel er wollte!“ (Z. 59)
  - „[...] und springen würde sie, um ihm zu entkommen, [...] bis ihr der Atem ausging.“ (Z. 63–64)
  - „Verbissen und wie besessen sprangen sie über dem Höllenschlund hin und her.“ (Z. 65–66)

Frage 3:

- Ronja hat Birk aus Mitleid mit ihm gerettet. Als sie Birk wieder gegenübersteht, nimmt die alte Abneigung gegen die Borkaräuber und Birk wieder überhand. Im Gegensatz dazu ist Birk gegenüber Ronja jetzt positiv eingestellt. Er bedankt sich bei ihr, fühlt sich ihr verbunden und freut sich auf ein Wiedersehen mit ihr.

Die gegensätzliche Haltung der beiden zeigen z. B. folgende Textstellen:

Ronja	**Birk**
„Mit dir will ich nicht länger als unbedingt nötig zusammengebunden sein.“ (Z. 112–113)	„Aber von jetzt an bin ich vielleicht trotzdem an dich gebunden. Auch ohne Riemen.“ (Z. 117–118)
„‚Rutsch mir doch den Buckel runter. [...] Du mitsamt deiner Borkafeste! Scher dich zum Donnerdrummel!‘ Sie ballte die Faust und schlug zu“ (Z. 117–118)	„Er lächelte. ‚Mach das nicht nochmal. [...] Aber dass du mir das Leben gerettest hast, war nett von dir. Nimm dafür meinen Dank!“ (Z. 121–122)
„Scher dich zum Donnerdrummel, hab ich gesagt!“ (Z. 123)	„Du Räubertochter, wir sehen uns wohl mal wieder!“ (Z. 126)

Ergänzend können die Beziehung der beiden und deren Entwicklung sprachlich reduziert in folgendem Folienbild festgehalten werden. Hier soll die Erkenntnis, dass Ronja und Birk aufgrund der Feindschaft ihrer Familien zwar oberflächlich sehr feindselig miteinander umgehen, beide sich jedoch sehr ähnlich sind und mehr oder weniger versteckt Anzeichen von Sympathie zeigen, im Mittelpunkt der Bearbeitung stehen.

Ronja und Birk – Freunde oder Feinde?

Ausgangs-situation	– Die Familien der beiden sind erbitterte Feinde. – Die Borkaräuber halten einen Teil der Mattisburg besetzt	
Verhalten	**Ronja** – Beleidigungen: „Hosenschisser" (Z. 32) „Lümmelgeschwätz" (Z. 41 f.) „Gehopse" (Z. 109) „Rutsch mir doch den Buckel runter!" (Z. 117) „Scher dich zum Donnerdrummel!" (Z. 118) – sich steigernde Wut (vgl. Z. 51 ff.) – Drohungen (vgl. Z. 48 f.) – Konkurrenz (Z. 31 ff.) – Verbissenheit/Besessenheit (Z. 65 ff.)	**Birk** – Beleidigungen: „Hosenschisser" (Z. 35) – macht sich lustig über Ronja/Provokation (Z. 49 ff.) – Verbissenheit/Besessenheit (Z. 65 ff.)
Anzeichen von Freundschaft?	– Freude über Birks Gegenwart (Z. 21 ff.) – Sorge um Birk (Z. 74 ff.) – Rettung Birks (Z. 87 ff.)	– Freude über Ronjas Gegenwart (Z. 23 ff.) – Komplimente (Z. 57 f.) – Dankbarkeit (Z. 115 u. 121 f.) – Wiedersehenswunsch (Z. 126)
Fazit	Ronja benimmt sich auf der einen Seite nach außen sehr feindselig gegenüber Birk, zeigt aber auf der anderen Seite nicht nur durch die Rettung, dass ihr etwas an ihm liegt.	Birk zeigt sich insgesamt weniger beleidigend und gefühlsbetont als Ronja. Insbesondere nach seiner Rettung ist er ihr dankbar.

Aufgabe 6
S. 125

Wie bereits erwähnt, unterscheiden sich die Kinder nur oberflächlich sehr. Tatsächlich verbinden die beiden aber einige Gemeinsamkeiten und die Sympathie, welche sie – wenn auch zum Teil versteckt – füreinander empfinden, sodass eine Freundschaft möglich zu sein scheint. Gerade nach seiner Rettung reagiert Birk sehr dankbar und freundschaftlich, wohl auch, weil ihm Ronjas Einsatz gezeigt hat, dass er ihr nicht gleichgültig ist. Der Satz ist also dahingehend zu verstehen, dass Birk Chancen für eine Freundschaft sieht und sich so auch „ohne Riemen" an sie gebunden fühlt. Die Metapher drückt seine Gefühle der Verbundenheit und Sympathie zu Ronja aus.

Aufgabe 7
S. 125

Diese Aufgabe bereitet das Verfassen eines inneren Monologs vor. So können die zwiespältigen Gefühle der beiden noch einmal vertiefend gesichert werden.
Mögliche Gedankensplitter könnten dabei wie folgt lauten:

Ronja	Birk
– Dieser Borkasohn ist ein Angeber. – Seine Beleidigungen haben mich ganz schön wütend gemacht. – Aber ich bin froh, dass ihm nichts passiert ist. – Ein bisschen gefreut habe ich mich ja schon, jemanden in meinem Alter gefunden zu haben. – Schade, dass er ausgerechnet einer von den „Hosenschissern" sein muss. – Ob er mich wohl wirklich wiedersehen möchte? – ...	– Was fällt ihr ein, mich zu schlagen? – Hätte sie mir vorhin nicht das Leben gerettet, hätte sie aber was erleben können! – Aber nett war es schon von ihr, mir zu helfen. – Vielleicht mag sie mich ja doch, auch wenn sie es nicht zeigen möchte. – Ich glaube, wir können Freunde werden. – Ich würde mich wirklich freuen, sie wiederzusehen. – ...

Aufgabe 8
S. 125

Abschließend können die Schüler noch einmal ihre erste Einschätzung der Beziehung der beiden Räuberkinder reflektieren, indem sie sich darüber austauschen, wie die Geschichte der beiden weitergehen könnte. Mithilfe von **Arbeitsblatt 6** (Materialienband, S. 81) können die Schüler noch ein weiteres Abenteuer von Ronja und Birk lesen und das Erschließen des Inhalts eines Erzähltextes üben.
Möglicherweise kennen einige Schüler zudem das Jugendbuch und können ihren Mitschülern den Ausgang der Handlung abschließend erzählen. Sollte dies nicht der Fall sein, bietet eine von mehreren oder einzelnen Schülern vorbereitete Buchvorstellung eine Möglichkeit, die Einheit abzuschließen. Hilfen dazu erhalten die Schüler auf den Seiten 136–137 („Projekt: Buchvorstellung").

Aufgabe 9
S. 126

Die Aufgabe a) verlangt vertiefend das genaue Erfassen des Textes, indem die Schüler das Geschehen aus Ronjas Sicht nacherzählen.
Die weiterführende Aufgabe b) regt dazu an, sich weitere Jugendbücher von Astrid Lindgren zu besorgen und diese zu lesen.
Alternativ zu den üblichen Buchvorstellungen können auch solche erstellt werden, die für ein Buch werben, indem z. B. zwar über den Inhalt kurz informiert wird, jedoch das Ende offen bleibt. Dies stellt eine weitere Möglichkeit dar, die Schüler zum eigenständigen Lesen zu animieren und damit die Lesekompetenz zu fördern.

3. Cornelia Funke: Herr der Diebe – die Figuren und den Spannungsverlauf eines Textes untersuchen (S. 127–135)

Die Textauszüge aus Cornelia Funkes Jugendroman „Herr der Diebe" beschreiben das Leben einer Bande von Straßenkindern in Venedig. Dabei lebt der Text vor allem von den authentischen Charakteren, deren Beziehungen untereinander und dem spannenden Handlungsaufbau. Die Bandenmitglieder halten sich durch kleinere Diebstähle und Hehlereien über Wasser. Dabei gilt stets, dass innerhalb der Gruppe gerecht geteilt wird und jeder für jeden einsteht, weshalb auch diese Texte das Thema „Freundschaft" thematisieren. Im Zentrum der Geschichte stehen die beiden Brüder Prosper und Bonifatius („Bo"), die es auf der Flucht vor ihrer Tante von Hamburg nach Venedig treibt, wo sie von der Bande aufgenommen werden und sich so über Wasser halten.

Prosper und Bo – die Hauptfiguren kennenlernen (S. 127–129)

Prosper und Bo in Venedig (S. 127–128)

Der Einstieg in die Erarbeitung des Textauszugs nach dem gemeinsamen Lesen oder der vorbereitenden Lektüre zu Hause kann dadurch erfolgen, dass das Schicksal der beiden Brüder in den Mittelpunkt gerückt wird. Die Schüler können sich in einem offenen Unterrichtsgespräch dazu äußern, ob sie Prospers Entscheidung, mit seinem deutlich jüngeren Bruder zu fliehen, um nicht von ihm getrennt zu werden, nachvollziehen können oder z. B. verantwortungslos finden. Interessant ist auch die Frage, wie die Geschichte weitergehen könnte und was aus den beiden Jungen möglicherweise wird.

Aufgabe 1
S. 128

Frage	richtig/falsch	Textstelle	Korrektur
a)	richtig	Z. 8–9	
b)	falsch	Z. 11	Der Name bedeutet „der Glückliche“
c)	falsch	Z. 38	Sie kommen im Herbst an.
d)	richtig	Z. 41	
e)	richtig	Z. 51	
f)	richtig	Z. 26	

Aufgabe 2
S. 129

Die Ergebnisse können in folgendem Tafelbild visualisiert, zusammengefasst und gesichert werden:

Tafelbild

Prosper und „Bo“

- *Ihre Mutter ist tot (Z. 7 f.).*
- *Sie sind nach Venedig geflohen (Z. 12 ff.).*
- *Sie werden von ihrer Tante gesucht (Z. 1–11).*
- *Sie schließen sich in Venedig einer Bande von Straßenkindern an (Z. 48 ff.).*

Prosper, der ältere Bruder, ist 12 Jahre alt → **beschützt ihn *„vor allem Bösen der Welt“* (Z. 6)** → ***Bo, der jüngere Bruder, ist 5 Jahre alt*** *(heißt eigentlich Bonifatius = der Glückliche)*

Aufgabe 3
S. 129

Die Schüler sollten auf folgende Punkte eingehen:
Prosper, der als der Ältere seinen kleinen Bruder vor „allem Bösen der Welt“ (Z. 6) beschützen möchte, macht sich Sorgen darüber, ob Bo die Strapazen der Flucht aushält. Schon von Beginn an plagen ihn Zweifel, „ob es richtig gewesen war, seinen kleinen Bruder mitzunehmen“ (Z. 32–34). Nachdem sein Taschengeld aufgebraucht ist (vgl. Z. 41 f.) und die kühle Witterung Bo krank gemacht hat (vgl. Z. 42 ff.), ist er sogar so verzweifelt, dass er an eine Aufgabe der Flucht denkt und seinen geliebten Bruder von der Tante abholen lassen will (vgl. Z. 44–47).

Aufgabe 4
S. 129

Das Mädchen, welches wegen seines markanten Äußeren nur „Wespe“ genannt wird, bietet Prosper einen Ausweg aus seiner Verzweiflung, die ihn fast zur Aufgabe der Flucht gezwungen hätte: „So verzweifelt war er gewesen. Aber dann tauchte Wespe auf“ (Z. 48). Sie ist zunächst insofern wichtig für die beiden, weil sie ihnen ein Überleben durch trockene Kleidung und warmes Essen ermöglicht, indem sie die Brüder in das Versteck der Straßenkinder mitnimmt (vgl. Z. 49 ff.).

Das Leben im Sternenversteck – eine Figur beschreiben (S. 129–132)

Die Kinderbande in dem alten Kino (S. 129–130)

Aufgabe 1
S. 130

Als Einstieg in die Bearbeitung der Aufgabe kann die Frage stehen, ob die Schüler sich vorstellen könnten, mit den Kindern zu tauschen.
Cornelia Funke beschönigt in ihrem Jugendroman das Leben der Straßenkinder nicht und stellt es – in diesem Textauszug durch lebhafte Beschreibungen unterstützt – mitsamt seinen Schattenseiten dar. Es ist also zu erwarten, dass die Schüler dieses Leben weitgehend negativ bewerten. Andererseits kann es auch mit Begriffen wie Abenteuer, elternloser Selbstbestimmtheit und Freundschaft verbunden werden. Deutlich wird dies etwa daran, dass die Bewohner des alten Kinos stolz darauf zu sein scheinen, eigenständig und frei von den Zwängen der Gesellschaft leben zu können: „[Das Kino], das so gar nicht in die alte Stadt zu passen schien. Aber das war denen, die es jetzt beherbergten, nur recht" (Z. 14–16). Für beide Deutungen lassen sich Textbelege finden, welche in folgendem Tafelbild vergleichend visualisiert und um weitere Begriffe ergänzt werden können:

Tafelbild

Das Leben der Diebesbande in Venedig

Das spricht dafür	*Das spricht dagegen*
• *Stolz (Z. 13 ff.)* • *Selbstständigkeit* • *ein Leben ohne Erwachsene* • *Abenteuer* • *Freiheit* • *Freundschaft* • *…*	• *Dreck, Enge, Kälte, Armut:* – *„flach und schmucklos" (Z. 10)* – *„vernagelte Fenster" (Z. 11)* – *„verblichene Filmplakate" (Z. 12)* – *„rostig" (Z. 12)* – *„blanker Boden" (Z. 17)* – *auf dem Boden liegen „Müll" (Z. 52) und „Mausekötel" (Z. 52)* – *Prosper und Bo müssen „sich eine Matratze" teilen und „dicht aneinander gedrängt" schlafen (Z. 60 f.).* • *Die Bande hält sich durch die Diebstähle Scipios über Wasser (Z. 7 ff. u. Z. 46).*

selbstbestimmtes Leben ⇔ kein Schutz und keine Sicherheit eines wohlbehüteten Zuhauses

Aufgabe 2
S. 130

Den Herrn der Diebe umgibt fast schon etwas Mystisches, zumindest aber werden die Kinder nicht ganz schlau aus Scipio. Er ist ein Segen für die Bande, da sie ihm ein Zuhause, warme Kleidung, Essen, Geld, also ihr Überleben auf den Straßen Venedigs, zu verdanken hat. Dennoch bleibt sogar der fünfjährige Bo nicht ohne Zweifel und hinterfragt die geheimnisvolle Person. Er ist ihm zwar dankbar für das, was er den Kindern und somit auch ihm ermöglicht, es belastet ihn aber, dass Scipio ein Dieb ist.
Folgende Textstellen können die Schüler zur Klärung der Bedeutung Scipios für die Kinder heraussuchen und im oben ausgeführten Sinn erläutern:

- „Bo wusste genau, dass sie es nur Scipio zu verdanken hatten, dass sie nicht mehr auf der Straße schlafen mussten" (Z. 1 f.)
- „Scipio hatte mit seinen Raubzügen den Geldbeutel gefüllt" (Z. 3 f.)
- „Scipio hatte die Schuhe besorgt, die Bo die kalten Füße wärmten" (Z. 5 f.)

- „Scipio sorgte dafür, dass sie essen konnten, ohne dafür stehlen zu müssen" (Z. 6f.)
- „und nur durch ihn [Scipio] hatten sie plötzlich wieder ein Zuhause, ohne Esther." (Z. 7f.)
- „Aber Scipio war ein Dieb." (Z. 8)
- „Der Herr der Diebe schlief nie bei seinen Schützlingen im Sternenversteck. Keiner von ihnen wusste, wo Scipio die Nächte verbrachte, und er redete nicht darüber." (Z. 64ff.)

Aufgaben 3–4
S. 130

Prosper befindet sich in einem Zwiespalt: So ist er Scipio einerseits dankbar für Unterkunft, Kleidung und Essen, andererseits scheinen ihn aber moralische Zweifel zu plagen, da sein durch Scipio ermöglichtes Überleben auf Venedigs Straßen auf Diebstahl und Hehlerei beruht. Auch die mysteriöse Art, wie sich der „Herr der Diebe" vor den anderen gibt, scheint den Jungen zu verunsichern.
Der Zwiespalt Bos sollte im ersten Schritt im Unterrichtsgespräch herausgestellt werden. Auf dieser Basis soll er von den Schülern selbstständig noch einmal in dem inneren Monolog Bos ausformuliert werden. Am Ende des inneren Monologs sollte eine begründete Entscheidung für oder gegen Scipio aus der Sicht Bos stehen.

In den anderen Aufgaben des Teilkapitels steht das Beschreiben und Vorstellen einzelner Figuren des Romans im Vordergrund. Schwächere Schüler können sich mit **Arbeitsblatt 4** (Materialienband, S. 79) noch einmal die **Figurenkonstellation** vor Augen führen. Dies erleichtert die Arbeit an den einzelnen Figuren.

Aufgaben 5–6
S. 131

Das Vervollständigen des angefangenen Schaubildes soll eine Beschreibung und Vorstellung der Figur des Jungen Mosca vorbereiten. Dazu können die Schüler zunächst folgende Textstellen heraussuchen:
- „Auf dem blanken Boden vor dem Vorhang hockte ein Junge und schraubte an einem alten Radio rum." (Z. 17ff.)
- „Diesmal kitzle ich dich durch, bist du platzt, [...]" (Z. 33ff.)
- „Mosca war der größte und kräftigste von ihnen allen, [...]" (Z. 37)
- „Moscas Haut war [...] dunkel, [...]" (Z. 40)
- „Wenn wir noch lange mit dem Anstrich warten, ist mein Boot verfault. Aber das ist euch ja egal, weil ihr wasserscheue Landratten seid." (Z. 48ff.)
- „Moscas Bett erkannte man an der Werkzeugkiste und den Angelruten, [...]" (Z. 56f.)
- „Außerdem lag unter seinem Bett sein größter Schatz, sein Glücksbringer: ein kupfernes Seepferd, [...]" (Z. 56ff.)

Das Schaubild kann dann auf der Grundlage der Textstellen noch um folgende Punkte ergänzt werden:
- **Aussehen:** groß und kräftig, sehr dunkle Haut
- **Herkunft/Familie:** lebt zusammen mit anderen Kindern auf den Straßen Venedigs
- **Interessen:** Basteln, Bauen (Boot), Angeln
- **Wünsche:** ein eigenes fahrtüchtiges Boot
- **Verhalten:** glaubt an seinen Glücksbringer
- **Beziehung zu anderen:** gutmütig gegenüber Bo, neidisch auf Wespe wegen der Bücher
- ...

Anschließend können die Schüler an diesem übersichtlichen Beispiel die Figur Mosca in Form eines mündlichen Vortrages oder eines schriftlichen Textes beschreiben und vorstellen.

Aufgabe 7
S. 132

Die Schüler sollen vor dem Hintergrund einer fehlerhaften Schülerarbeit eine eigene Figurenbeschreibung zu dem Mädchen, welches „Wespe" genannt wird, erstellen. Dabei

ist es sinnvoll, die vorgegebenen Arbeitsschritte in dieser Reihenfolge einzuhalten, um so ein systematisches Vorgehen einzuüben.
Folgende Informationen lassen sich den beiden Textauszügen über Wespe entnehmen:

• **Aussehen/ Alter**	– etwa so alt wie die anderen Kinder (ca. 13 Jahre) – schmal (Z. 16) – trägt ihr braunes Haar dünn geflochten bis zur Taille (Z. 18 f.) – der stachelartige Zopf verschafft ihr den Namen „Wespe“, der ihr zu gefallen scheint (Z. 19 f.) – auf einen anderen Namen als „Wespe“ verzichtet sie
• **Eigenschaften**	– eher zurückhaltend, still, ruhig, introvertiert – selbstbewusst (Z. 20)
• **typisches Verhalten**	– ruhige und gelassene Reaktionen (Z. 51 ff.)
• **Herkunft/ Familie**	– lebt zusammen mit einer Bande von Straßenkindern auf den Straßen Venedigs (Z. 48 ff.)
• **Interessen**	– Bücher lesen (Z. 53)
• **Beziehungen**	– ist hilfsbereit zu anderen (Z. 48 ff.)
• **Gefühle/ Wünsche**	– wirkt stark introvertiert/verschlossen, sodass man über ihre Gefühle nichts erfährt

Die Schülerarbeit enthält einige Fehler, die wie folgt korrigiert werden können:

Schülertext	**Korrektur**
Die Figur „Wespe“ in dem Jugendbuch „Herr der Diebe“ von Cornelia Funke ist ein Mädchen, das blonde Haare hat, die zu einem kurzen Zopf gebunden sind.	braune Haare spitzen, bis zur Taille reichenden Zopf
Sie heißt Wespe, weil sie flink wie ein Insekt ist.	weil der lange spitze Zopf einem Wespenstachel ähnelt
Ihr Hobby ist Malen.	das Lesen von zahlreichen Büchern
Sie begleitet Scipio bei seinen Raubzügen.	Sie begleitet Scipio nicht, geht aber ab und an mit dem beschafften Geld für die Bande einkaufen.

Folgende Informationen können noch ergänzt werden:
Wespe ...
- ist dünn
- lebt mit einer Bande von Straßenkindern auf den Straßen Venedigs
- wirkt eher zurückhaltend
- ist still, ruhig, gelassen
- ist hilfsbereit

Auf der Grundlage dieser Vorarbeiten können die Schüler eine verbesserte Figurenbeschreibung Wespes verfassen. Diese könnte dann etwa wie folgt lauten:

Wespe – eine Figurenbeschreibung

Die Figur Wespe in dem Jugendbuch „Herr der Diebe“ von Cornelia Funke ist ein Mädchen, das aufgrund seines spitzen, braunen, bis zu Taille reichenden Zopfes nur Wespe genannt wird. Auf einen anderen Namen als diesen verzichtet es[1]. Das Mädchen lebt

[1] Grammatisch korrekt sind auch die femininen Pronomen (sie, ihre ...).

zusammen mit einer Bande von Straßenkindern auf den Straßen Venedigs. Sein Hobby ist das Lesen von Büchern, die es zahlreich besitzt. Gegenüber ihren Mitmenschen gibt Wespe sich zwar etwas zurückhaltend, sie handelt jedoch sehr hilfsbereit. So nimmt sie etwa die sich auf der Flucht befindenden Brüder Prosper und Bo in die Kinderbande auf und erledigt auch einige Einkäufe für diese.

Aufgabe 8
S. 132

Mithilfe der Lernbox können die Schüler auch noch andere Figuren des Romans schriftlich oder mündlich beschreiben und vorstellen.
Über Scipio können sie mithilfe des **Arbeitsblattes 10** (Materialienband, S. 90) mehr erfahren. Sie üben dabei verschiedene in dieser Einheit vermittelte Kompetenzen (richtige und falsche Aussagen erkennen; Textstellen zu einer Figur heraussuchen; aus der Sicht einer Figur erzählen; Figurenbeziehungen untersuchen und darstellen). Das Arbeitsblatt kann **auch als Klassenarbeit** eingesetzt werden.

„Er ist hinter uns her!" – Den Spannungsverlauf untersuchen (S. 133–135)

Eine Verfolgungsjagd (S. 133–134)

Aufgabe 1
S. 134

Unklar ist, ob Prosper den Mann unmittelbar mit seiner Tante, vor der er und sein Bruder geflüchtet sind, in Verbindung bringt; es ist aber möglich. Sicher ist dagegen, dass Prosper überrascht, erschrocken und angsterfüllt in dieser Situation ist, was an seiner panisch wirkenden Reaktion deutlich wird. Dementsprechend können die möglichen Gedanken, die die Schüler für Prosper in dieser Situation formulieren sollen, wie folgt ausfallen:

- „Wieso werde ich hier in Venedig verfolgt?"
- „Was will dieser Mann bloß von mir?"
- „Ob Tante Esther ihn schickt?"
- „Wenn der mich erwischt, passiert bestimmt was Schlimmes!"
- „Ich muss so schnell wie möglich untertauchen."
- ...

Aufgabe 2
S. 134–135

Schwächeren Schülern kann die Gliederung des Auszuges mithilfe von **Arbeitsblatt 3** (Materialienband, S. 78) vorgegeben werden. Folgende Textgliederung ist möglich und kann an der Tafel gesichert werden:

Textabschnitt	*Überschrift*
Zeile 1 bis 8	*Prosper und der Detektiv stoßen zusammen*
Zeile 9 bis 18	*Prosper fühlt sich beobachtet*
Zeile 19 bis 50	*Der Detektiv verfolgt die Jungen*
Zeile 51 bis 52	*Die Jungen entkommen*
Zeile 53 bis 56	*Riccio erkennt den Detektiv*

Der Spannungsbogen kann als Grundgerüst an die Tafel gezeichnet und anschließend z. B. so ausgefüllt werden.

Tafelbild

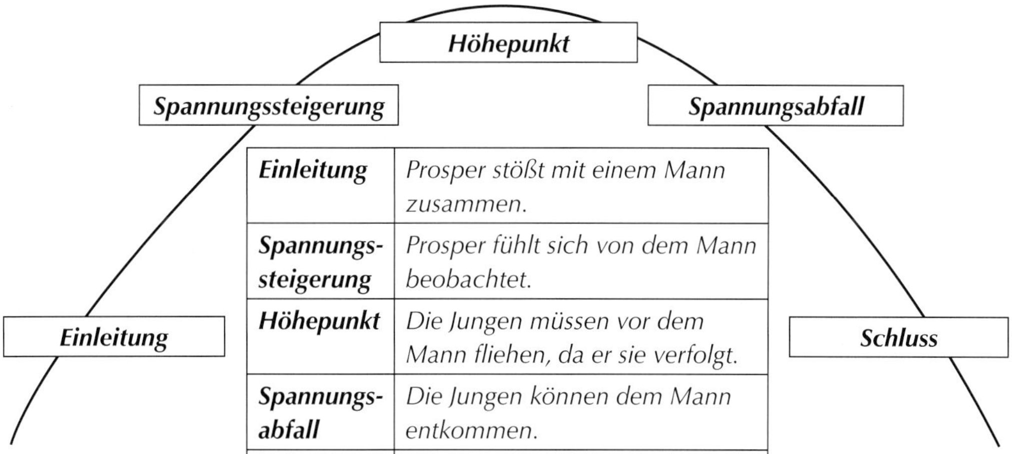

Einleitung	*Prosper stößt mit einem Mann zusammen.*
Spannungs-steigerung	*Prosper fühlt sich von dem Mann beobachtet.*
Höhepunkt	*Die Jungen müssen vor dem Mann fliehen, da er sie verfolgt.*
Spannungs-abfall	*Die Jungen können dem Mann entkommen.*
Schluss	*Riccio identifiziert den Mann als einen Detektiv.*

Aufgabe 3
S. 135

Aussage	**richtig/falsch**
Der Detektiv erkennt Prosper und verfolgt die Jungen.	richtig
Riccio glaubt Prosper zunächst nicht, dass sie verfolgt werden.	richtig
Prosper plant, dem Verfolger eine Ohrfeige zu geben, wenn er sie entdeckt.	falsch
Der Detektiv findet die Jungen in ihrem Versteck.	falsch
Riccio kennt den Verfolger.	richtig

Aufgabe 4
S. 135

Mithilfe des Textauszuges klären die Schüler, wie die beiden Jungen dem Detektiv entkommen. Sie biegen überraschend in eine enge „Gasse“ (Z. 30) ab, die auf einen „versteckten“ (Z. 32) Hinterhof, von dem wiederum „ein Labyrinth von Gassen“ (Z. 33) abführt. Sie halten sich hier in einem dunklen „Gang“ (Z. 32) versteckt. Dort gelingt es dem Detektiv nicht mehr sie zu finden, als er draußen an der Gasse vorbeigeht.

Aufgabe 5
S. 135

Eine von einem oder mehreren Schülern vorbereitete Buchvorstellung über Funkes Jugendroman bietet die Möglichkeit, die Erarbeitung abzuschließen. Hilfen dazu erhalten die Schüler auf den Seiten 136–137 („Projekt: Buchvorstellung“).

Aufgabe 6
S. 135

Die Aufgaben dienen der Binnendifferenzierung. Die Spannungsgestaltung des Textes kann von stärkeren Schülern näher untersucht werden. Dabei können z. B. folgende Textstellen genannt werden:

- „Beunruhigt“ (Z. 11)
- „Vor Schreck hätte Riccio fast die Kuchenschachtel verloren.“ (Z. 20)
- „dunklen Enge“ (Z. 31)
- „schob sich nervös die Zunge in die Lücke, die vorn zwischen seinen Zähnen klaffte.“ (Z. 42 f.)
- „wagten kaum zu atmen“ (Z. 51)
- „endlich“ (Z. 51)
- …

Mittels des produktiven Schreibauftrags können sich die anderen Schülerinnen und Schüler das Geschehen weiter erschließen, indem sie sich am Text orientiert eine Fortsetzung der Verfolgungsjagd überlegen.

4. Das hat mir gut gefallen! Projekt: Buchvorstellung (S. 136–137)

Die Lesemotivation der Schüler ist größer, wenn sie individuell über ihre Lektüre entscheiden können. Zudem kann der Lehrer auch darauf achten, dass jeder Schüler ein Buch liest, das vom Schwierigkeitsgrad den Fähigkeiten des Schülers entspricht. Dies spricht dafür, dass jeder Schüler der Klasse ein eigenes Jugendbuch zum Thema Freundschaft liest und vorstellt. Wie die Schülerinnen und Schüler bei einer solchen Buchvorstellung vorgehen müssen, erfahren sie auf dieser Doppelseite.
Der Nachteil dieses Verfahrens ist, dass nach einigen Buchvorstellungen oft das Interesse der Klasse an den Vorträgen der anderen sinkt. Alternativ könnte man die Schüler Lesetagebücher zu ihrer Lektüre erstellen lassen und nur einige Schüler ihre Bücher auch der Klasse vorstellen lassen. Die Lesetagebücher könnten der Klasse in einer das Projekt abschließenden Stunde zur Ansicht und zum Schmökern präsentiert werden. Eine Anleitung für die Erstellung eines Lesetagebuchs kann den Schülern mithilfe von **Arbeitsblatt 5** (Materialienband, S. 80) an die Hand gegeben werden.

Alles klar? – Wiederholen, üben und überprüfen (S. 138–139)

Aufgabe 1
S. 138

Das Wortgitter enthält folgende Begriffe:

waagerecht	Beziehungen, Verhalten, Alter
senkrecht	Wohnort, Familie, Interesse, Aussehen

Aufgabe 2
S. 138

Folgende Merkmale sollen z. B. genannt werden:
- Es tauchen eine oder mehrere neue Figuren auf.
- Der Handlungsort wechselt.
- Die Zeit ändert sich.
- Es geschieht etwas Unerwartetes oder Neues.
- Eine Wendung im Handlungsgeschehen tritt auf.

Aufgabe 3
S. 138

Eine ergänzte und korrigierte Stichwortsammlung über Ronja kann wie folgt lauten:
- Ronja ist ungefähr 13 Jahre alt.
- Sie ist die Tochter von Mattis und seiner Frau Lovis.
- Ihr Vater ist Räuberhauptmann.
- Sie hat keine Geschwister.
- Ronja wächst auf der Mattisburg mitten im Wald auf.
- Sie ist oft alleine.
- Ronja wird schnell wütend.
- Sie ist mutig.
- Ronja ist sehr hilfsbereit.
- Sie ist sehr selbstbewusst.
- Ronja ist sehr neugierig.
- …

Aufgabe 4
S. 139

Folgende Lösungen sind gesucht:
- Scipio ist ein Dieb. (1 b)
- Wespe hat einen Zopf. (2 d)
- Bo sammelt Plastikfächer. (3 a)
- Riccio hat vorne eine Zahnlücke. (4 e)
- Prosper ist ernst und hat dunkle Haare. (5 f)

– Mosca hat eine dunkle Hautfarbe. (6 c)

Aufgabe 5
S. 139

Der Text soll wie folgt gegliedert werden:

Textabschnitt	**Überschrift**
Zeile 1 bis 11	Tante Esthers Suche nach den Jungen
Zeile 12 bis 30	Die Brüder und Wespe beim Einkauf
Zeile 31 bis 36	Prospers Erinnerungen an die Flucht
Zeile 37 bis 47	Die ersten Tage der Brüder in Venedig
Zeile 48 bis 53	Hilfe durch Wespe

Aufgabe 6
S. 139

Aus den Silben lassen sich folgende Namen zusammensetzen:
- Ronja Räubertochter
- Prosper
- Bonifatius
- Oskar
- Scipio
- Riccio
- Mosca
- Wespe
- Rico

Aufgabe 7
S. 139

Die Arbeitsschritte sollen in folgender Reihenfolge beachtet werden:
1. ein geeignetes Buch für die Buchvorstellung auswählen,
2. Stichworte für den Vortrag auf Karteikarten festhalten,
3. das Lesen und Vortragen vorher zu Hause üben,
4. wichtige Informationen über das Buch vortragen [...],
5. den Inhalt des Buches kurz zusammenfassen,
6. eine oder zwei Textstellen aus dem Buch vorlesen.

Ein Haus für Leseratten und Bücherwürmer – Bibliotheken erkunden und nutzen (S. 140–153)

Vorüberlegungen zur Einheit

Diese Einheit dient indirekt der Leseförderung. Die Schüler lernen die Angebote von Bibliotheken kennen und werden angeregt, sich für diese zu interessieren. Darüber hinaus erlernen sie die systematische Recherche mithilfe des Bibliothekscomputers, damit sie sich für Kurzvorträge und Referate entsprechende Informationen bzw. Bücher beschaffen können. Die kurze Sequenz erhält ihren besonderen Sinn im Zusammenhang mit einem Bibliotheksbesuch, z. B. mit einer Bibliotheksrallye und/oder anschließenden Buchvorstellungen. Für Schüler, die noch keinen Leseausweis haben, könnte der Besuch mit dem Erwerb eines solchen Ausweises verbunden werden. Denkbar ist als Abschluss der Einheit das Anlegen einer Klassenbibliothek, um die Schüler zum eigenständigen Ausleihen und Lesen von Literatur zu motivieren.
Auf den S. 144–145 erhalten die Schüler Anregungen zur Durchführung einer Bibliothekserkundung. Das **Arbeitsblatt 1** (Materialienband, S. 95) dient als Anregung, wie eine Bibliotheksrallye vorbereitet werden kann. Es kann an die Gegebenheiten der besuchten Bibliothek angepasst werden. Das Anlegen einer Klassenbibliothek wird auf S. 151 vorgestellt.
Als Anknüpfungspunkt für eine Klassenarbeit eignet sich diese Einheit allerdings nicht.

Zentrale Kompetenzen, die in dieser Einheit geschult werden, sind:
- eine Bibliothek erkunden und nutzen
- Informationsquellen nutzen
- sich in einer Bibliothek orientieren und zurechtfinden
- einen Bibliothekskatalog bzw. -computer nutzen
- eine Klassenbibliothek anlegen und verwalten

Die **Auftaktdoppelseite (S. 140–141)** wird als **Einstieg** in die Einheit genutzt. Die Schüler beschreiben die Fotos, um sich dem Thema zu nähern. Anschließend können die Schüler von eigenen Erfahrungen mit Bibliotheken berichten. Weiter wird festgestellt, was die Schüler über das Ausleihen von Büchern wissen. Dies dient der Lehrkraft dazu, sich ein Bild über den Kenntnisstand der Klasse zu schaffen, um zu entscheiden, wie intensiv das Thema behandelt werden kann.
Alternativ kann der **Einstieg** auch so gestaltet werden, dass das Wort „Bibliothek" in die Mitte der Tafel geschrieben wird und die Schüler ihre Assoziationen und ersten Ideen um den Begriff herum aufschreiben.

Didaktische Aufbereitung der Unterkapitel

1. So viele Bücher – sich in einer Bibliothek zurechtfinden (S. 142–143)

Aufgabe 1
S. 143

Die Aufgabe soll den Schülern vor allem die Vielfalt der Angebote einer Bücherei bewusst machen. Sie beschreiben mithilfe der Illustration die Einrichtung der Bibliothek genau und nennen die Angebote, die diese Bibliothek bietet. Dabei können sie unter anderem folgende Punkte nennen:
- Ausleihe von Büchern, aber auch von DVDs, CDs, Comics, Mangas, Zeitschriften, Magazinen
- Bereitstellung von Nachschlagewerken und Lernhilfen
- Aktionen wie Lesungen, Filmvorführungen oder Bilderbuchstunden/-kino
- zur Verfügungstellung von Internetanschluss und Computerspielen
- Angebot von Ruhe- und Lesebereichen
- ...

Aufgaben 2–5
S. 143

Die Schüler orientieren sich mithilfe der Illustration auf der Doppelseite in einer Bibliothek. Dazu lösen sie verschiedene Suchaufträge und erarbeiten dabei folgende Lösungen:
- Alex findet Bücher zum Thema „Papageien" in dem Regal „Tiere". Um dort hinzukommen, muss er vom PC aus an den Regalen „Fantasy" und „Märchen" vorbeigehen.
- Julia muss links am Regal „Comics/Mangas" vorbeigehen und dann kommt sie zu dem Regal „Sport". Hier findet sie Bücher zu ihrem Thema Judo.
- Die gesuchten Abenteuerjugendbücher finden Julias Freundinnen in dem Regal Abenteuer. Dorthin kommen sie, wenn sie zwischen den Regalen „Science-Fiction" und „Fantasy" hindurchgehen.
- Zum Abschluss dieser Orientierungsübung stellen sich die Schülerinnen und Schüler in Partnerarbeit eigenständig gegenseitig verschiedene Suchaufträge und lösen sie.

2. Wo geht es hier zur Ausleihe? – Einen Bibliotheksbesuch vorbereiten (S. 144–145)

Aufgabe 2
S. 145

Die Fremd- und Fachwörter können mit folgenden Bedeutungen erklärt werden:

Fremd- oder Fachwort	**Bedeutung**
Autor	Der Verfasser oder die Verfasserin eines Buches
Bestseller	Ein Buch, das sehr erfolgreich und in großer Auflage verkauft worden ist
Bibliothek	Büchersammlung, Bücherei
Bibliothekar/in	Angestellter in einer Bücherei
Buchrücken	Die schmale Seite eines Buches, auf der meist Autor, Titel und Verlag des Buches genannt werden
Cover	Schützende Buchhülle, Buchdeckel
ISBN	Steht für Internationale Standardbuchnummer (engl.: „international standard book number"): Diese Nummer trägt weltweit jedes Buch zur eindeutigen Kennzeichnung.

Katalog	hier: Verzeichnis von Büchern
Klappentext	Ein Text, der auf der Schutzhülle eines Buches steht und die Leser zum Lesen des Buches anregen soll. Dabei wird eine kurze werbende Inhaltszusammenfassung geboten, ohne den Ausgang der Geschichte zu verraten. Bei Taschenbüchern steht der Klappentext auf der Rückseite des Buches.
Medium/Medien	Etwas, was Informationen übermittelt (z. B.: Bücher, Fernsehen, Zeitung ...)
Recherche	Nachforschung, Überprüfung von Informationen
Register	Verzeichnis, bei Büchern (ein meist alphabetisch geordnetes Namens- oder Stichwortregister).
Schlagwort	Ein Wort, welches kurz und prägnant (auf den Punkt bringend) etwas erklärt/beschreibt und das Thema zusammenfasst.
Signatur	hier: Standnummer: jedes Buch besitzt eine eindeutige Kennzeichnung, unter der es im Katalog nachgewiesen und an seinem Standort auffindbar ist.

Aufgaben 3–4 S. 145

Ein gemeinsamer Bibliotheksbesuch mit kleineren Spielen (z. B. einer Buchrallye) veranschaulicht das zuvor Gelernte und kann die Schüler dazu motivieren, selbstständig Bücher auszuleihen und diese zu lesen. Der Besuch kann auch als Abschluss der Einheit durchgeführt werden.

3. Wie finde ich die richtigen Bücher? – In Bibliotheken Bücher zu einem Thema suchen (S. 146–150)

Detektivarbeit am Bildschirm – einen Bibliothekskatalog benutzen (S. 146–147)

Aufgaben 1–2 S. 146

Bei der Büchersuche stellt sich für Alex und Tanja das Problem, dass sie nur ein grobes Thema wissen, über das sie sich informieren wollen. Da sie unvorbereitet die Bibliothek besuchen, finden sie sich nicht gut zurecht. Sie wissen nicht, wie sie mit der großen Auswahl von Büchern umgehen sollen und wo sie welche Informationen erhalten. Nachdem die Schülerinnen und Schüler dies festgestellt haben, können sie eigene Vorschläge machen, wie sich ein Bibliotheksbesuch effektiver gestalten ließe. Dabei können sie z. B. folgende Punkte nennen. Man ...

- muss sich vorbereiten.
- sollte vorher wissen, was man genau sucht.
- sollte sich fachkundige Hilfe suchen.
- sollte den Katalog einer Bibliothek benutzen, um sich zurechtzufinden.
- ...

Aufgabe 1 S. 147

Die Begriffe können wie folgt erklärt und durch Beispiele verdeutlicht werden.

Begriff	**Bedeutung**
Stichwort	Ein Wort, welches stellvertretend für ein Thema stehen kann oder welches auf ein Thema hinweisen kann. *Beispiel: Alex sucht ein Sachbuch über Papageien, ohne aber den genauen Namen des Buches zu kennen. Über das Stichwort „Papagei“ findet er es wahrscheinlich.*

Verfasser	Derjenige, der das Buch geschrieben hat (Autor/Autorin). *Beispiel: Astrid Lindgren ist die Verfasserin von Ronja Räubertochter.*
Titel	Der „Name“ eines Buches (*z. B.: „Der Herr der Diebe“*)

Aufgabe 2
S. 147

Die Schüler erläutern, dass man mittels der Suchen-Funktion geeignete Bücher in der Bibliothek ausfindig machen kann, wenn man die entsprechenden Suchbegriffe (Stichwort, Verfasser und/oder Titel) eingibt. Der Computer zeigt dann die Ergebnisse der Suche an.

Aufgabe 3
S. 147

Da zu erwarten ist, dass Alex noch keine Bücher über Papageien kennt, ihm also Titel und Verfasser nicht bekannt sind, sollte er es mithilfe geeigneter Stichworte (z. B.: Papagei, Vögel, Tiere in den Tropen ...) versuchen.

Aufgabe 4
S. 147

Um die gewünschten Bücher zu erhalten, sollte Alex die Suchfunktion benutzen. Dazu muss er, je nachdem, was er über die gesuchten Bücher weiß, verschiedene Suchfunktionen benutzen. Welche er zu welchem seiner Buchtipps wie benutzen sollte, klären die Schüler mithilfe des abgebildeten Notizzettels. Dies kann folgendermaßen an der Tafel veranschaulicht werden:

Alex in der Bibliothek

Was weiß Alex über das Buch?	***Welche Suchfunktion muss Alex wählen?***
nur den Titel: *„Was ist was?“*	*Titel*
Titel: *„Sittiche und Papageien“* ***und Verlag****: Ulmer Verlag*	*Titel*
nur den Verfasser: *Thomas Haupt*	*Verfasser*
Titel: *„Sprechende Papageien“* ***und Verfasser:*** *Maja Müller-Bierl*	*Titel und Verfasser*
ungenaue Titel und Stichworte: *klug, tierisch, Vögel*	*Stichwort*

Detektivarbeit zwischen den Regalen – den Standort eines Buches in einer Bücherei finden (S. 148–149)

Aufgaben 1–2
S. 148

Die Schüler benennen, welche Informationen Alex durch die Kurzeinträge bekommt. Er erfährt mithilfe der Kurzeinträge Autor, Titel und Untertitel, Verlag, Erscheinungsort und das Erscheinungsjahr der angezeigten Bücher. Der Inhalt der Bücher bleibt ihm aber unbekannt. Hierzu muss er sich weitere Informationen besorgen. Weiterhin fehlen Angaben zur Bücherreihe, die internationale Standardbuchnummer (ISBN) und die Signatur, welche zum Auffinden der Sachbücher in der Bibliothek von Bedeutung ist.

Aufgabe 3
S. 149

Das Beispiel macht den Schülern klar, dass sie durch Anklicken der Kurzeinträge weitere Informationen zu einzelnen Büchern erhalten. Folgende Zuordnungen werden gesucht:

1. Nachname des Verfassers
2. Vorname des Verfassers
3. Titel
4. Erscheinungsort
5. Internationale Standardbuchnummer (ISBN)
6. Angabe zum Inhalt

7. Angabe des Standortes
8. Entleihstatus fehlt
9. Verlag fehlt
10. Erscheinungsjahr
11. Buchreihe

Aufgabe 4
S. 149

Die Schüler rekapitulieren und beschreiben, wie Alex bisher vorgegangen ist. Seine Vorgehensweise kann als Tafelbild oder auch als in der Klasse sichtbares Plakat gestaltet werden.

Wie ist Alex vorgegangen?

1. Vorbereitung (Was suche ich und wen kann ich vielleicht um Hilfe bitten?)
2. sich Tipps von fachkundigen Personen über mögliche Bücher geben lassen
3. die Bibliothek besuchen
4. die Suchfunktion des Bibliothekskatalogs benutzen (Titel, Autor und/oder Stichworte notwendig)
5. der Bibliothekscomputer erstellt eine Liste von Kurzeinträgen
6. das gewünschte Buch aus der Liste auswählen und anklicken
7. es erscheint eine ausführliche Beschreibung zu dem Buch

Aufgaben 5–6
S. 149

Mithilfe der Infobox und dem Foto erklären die Schüler, was man unter der Signatur eines Buches versteht. Jedes Buch wird mit einer individuellen Signatur gekennzeichnet. Diese gibt genau an, in welcher Abteilung und in welchem Regal der Bibliothek es aufgefunden und entnommen werden kann, um es auszuleihen.
Alex muss mithilfe der Signatur das Buch an seinem Standort entnehmen und – wenn es ausleihbar ist – zur Ausleihe gehen und es dort entleihen.

„Hallo Tanja! Du musst ...“ – die Büchersuche in einer Bibliothek beschreiben (S. 149–150)

Aufgabe 1
S. 149

Im Rahmen einer fiktiven Recherche geben die Schüler einer Person wichtige Tipps zur Büchersuche in einer Bibliothek. Dabei können auf die im Buch abgedruckten Fragen von Tanja mithilfe der Lernbox auf S. 150 folgende Antworten gegeben werden:

Frage	Antwort
Alex hat gesagt ...?	Jedes Buch ist mit einer Signatur gekennzeichnet. Sie gibt genau an, wo du das Buch in der Bibliothek finden kannst.
Wie finde ich nur ...?	Du kannst die Stichwortfunktion des Bibliothekscomputers benutzen. Am besten gibst du einfach das Stichwort „Judo“ ein vielleicht findet der Computer darin dein Buch.
Mein Trainer hat mir ...?	Ja, das hilft dir weiter. Der Bibliothekscomputer hat auch eine Suchfunktion für „Verfasser“. Am besten gibst du den Namen „Hedda Sander“ einfach ein, vielleicht findet der Computer dann dein Buch.
Oh, jetzt zeigt er ganz ...?	Du kannst die Bücher aus der Liste anklicken. Dann erhälst du genauere Informationen, nach denen du die richtigen Bücher aussuchen kannst.

Aufgabe 2
S. 150

Hier sollen die Schüler ihr erlerntes Wissen anwenden und auf Internetseiten von Bibliotheken eigene Recherchen durchführen (Aufgabe a). Die Aufgabe b bezieht darüber hinaus eine weitere Kompetenz mit ein, da die Schüler das Erlernte zusammenhängend darstellen und reflektieren sollen, indem sie eine fiktive E-Mail verfassen. Hierbei ist ähnlich wie bei einem Brief auf die formale Gestaltung zu achten.

Alles klar? – Wiederholen, üben und überprüfen (S. 151–152)

Aufgabe 1
S. 152

Folgende Antworten, die das Lösungswort „BUCH" ergeben, sind gesucht:
- **Autor:** derjenige, der ein Buch geschrieben hat
- **ISBN:** internationale Standardbuchnummer
- **Schlagwort:** Wort, das den Inhalt/das Thema eines Buches zusammenfasst
- **Signatur:** Standortnummer eines Buches in der Bibliothek

Aufgaben 2–3
S. 152

Folgende Fachwörter, deren richtige Schreibweise geübt wird, werden gesucht:
a) Bibliothek
b) Katalog
c) Cover
d) Recherche
e) Medien

Aufgabe 4
S. 153

Folgende Angaben enthält eine ausführliche Beschreibung eines Buchtitels im Büchereikatalog:
- Nachname des Verfassers
- Vorname des Verfassers
- Titel
- Erscheinungsort
- Internationale Standardbuchnummer (ISBN)
- Angabe zum Inhalt/Thema
- Angabe des Standortes
- Entleihstatus
- Verlag
- Erscheinungsjahr
- Buchreihe

Aufgabe 5
S. 153

Alex muss die Suchmaske wie folgt ausfüllen:
Titel = Farbatlas Papageien (2)
Autor = Matthias Reinschmidt (1)
Verlag = Ulmer (3)

Aufgabe 6
S. 153

Alex will auch wissen, ob dieses Buch über die Stadtbibliothek ausleihbar ist. Deshalb muss er noch das Icon „Nur verfügbare Titel anzeigen" anklicken.

Aufgabe 7
S. 153

Mithilfe der Eingaben *Sachbuch* unter *Format* und *Deutsch* unter *Sprache* könnte Alex die Suche noch verfeinern. Allerdings dürfte dies nicht nötig sein, weil die bisher eingegebenen Informationen sicher dazu führen, das gesuchte Buch anzuzeigen.

Aufgabe 8
S. 153

Das Vorgehen, welches die Schüler in der E-Mail beschreiben sollen, entspricht dem, was in der Lösung zu Aufgabe 4 auf S. 149 dargestellt wird.

Das will ich wissen und anderen vorstellen – Sachtexte erschließen und einen Kurzvortrag halten (S. 154–171)

Vorüberlegungen zur Einheit

In dieser Unterrichtseinheit werden die Schüler angeleitet, Sachtexten Informationen zu entnehmen, diese mithilfe von Mindmaps übersichtlich zu visualisieren und in Form von Kurzvorträgen der Klasse zu präsentieren.
Die Informationsentnahme, das Anlegen von Mindmaps und Halten von Kurzvorträgen werden dabei im Laufe der Einheit immer stärker selbstständig von den Schülern durchgeführt. Am Anfang werden sie an Beispielen, die sie vervollständigen müssen, und durch entsprechende Hilfen im Aufgabenapparat in die Methoden eingeführt (S. 156–157, 162 u. 168). Später erhalten sie Gelegenheit, das Erlernte selbstständig anzuwenden und zu üben (S. 163–166 u. 169).
Das Kapitel schließt damit, dass die Schüler zu einem eigenen Thema recherchieren, dazu Texten Informationen entnehmen und einen Kurzvortrag halten. In diesem Zusammenhang erhalten sie Hilfen zur Themenfindung und zum Vorgehen (S. 169). Auf den letzten beiden Seiten der Einheit können die Schüler das in der Einheit Gelernte noch einmal selbstständig wiederholen und üben (S. 170–171).
Der Zugang zu den Sachtexten und Methoden wird den Schülern durch die fiktiven Figuren Alex und Tanja und die Vorgabe einer Schulsituation erleichtert. Die Schüler begleiten die beiden dabei, wie sie für ihren Deutschunterricht zu den Themen „Papageien" und „Judo" mithilfe von Sachtexten, die sie lesen und bearbeiten, einen Kurzvortrag vorbereiten. Bei ihren eigenen Kurzvorträgen können die Schülerinnen und Schüler eigene Hobbys, Freizeitbeschäftigungen und -interessen vorstellen. Die Wahl eines derart persönlichen Themas motiviert die Schüler z. B. dazu, ihre liebste Freizeitbeschäftigung vorzustellen, und ergibt eine große Spannbreite an Themen. Dies ist gerade für die Vortragsphase wichtig. Weiter können sich die Schülerinnen und Schüler so besser kennenlernen und mehr voneinander erfahren.

Folgende **zentrale Kompetenzen** werden in diesem Kapitel geschult. Die Schüler

- informieren anschaulich und verständlich über Sachverhalte und Arbeitsergebnisse,
- halten zu einem begrenzten Sachthema stichwortgestützt Kurzvorträge und setzen hierbei in einfacher Weise Medien ein,
- entnehmen Sachtexten Informationen, indem sie Textaussagen markieren, unterstreichen, Texte gliedern, Überschriften für Sinnabschnitte formulieren und sich Notizen am Textrand machen,
- überprüfen ihr Textverständnis und merken sich die Informationen eines Sachtextes, indem sie z. B. Fragen zum Text beantworten und/oder an den Text formulieren oder falsche und richtige Aussagen zum Text unterscheiden,
- nutzen Informationsquellen wie z. B. Bibliotheken.

Der Einstieg in die Einheit geschieht über die **Auftaktdoppelseite (S. 154–155)**.
Die **Aufgabe 1, S. 154** bietet den Lernenden zunächst die Möglichkeit, erste Ideen, was das Vorbereiten eines Kurzvortrags angeht, zu äußern und gegebenenfalls auf Vorerfahrungen zurückzugreifen.
Diese können an der Tafel festgehalten, strukturiert und, wenn nötig, ergänzt werden, sodass ein erster Überblick über die Einheit entsteht. Folgende Ratschläge können genannt werden:

- Texte erst einmal lesen und verstehen
- wichtige Informationen markieren und/oder herausschreiben
- das Thema eingrenzen, wenn es zu umfangreich ist
- sich Gedanken machen, worüber genau informiert werden soll
- ...

Differenzierter beschäftigt sich bereits **Aufgabe 2, S. 155** mit der Textart Sachtext. Hier soll den Schülern vermittelt werden, dass sie sich über die Überschrift eines Sachtextes und/ oder die beigefügten Bilder dem Inhalt nähern können.
Aufgabe 3, S. 155 ist ein Angebot, um das Vorwissen der Klasse zu aktivieren. Davon sollen vor allem schwächere Schüler profitieren, da sie hier Informationen zu den Themen erhalten, an die sie bei der folgenden Beschäftigung mit den Sachtexten anknüpfen können. Die Erarbeitung der Sachtexte in diesem Kapitel könnte vorbereitet werden, indem bereits bestehendes Wissen über die Themen des Textes gesammelt wird. Dieses wird gesichert, indem es z. B. mithilfe von Plakaten visualisiert oder durch Strukturbilder geordnet wird. Anschließend können die Sachtexte problemloser bearbeitet werden, da alle Schülerinnen und Schüler beim Lesen an Bekanntes anknüpfen können.

Didaktische Aufbereitung der Unterkapitel

1. „Warum sprechen Papageien?“ – Fragen zu einem Sachtext stellen und ihm Informationen entnehmen (S. 156–157)

Aufgabe 1
S. 157

Der Text gibt auf folgende der aufgelisteten Fragen diese Antworten:

Frage	Antwort
a)	In Afrika lebt der Graupapagei (Z. 1–2).
c)	Graupapageien können sprechen, weil ihre Zunge sehr beweglich ist (Z. 8) und sie sehr musikalisch sind (Z. 11).
d)	Sie imitieren zum Beispiel das Gezwitscher von anderen Vögeln (Z. 14–15).
f)	Sie machen sowohl menschliche Stimmen als auch alltägliche Geräusche nach. Dabei lernen sie sogar welche Geräusche zu welchen Situationen passen (Z. 15–18).
g)	Man sollte sie immer zu zweit halten, da sie die Gesellschaft der Artgenossen benötigen (Z. 28–29).
h)	Es macht ihnen Spaß, mit Geräuschen und Lauten zu spielen (Z. 23–24). Außerdem erregen die intelligenten Tiere damit gerne Aufmerksamkeit (Z. 25–27).
j)	Sie benutzen richtige Wörter nur, wenn Menschen mit ihnen reden (Z. 30–31).

Aufgabe 2
S. 157

Die hier vorgestellte Möglichkeit, einen Text zu bearbeiten, erleichtert es, diesen inhaltlich zu erschließen. Der Schüler ist dabei so vorgegangen, dass er

- den Text in Sinnabschnitte gegliedert hat,
- die wichtigsten Informationen im Text mit einem gelben Stift markiert und so herausgehoben hat,
- jedem Textabschnitt eine Überschrift gegeben und sie neben den entsprechenden Textabschnitt herausgehoben am Textrand festgehalten hat und
- sich wichtige Informationen der einzelnen Textabschnitte mit Stichworten unter den jeweiligen Überschriften in Stichworten notiert hat.

Aufgabe 3
S. 157

Die Überschrift „Sprechende Papageien" ist passend, da dieser Textabschnitt differenzierter über die Fähigkeiten der Tiere zu sprechen informiert als der vorangehende, der mit Überschrift a) betitelt ist. Überschrift c) bietet inhaltlich zu geringe Schnittmengen.

Aufgabe 4
S. 157

Die Überschrift „Gründe für das Nachahmen von Lauten und Stimmen" ist passend, da diese im Gegensatz zu den beiden anderen den Abschnitt sinnvoll zusammenfasst.

Aufgabe 5
S. 157

Folgende Überschriften können z. B. genannt werden:

- Verhalten der Papageien untereinander
- Verhalten der Papageien unter Artgenossen
- ...

Aufgabe 6
S. 157

Wichtig ist, dass den Lernenden vermittelt wird, dass sie bei der Bearbeitung des Textes auf aussagekräftige Schlagwörter und prägnante Sätze achten und auch nur diese markieren, damit das Ergebnis übersichtlich bleibt. Die Randbemerkungen können dabei etwa wie folgt ausfallen:

Herkunft + Aussehen	*siehe S. 156 in P.A.U.L. D. 5*
Fähigkeiten des Graupapageis	*siehe S. 156 in P.A.U.L. D. 5*
sprechende Papageien	• ahmen menschliche Stimmen nach • ahmen auch Geräusche wie Telefonklingeln nach • lernen, welche Geräusche zu welcher Situation passen
Gründe für das Nachahmen von Lauten und Stimmen	• haben Freude am Nachahmen • sind sehr intelligent • wollen mit dem Nachahmen Aufmerksamkeit erregen
Verhalten der Papageien unter Artgenossen	• sollten immer zu zweit gehalten werden • verständigen sich durch Zwitschern und Pfeifen • Wörter benutzen sie nur, wenn Menschen in der Nähe sind

Aufgabe 8
S. 157

Diese Aufgabe eignet sich gut als Abschluss des Themengebiets „Papageien", da die Schüler die Frage, ob Papageien wirklich sprechen können, mithilfe der Informationen, die sie zuvor gesammelt haben, lösen können. In einem gelungenen Schülertext sollte deutlich werden, dass Papageien zwar menschliche Laute nachahmen können, sie dem Sprechen also sehr nahekommen, sie jedoch weder eigenständig kommunizieren können, noch über einen tatsächlichen Wortschatz verfügen.
Zwar ist das Schreiben eines Schülerzeitungsartikels kein Thema der Einheit, doch sollte es nicht schwer fallen, zentrale Gesichtspunkte eines solchen Textes (z. B.: Überschrift/kurze Einleitung/Interesse für Thema wecken/informativer Hauptteil/Beispiele für das Ausgeführte/nicht umgangssprachliche Wortwahl/sachlich-unterhaltsamer Stil) vorab zu klären.

2. Arbeit im und am Text – einen Sachtext markieren und mit Randbemerkungen versehen (S. 158–159)

Aufgaben 1–2
S. 158–159

Nachfolgend wird ein Beispiel gegeben, wie der Text sinnvoll bearbeitet werden kann, indem wichtige Textstellen markiert, passende Überschriften formuliert und informative Stichworte am Textrand notiert werden. Mithilfe von **Arbeitsblatt 5** (Materialienband, S. 102) kann an diesem Beispiel das Notieren von Stichworten am Textrand geübt werden.

Petra Deimer
Der Papagei und die Menschen

Papageien gehören zu den ältesten Hausgenossen des Menschen. Schon die Ureinwohner Australiens und die Neuguineas, die Eingeborenen Afrikas und die Indianer Südamerikas haben sich für diese Vögel interessiert. Sie holten junge Papageien aus Nestern, zogen sie auf und hatten ihre Freude an den zahmen Tieren. Schon damals wurden Papageien gefangen und gegessen. Viele Papageien mussten ihr Leben auch lassen, weil die Menschen die bunten Federn als Schmuck oder das Fleisch als Zaubermittel verwendeten.	**Papageien bei den Urvölkern** • gehören zu den ältesten Hausgenossen des Menschen • Ureinwohner der ganzen Welt zogen sie auf • wurden gefangen und gegessen • Federn und Fleisch wurden als Schmuck und Zaubermittel benutzt
Nach Europa kamen die ersten Papageien zur Zeit Alexanders des Großen, also vor 2000 Jahren. Opesikos, ein Steuermann aus seiner Flotte, brachte Halsbandsittiche aus Indien mit, die deshalb auch Alexandersittiche genannt werden. Im alten Rom wurden ebenfalls Papageien gehalten.	**Die ersten Papageien in Europa** • kamen vor etwa 2000 Jahren nach Europa • Steuermann aus der Flotte Alexander des Großen brachte sie mit • wurden auch im alten Rom gehalten
Mit dem aufblühenden Handel im Mittelalter kamen mehr und mehr Papageien aus fernen Ländern nach Europa und waren auch in Deutschland keine Seltenheit. Natürlich waren die Exoten zunächst Hausgenossen für den reichen Mann, vor allem dienten sie als Geschenke für Könige.	**Papageienhandel im Mittelalter** • Handel brachte mehr Papageien nach Europa und Deutschland • konnten sich nur Reiche leisten • dienten als Geschenke für Könige
Im Jahr 1934 wurde der blühende Papageienhandel durch strenge Einfuhrverbote zurückgedrängt. Der Grund war die für die Menschen früher tödlich verlaufende sogenannte Papageienkrankheit.	**Einfuhrverbote für Papageien nach Europa** • Papageienkrankheit

Heute gibt es wieder Bemühungen, den Handel mit wildlebenden Papageien einzuschränken und zu stoppen. Allerdings ist der Grund jetzt ein anderer: Viele Papageien sind vom Aussterben bedroht oder gefährdet. Das liegt zum einen an der Umweltzerstörung aber zum anderen an dem immer noch schwungvollen Handel mit Papageien.	**Situation in der Gegenwart** • Handel soll begrenzt/gestoppt werden • Papageien sind vom Aussterben bedroht • Gründe sind Umweltzerstörung und starker Handel

(aus: Was ist was, Bd. 92: Papageien und Sittiche, S. 38 © Tessloff Verlag, Nürnberg 1992)

Aufgaben 3–4
S. 159

Auf folgende Fragen kann der Text z. B. entsprechende Antworten geben:

Frage	Antwort
Wer hielt sich zuerst Papageien als Haustiere?	Urvölker auf der ganzen Welt (Z. 1–4).
Weshalb waren die Papageien schon damals so begehrt?	Sie waren als zahme Haustiere (Z. 6) und Nahrungsmittel (Z. 7) beliebt. Außerdem waren ihre bunten Federn als Schmuck und ihr Fleisch als Zaubermittel für die Ureinwohner von Bedeutung (Z. 7–9).
Wann kamen die ersten Papageien nach Europa?	Etwa vor 2000 Jahren zur Zeit Alexander des Großen (Z. 10–11).
Wer brachte die Tiere nach Europa?	Ein Steuermann aus der Flotte von Alexander dem Großen brachte sie aus Indien mit (Z. 11–12).
Wo wurden Papageien früher noch gehalten?	Auch im alten Rom wurden die Tiere gehalten (Z. 13)
Was für Auswirkungen hatte der aufblühende Handel mit Papageien im Mittelalter?	Der Handel hatte zur Folge, dass viel mehr Tiere als früher nach Europa und auch Deutschland kamen (Z. 14–16).
Zu welcher Zeit blühte der Handel mit den Papageien auf?	Der Handel blühte im Mittelalter auf (Z. 14).
Wer konnte sich damals die Tiere leisten?	Nur reiche Leute konnten sich die Tiere leisten, die darüber hinaus auch als Geschenk für Könige angesehen waren (Z. 16–17).
Wann und wodurch wurde der blühende Papageienhandel zurückgedrängt?	Der Papageienhandel wurde 1934 durch strenge Einfuhrverbote zurückgedrängt (Z. 18–20).
Wieso wurde der Papageienhandel so stark zurückgedrängt?	Grund für die Einfuhrverbote war die sogenannte Papageienkrankheit, die für den Menschen meist tödlich endete (Z. 19–20).
Gibt es in der Gegenwart auch Beschränkungen des Papageienhandels?	Es gibt zumindest Bemühungen, diesen einzuschränken oder sogar zu stoppen (Z. 21–22).
Wieso soll der Handel wieder beschränkt werden?	Der Handel soll beschränkt werden, um die vom Aussterben bedrohten Papageien zu schützen (Z. 22–24).

Frage	Antwort
Wieso sind die Papageien vom Aussterben bedroht?	Der Grund hierfür sind die Umweltzerstörung und der schwungvolle Handel mit den Tieren (Z. 24–25).

3. Verfolgte Vögel – einen Sachtext gliedern und erschließen (S. 160–161)

Aufgabe 1
S. 161

Der Sachtext lässt sich in vier Sinnabschnitte gliedern, denen folgende Überschriften zugeordnet werden können:

Sinnabschnitt	Überschrift
Z. 1–5	Die besonderen Fähigkeiten der Papageien *alternativ:* Die Papageien als Überlebenskünstler
Z. 6–9	Der erlaubte Papageienhandel
Z. 9–14	Der unerlaubte Papageienhandel
Z. 15–22	Maßnahmen gegen die Tierquälerei

Aufgabe 2
S. 161

Folgende Informationen können den einzelnen Sinnabschnitten entnommen werden:

Die besonderen Fähigkeiten der Papageien/Die Papageien als Überlebenskünstler	• sind lernfähig, anpassungsfähig und intelligent • sind lebenstüchtig und überlebensfähig • nur wenige Arten starben aus • Papageien-Arten werden heutzutage durch den Menschen gefährdet
Der erlaubte Papageienhandel	• werden für Haustierhandel zu Tausenden in der Natur gefangen • seltene Papageien sind sehr teuer • hohe Nachfrage in Europa und den USA
Der unerlaubte Papageienhandel	• besonders seltene Papageien bringen hohe Summen Geld ein • die empfindlichen Tiere sterben oft beim Fang oder während des Transports (von 100 Papageien überleben nur 20) • Lufthansa transportiert keine wild gefangenen Papageien mehr
Maßnahmen gegen die Tierquälerei	• Deutschland und USA wollen den Transport wild lebender Vögel verbieten • Zucht von in Gefangenschaft lebenden Vögeln wäre eine gute Alternative

Aufgabe 3
S. 161

Hier lassen sich z. B. folgende Fragen stellen, deren Antworten wie folgt lauten:

Frage	Antwort
Welche wichtigen Eigenschaften besitzen Papageien?	Sie sind lernfähig, anpassungsfähig und intelligent (Z. 1) und haben sich als lebenstüchtig und überlebensfähig erwiesen (Z. 2).
Wodurch werden Papageien-Arten in der Gegenwart gefährdet?	Der Mensch gefährdet diese Arten (Z. 5).

Frage	Antwort
Wieso werden wild lebende Papageien gefangen?	Die Nachfrage nach Papageien als Haustiere in Deutschland und den USA ist sehr hoch und es lässt sich viel Geld mit dem Handel verdienen (Z. 7–9).
Welche zwei Arten von Papageienhandel gibt es?	Die Tiere werden erlaubt und unerlaubt gehandelt (Z. 9–10).
Wodurch sterben viele Papageien?	Beim Fangen und Transportieren der Papageien sterben viele der seltenen Vögel, da sie sehr empfindlich sind (Z. 13–14).
Was für Maßnahmen werden ergriffen, um die Papageien zu schützen?	Die Lufthansa transportiert keine wild gefangenen Vögel mehr (Z. 15–16). Außerdem überlegen Deutschland und die USA, ein generelles Transportverbot wild lebender Vögel zu erlassen (Z. 18–19).
Welche Alternative gibt es zum Fangen und Handeln wild lebender Papageien?	Das Züchten von bereits in Gefangenschaft lebenden Vögeln stellt eine Alternative dar (Z. 19–22).

Aufgabe 4–6
S. 161

Folgende Fehler enthält die Zusammenfassung im Vergleich mit dem Text von Petra Deimer, die die Schüler verbessern müssten:

- „Australien" (Z. 4) → „Europa" (Z. 8)
- „ ...sterben oft schon beim Fang." (Z. 5) → „ ...sterben oft schon beim Fang und während des Transports" (Z. 13–14)
- „Die deutschen Fluggesellschaften transportieren deshalb seit 1995 ..." (Z. 6) → „ [D]ie deutsche Lufthansa" (Z. 16) transportiert „seit 1991" (Z. 6) ...
- „Deshalb wollen England und Deutschland ..." (Z. 8) → „Deshalb [wollen] die USA und Deutschland ..." (Z. 18)
- „Allerdings gibt es keine Möglichkeit, Papageien auch in Gefangenschaft zu züchten." (Z. 9–10) → „Schließlich gibt es genug Möglichkeiten, schon in der Gefangenschaft lebende Vögel zu züchten" (Z. 19–20)

Die Schüler sollen beim zweiten Schreibauftrag von Aufgabe 6 auf die Informationen des Sachtextes von Petra Deimer zurückgreifen und sich mit ihnen auseinandersetzen, indem sie selbst einen informativ-appellativen Text in Form eines Schülerzeitungsartikels verfassen. Möglicherweise sollte vorab geklärt werden, welche inhaltlichen, formalen und sprachlichen Anforderungen dabei zu beachten sind.

4. „Gedankenlandkarten" schaffen Ordnung – eine Mindmap erstellen (S. 162–164)

Aufgaben 1–2
S. 162

In einer Mindmap werden die wichtigsten Aussagen rund um das im Zentrum stehende Thema des Textes (Kreis) notiert. Die Begriffe werden dabei hierarchisch angeordnet (zentraler Begriff, Astbegriffe, Zweigbegriffe ...). Übergeordnete Aussagen stehen in Kästen, die jeweils mit dem Zentrum verbunden sind. Darunter werden die entsprechenden Informationen aufgelistet.
In diesem Beispiel lautet das zentrale Thema „Der Graupapagei", dem übergeordnete Begriffe wie Fähigkeiten, Aussehen, Herkunft etc. zugeordnet werden. Weitere Aussagen differenzieren diese Begriffe dann.

Aufgabe 3
S. 162

Eine vervollständigte Mindmap kann so, wie hier abgebildet, als Tafelbild oder sukzessive auf Folie erstellt werden.

Tafelbild

Graupapageien, sprechendes Federvieh – eine Mindmap erstellen

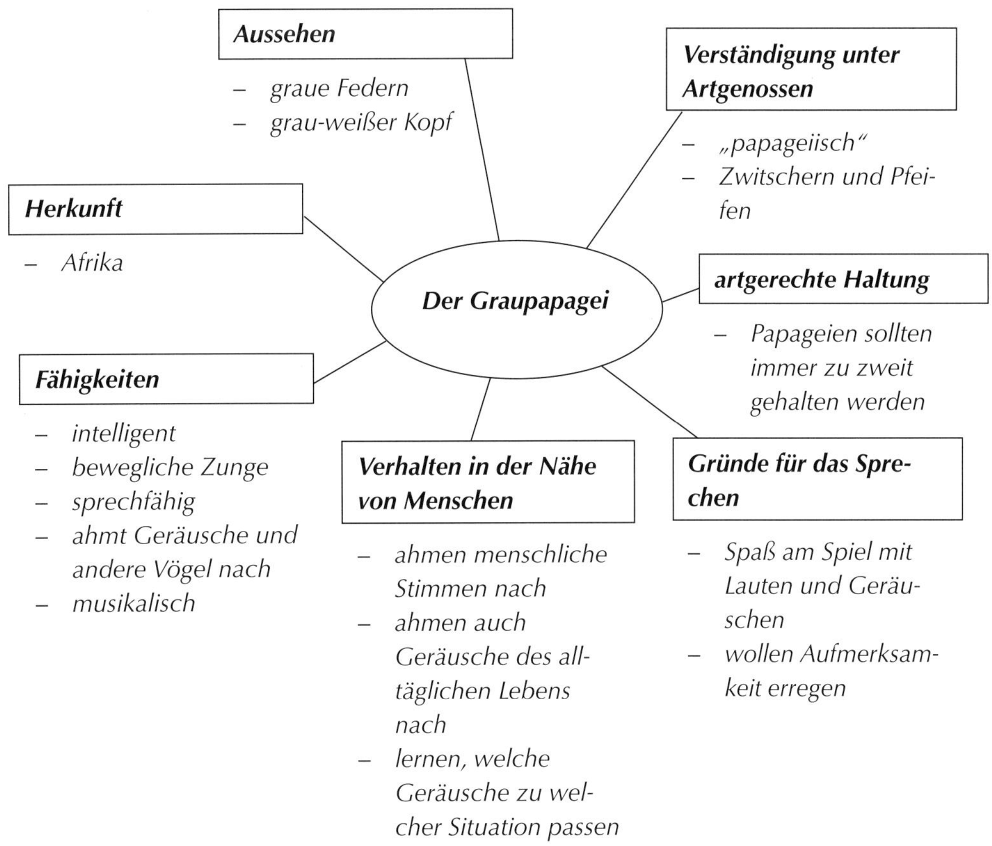

Aufgabe 4
S. 163

Die Systematik, welche zuvor eingeführt wurde, wird hier übernommen. So steht in der Mitte das zentrale Thema des Textes in einem Kreis, während – gemäß der hierarchischen Anordnung – um diesen herum weitere Begriffe in Kästen stehen. Inhaltlich unterscheidet sich diese Mindmap jedoch, da diesmal keine thematischen Oberbegriffe verwendet wurden, sondern als Ordnungskriterium die Zeit zugrunde gelegt worden ist (Frühzeit bis Gegenwart).

Aufgabe 5
S. 163

Auch diese Mindmap lässt sich in der hier gezeigten vervollständigten Form als Tafelbild oder als Folie entwickeln.

Tafelbild

Petra Deimer: Der Papagei und die Menschen – eine Mindmap erstellen

Der Papagei und die Menschen

vor 2000 Jahren
- *erste Papageien kommen nach Europa*
- *Steuermann aus der Flotte Alexander des Großen brachte sie aus Indien mit*
- *die Vögel wurden auch im alten Rom gehalten*

Mittelalter
- *aufblühender Handel*
- *viele Papageien kommen aus fernen Ländern nach Europa*
- *sie kommen auch nach Deutschland*
- *die Exoten konnten sich nur Reiche und Könige leisten*

Frühzeit
- *Ureinwohner auf der ganzen Welt hielten Papageien als zahme Haustiere*
- *Fleisch als Zaubermittel*
- *Federn als Schmuck*

1934
- *strenge Einfuhrverbote stoppen Handel*
- *Grund war die Papageienkrankheit*

Gegenwart
- *Bemühungen, den Handel wildlebender Papageien einzudämmen*
- *viele Arten sind vom Aussterben bedroht*
- *Grund hierfür sind die Umweltzerstörung und der blühende Tierhandel*

Aufgabe 6
S. 164

In Aufgabe a) erhalten die Schüler die Gelegenheit, an ihnen bekannten Texten das Erstellen einer Mindmap vertiefend zu üben. Folgende der angebotenen Bezeichnungen der Einzelthemen sind nicht sinnvoll: *(3) Papageien und Klimawandel, (5) Papageien und Wilderei.*
Aufgabe b) ist eine erste Übung zum Halten von Kurzvorträgen. Wichtig ist dabei, dass die Schüler nachdrücklich darauf hingewiesen werden, dass sie die Stichworte nicht einfach von der Mindmap ablesen dürfen. Sie müssen stattdessen üben, die jeweiligen in der Mindmap visualisierten Zusammenhänge in vollständigen Sätzen erklären.

5. Der Judogruß – den Umgang mit Sachtexten üben (S. 165–166)

In Partnerarbeit oder in kleinen Gruppen können die Schüler in diesem Teilkapitel das bisher zur Sachtextanalyse und zur Erstellung von Mindmaps Gelernte an einem neuen Beispiel vertiefend und selbstständig üben.
Vor der eigentlichen Textarbeit könnten sich schwächere Schüler die Überschrift und die Abbildungen ansehen und sich darüber austauschen, was sie ihnen darüber entnehmen können, welche Informationen der Text enthält. Auch könnten diese Schüler den Text anschließend eine Minute überfliegend lesen und dann zusammentragen, wovon der Text handelt.

Aufgabe 1
S. 166

Der Text kann etwa wie folgt gegliedert und mit den entsprechenden Überschriften und Randnotizen versehen werden:

Höflichkeitsformen beim Judo (Z. 1–5)	• Höflichkeit, Fairness und Respekt sind sehr wichtig. • Ausgedrückt wird dies durch die begrüßende Verbeugung.
Allgemeine Regeln bei der Begrüßung (Z. 6–14)	• Verbeugung im Stand oder Kniesitz • Blickkontakt zum Gegenüber darf nicht unterbrochen werden. • Sie ist Ausdruck von Respekt. • Sie sollte ernsthaft ausgeführt werden.
Die erste Form der Begrüßung (Z. 15–21)	• Verbeugung im Stand • Grundstellung (Füße schulterbreit auseinander) • Oberkörper leicht nach vorne gebeugt, Arme und Hände dicht am Körper, Hände gleiten auf die Oberschenkel
Die zweite Form der Begrüßung (Z. 22–26)	• Verbeugung im Kniesitz • Oberkörper nach vorne gebeugt, Hände flach auf der Matte, Kopf berührt die Matte nicht
Die Anwendung im Training (Z. 27–35)	• Begrüßung erfolgt zu Anfang und Ende eines jeden Trainings • Schüler sitzen Trainer gegenüber • Ruhephase, die durch den Ruf „Mokuso" eingeleitet und durch den Ruf „Rei" beendet wird. • das Kommando gibt der ranghöchste Schüler • Ruhephase dient der Konzentration

Aufgabe 2
S. 166

Eine Mindmap zu dem Text von Bernd Linn, mit deren Hilfe die Schüler sich die Informationen, die in dem Text gegeben werden, in Form eines Kurzvortrags vorstellen können, könnte so aussehen:

Tafelbild

Bernd Linn: Der Gruß beim Judo – eine Mindmap erstellen

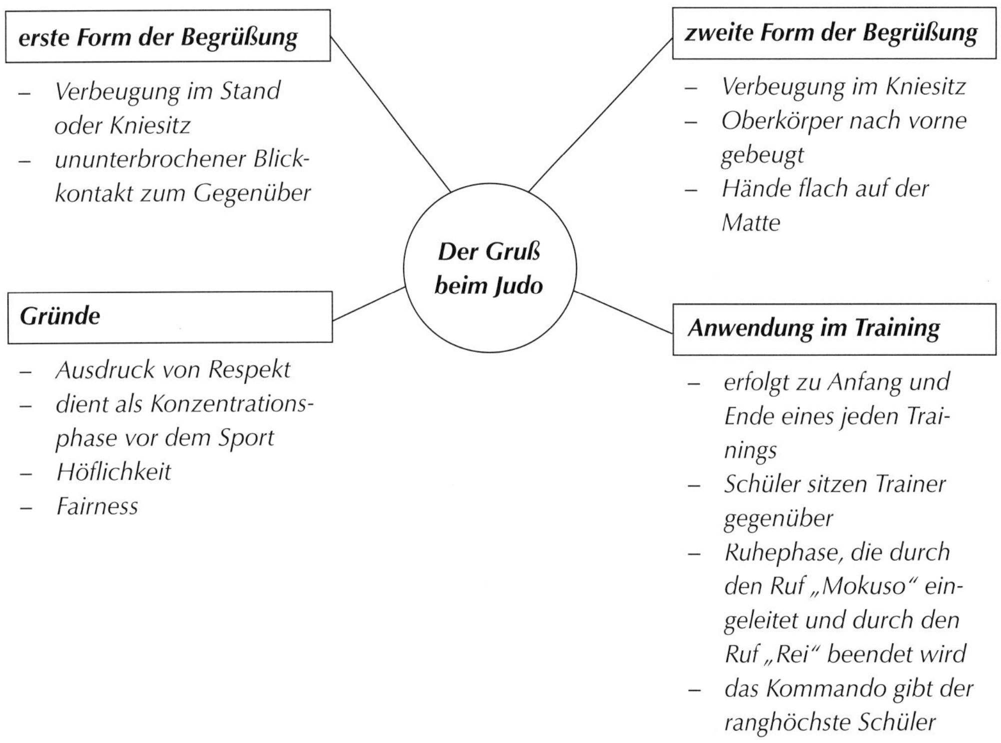

Aufgabe 3
S. 166

Die Schüler sollen vor dem Hintergrund der zuvor erstellten Mindmap einen Kurzvortrag zum Thema halten. Dieser sollte jedoch im Unterricht oder zu Hause kurz vorbereitet werden, damit ein reines Vorlesen der Stichworte verhindert wird. Wichtig ist, dass die Schülerinnen und Schüler die Informationen sinnvoll verknüpfen, sodass der Vortrag stringent und strukturiert abläuft.

6. „In meinem Vortrag geht es um ..." – einen Kurzvortrag halten (S. 167–168)

Aufgabe 1
S. 167

Der Einstieg in die Erarbeitung dieses Kapitels kann über eine genaue Beschreibung der Fotos erfolgen. Beide Schüler sind offensichtlich gut vorbereitet und versuchen, ihren Vortrag zu strukturieren und interessant zu gestalten, indem sie entweder Karteikarten angelegt haben (Tanja) oder eine Mindmap mit dem Overheadprojektor visualisieren (Alex).

Aufgabe 2
S. 167

Die Diskussion über die abgedruckten Aussagen bereiten das Aufstellen von grundlegenden Regeln, was das Halten von Vorträgen angeht, vor. Dazu ist es sinnvoll, die Aussagen zunächst zu prüfen. Dabei werden folgende Ergebnisse erwartet:

Aussage falsch/richtig?	**Begründung**
a) falsch	Ein zu schnelles Sprechen erschwert das Zuhören, sodass die Rezipienten unkonzentriert werden.
b) richtig	Das Üben eines Vortrags vor anderen ermöglicht es, Fehler zu vermeiden. Nach einer Rückmeldung können auch Verbesserungsvorschläge umgesetzt werden.
c) richtig	Karteikarten, auf denen bloß Stichpunkte notiert sind, vermitteln zum einen Sicherheit, da man sich stets an ein inhaltliches Grundgerüst halten kann. Zum anderen verhindern sie aber auch ein reines Vorlesen, sodass der Vortrag flüssiger und freier wird.
d) falsch	Zusätzliche Medien gestalten einen Vortrag anschaulicher und interessanter. Das Zuhören und Mitdenken wird so erleichtert.
e) falsch	Die Zuhörer müssen zunächst über das Thema und die Vorgehensweise des Referenten bzw. der Referentin informiert werden, damit sie sich auf den Vortrag einstellen können. Ein solches Grundgerüst erleichtert das Verfolgen eines Vortrags.
f) falsch	Der Blickkontakt zu den Zuhörern ist wichtig, da diese so aufmerksam bleiben und sich angesprochen fühlen.
g) richtig	Eine freie Vortragsweise erleichtert das Zuhören und macht den Vortrag insgesamt interessanter.
h) richtig	Strukturbilder, die den Vortrag unterstützen, erleichtern das Zuhören und Mitdenken des Publikums.

Aufgabe 3
S. 168

Auf der Basis dieser Erkenntnisse können im Anschluss folgende Regeln aufgestellt und visualisiert werden. Dies kann entweder über ein Tafelbild oder ein Plakat, welches für alle sichtbar im Klassenraum aufgehängt wird, erfolgen.

Tafelbild

Einen Kurzvortrag halten – darauf musst du achten:

Damit der Vortrag gelingt, solltest du

- *das Thema eingrenzen,*
- *ihn vorher vor anderen üben,*
- *dir kurze Notizen auf Karteikarten machen,*
- *zuerst einmal das Thema und die Vorgehensweise nennen,*
- *zusätzliche Medien (z. B. Folien oder Plakate) benutzen,*
- *ihn durch Schaubilder, einen Tafelanschrieb oder eine Mindmap unterstützen,*
- *am Ende noch einmal eine sehr kurze Zusammenfassung bieten,*
- *als Überprüfung, ob alle zugehört haben, ein Quiz vorbereiten.*

Dabei solltest du

- *möglichst frei sprechen,*
- *ruhig und langsam vortragen,*
- *Blickkontakt mit den Zuhörern suchen,*
- *nicht zu lange reden.*

Mithilfe dieser Tipps sollen die Schüler einen eigenen Vortrag vorbereiten und ihr gelerntes Wissen anwenden und vertiefend festigen.
Das Kapitel „Jetzt wird es ernst – ein eigenes Thema in einem Kurzvortrag vorstellen" (S. 169) hilft den Schülern bei der Themenfindung und gibt ihnen wichtige Hinweise, wie sie ihren Kurzvortrag vorbereiten können.

Aufgabe 4
S. 168

Zuvor können sie das Halten von Kurzvorträgen auf der Grundlage der ihnen bekannten Sachtexte dieses Kapitels und der von ihnen dazu erstellten Mindmaps zum Thema „Papageien" üben (Aufgabe a). Ohne eigene Recherche unter Einbeziehung von noch nicht bekannten Texten können sie auch einen Kurzvortrag zum Thema „Judo" entwickeln und halten (Aufgabe b).
Beide Aufgaben können auch Schülern gestellt werden, für die die Aufgabe, einen Kurzvortrag zu einem eigenem Thema zu entwickeln, eine Überforderung darstellt.

Alles klar? – Wiederholen, üben und überprüfen (S. 170–171)

Aufgaben 1–2
S. 170

Der Sachtext kann wie folgt zunächst in Sinnabschnitte gegliedert und anschließend bearbeitet werden:

Sinnabschnitt	Überschrift
Z. 1–7	Herkunft und Schwerpunkt des Judos
Z. 8–12	Gegner beim Judo
Z. 13–20	Die Geschichte des Judos

Moritz Buchholz **Judo**	
Judo ist ein Zweikampf- und Selbstverteidigungssport. Es kommt aus Japan und stammt vom Kampfsport „Ju-Jutsu“ ab. Der Schwerpunkt des Judos ist der Nahkampf. Man versucht beim Judo, das Gleichgewicht des Gegners zu brechen und ihn durch Würfe auf die Matte zu bringen.	**Herkunft und Schwerpunkt des Judos** • Zweikampf- und Selbstverteidigungssport • Nahkampf • kommt aus Japan • stammt vom „Ju-Jutsu“ ab • man versucht, das Gleichgewicht des Gegners zu brechen
Die Person, die wirft, wird „Tori“ genannt. Er wirft den sogenannten „Uke“ (auf Deutsch: „der **Geworfene**“). Beim Judo hat man Respekt vor seinem Partner – besonders gegenüber dem „Uke“. Der Tori – also der Werfer – muss immer dafür Sorge tragen, dass er dem „Uke“ bei Übungen oder im Kampf nicht wehtut und er ihn höflich behandelt.	**Gegner beim Judo** • es stehen sich zwei Gegner gegenüber • Werfer wird „Tori“ genannt • der Geworfene wird „Uke“ genannt • man zeigt einander Respekt und verletzt sich nicht
Judo wurde entwickelt, weil zum Schutz des Kaisers keine Waffen gebraucht werden durften. Judo heißt so viel wie: „Der sanfte Weg“. Es wurde von Sensei Jigiro Kano (1860–1938) erfunden, der 1938 starb, als er auf der Rückreise von Amerika war. Dort wollte er beim Olympischen Komitee durchsetzen, dass Judo olympische Disziplin wird. Dies hat er während seines Amerikaaufenthalts auch geschafft. Der erste Judoverein wurde zwanzig Jahre zuvor, 1918, von Gunji Koizumi in London gegründet. In Deutschland gibt es Judo seit 50 Jahren. Die erste Europameisterschaft fand 1951 statt und die erste Weltmeisterschaft 1956. (nach: www.kinder-hd-uni.de/sport/sport11.html)	**Die Geschichte des Judos** • wurde zum Schutz des Kaisers entwickelt, weil dieser ohne Waffen beschützt werden musste • Erfinder: Jigiro Kano (1860–1938) • dieser setzte durch, dass Judo ab 1938 olympisch ist • 1918 wurde der erste Judoverein in London gegründet • in Deutschland gibt es Judo seit 50 Jahren • erste Europameisterschaft: 1951 • erste Weltmeisterschaft: 1956

Mithilfe der oben stehenden Randnotizen lässt sich eine Mindmap erstellen. Hierzu wird als zentrales Thema die Sportart „Judo“ gewählt und eingekreist. Um das Zentrum herum werden die Oberbegriffe „Schwerpunkt des Judos“, „Herkunft des Judos“, „Gegner beim Judo“ und „Die Geschichte des Judos“ gesetzt und mit den entsprechenden Notizen erweitert.

Aufgabe 3
S. 170

Die Notizen über die Fähigkeiten der Sinnesorgane von Papageien können in folgender Mindmap festgehalten werden:

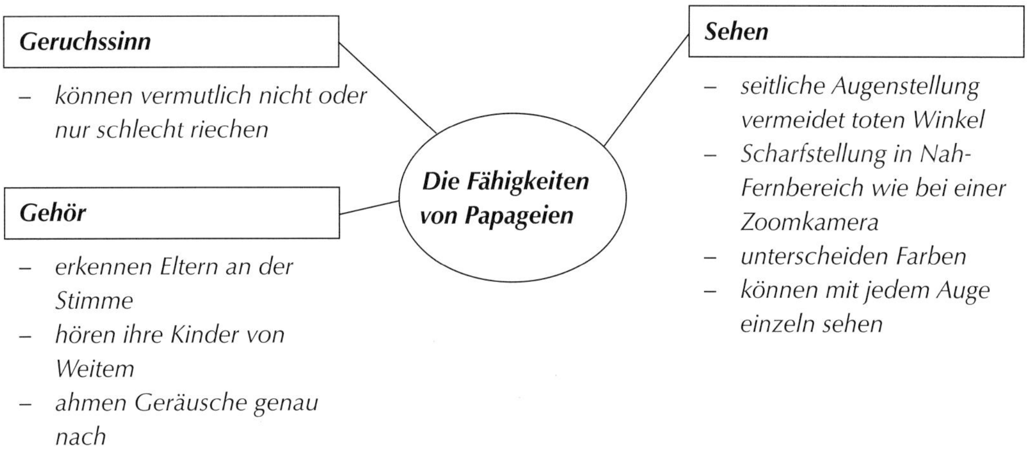

Aufgabe 4
S. 171

Mithilfe dieser Aufgabe sollen die Schüler bereits Gelerntes reflektieren und strukturieren, indem sie das Vorbereiten und Halten eines Kurzvortrags anhand der Bilder rekonstruieren. Folgende Reihenfolge ist dabei sinnvoll:

Bildnummer	Beschreibung der Tätigkeiten und des Arbeitsschrittes
3 und 5	Recherchieren in der Bibliothek und am Computer
4	Auswahl geeigneter Sachtexte
2	Exzerpieren der Sachtexte (Wichtiges herausarbeiten)
1	Halten des mündlichen Vortrags

Wir erzählen (S. 172–189)

Vorüberlegungen zur Einheit

Das Erzählen ist in allen Bundesländern ein unterrichtlicher Schwerpunkt der Jahrgangsstufen 5 und 6. Es verlangt von den Schülern, Sachverhalte, Geschehnisse und Erlebnisse verständlich und zusammenhängend darzustellen. Dabei kommt den sprachlichen Aspekten eine besondere Bedeutung zu. Als Erzähler sprechen die Schüler nicht direkt mit anderen, sondern zu einem „fiktiven" Zuhörer. Dies erfordert, dass sie das von ihnen Erzählte so darstellen müssen, dass andere es nachvollziehen und mit- bzw. nacherleben können. In diesem Kapitel lernen die Schüler dazu den **Aufbau einer Erzählung** zu beachten und Mittel kennen, um eine Erzählung interessant, lebendig und anschaulich zu gestalten.
Im **ersten Modul der Einheit (S. 174–175)** geht es um das **mündliche Erzählen** von eigenen Erlebnissen und von Fantasiegeschichten nach Vorgaben. Die Schüler üben in diesem Zusammenhang, die Reihenfolge der Erzählschritte mithilfe eines Stichwortzettels zu planen und beim Erzählen zu beachten.
Als Nächstes untersuchen die Schüler den **Aufbau einer Erzählung (S. 176–178)**. Sie lernen dabei die einzelnen Bausteine (Einleitung, Hauptteil, Schluss) einer Erzählung und ihre Funktionen und Inhalte kennen.
Dieses Wissen können die Schüler anwenden, indem sie im **dritten Teilkapitel (S. 179–181)** den Handlungsverlauf einer Bilderfolge wiederherstellen und mithilfe einer Spannungskurve darstellen. Weiter lernen sie hier, den Erzählanfang zu gestalten. Dabei wird ihnen verdeutlicht, dass die Wahl der Erzählperspektive und der Erzählform besonders wichtig für eine Erzählung ist.
In dem **vierten Teilkapitel (S. 182–185)** wird der Einsatz von Mitteln geübt, mit denen man eine Erzählung interessant, anschaulich und spannend gestalten kann. Dabei steht die Wiedergabe der wörtlichen Rede und der Gefühle und Gedanken der Figuren im Vordergrund. Die Schüler üben aber auch, ihre Erzählungen durch den Einsatz von sprachlichen Mitteln wie eingeschobenen Fragen und Ausrufen, Zeitangaben oder anschaulichen Verben und Adjektiven interessanter zu gestalten.
Am Ende der Einheit werden den Schülern im **fünften Teilkapitel (S. 186–187)** Erzählanlässe und -ideen angeboten, die ihnen ermöglichen, eigene Erzählungen zu schreiben.
Im **letzten Teilkapitel** „Alles klar? – Wiederholen, üben und überprüfen" (S. 188–189) können die Schüler selbstständig die in dieser Einheit erworbenen Kompetenzen zum Erzählen vertiefend üben.
Methodisch liegt in dieser Einheit ein Schwerpunkt darauf, vorgegebene Erzählanfänge, Erzählungen oder Auszüge aus Erzählungen (z. B. fiktive Schülertexte) zu überarbeiten und zu verbessern.

Folgende zentrale Kompetenzen werden in diesem Kapitel geschult. Die Schüler
- erzählen eigene Erlebnisse und Erfahrungen sowie Geschichten anschaulich und lebendig,
- lernen Gestaltungsmittel kennen und anzuwenden, um eine Erzählung interessant, anschaulich und spannend zu gestalten,
- wenden elementare Methoden der Textplanung, -formulierung und -überarbeitung an,
- lernen Erzählungen sinnvoll aufzubauen und zu gestalten und

- verfassen Geschichten nach Vorlagen und wenden dabei in Ansätzen Erzähltechniken wie Festlegung der Erzählperspektive oder Gestaltung von Dialogen an.

Der Einstieg in die Einheit geschieht über die **Auftaktdoppelseite (S. 172–173)**. Die Schüler sollen hier Bilder, die den Zusammenhang des Erzählens mit ihrer Lebenswelt oder der von Menschen überhaupt verdeutlichen, beschreiben. Anschließend können sie zu den verschiedenen Situationen auf den Bildern, in denen erzählt wird, kleinere szenische Spiele entwickeln, einüben und vorführen.

Didaktische Aufbereitung der Unterkapitel

1. Immer der Reihe nach – mündlich erzählen (S. 174–175)

Die Schüler lernen, einen Stichwortzettel anzulegen und diesen als Hilfe zum freien Erzählen zu benutzen. Dazu machen sie sich anhand einer Überarbeitung eines Erzählbeispiels bewusst, dass eine Erzählung aus verschiedenen Erzählschritten besteht, die dem Zuhörer geordnet dargelegt werden müssen. Sie üben anschließend das Anlegen eines Stichwortzettels, indem sie eine angefangene Auflistung vervollständigen. Danach fertigen sie eigene Stichwortzettel an.

Aufgaben 1–2
S. 174

Der Text sollte vom Lehrer präsentiert werden, um die Aufregung des Erzählers zu verdeutlichen. Die Schüler werden feststellen, dass die Reihenfolge der Handlung durcheinandergeraten ist. Ein aufmerksamer Zuhörer bekommt zwar mit, dass Alexander sein Geld verloren und ein Hund seine Geldbörse gefunden hat, er kann aber nicht verstehen, wie es sich im Einzelnen zugetragen hat, da bestimmte Dinge nicht erklärt werden und die Chronologie der Handlung nicht zu passen scheint.
Im Anschluss soll dieser erste Eindruck differenziert am Text belegt werden. Dazu können folgende Textstellen genannt und die Auswahl kann folgendermaßen begründet werden:

Zeile	Begründung
Überschrift	– fehlt, wäre aber sinnvoll, um einen Einblick in die folgende Geschichte zu geben.
Zeile 1–2	– fehlende Einleitung, direkter Einstieg ins Geschehen – Der Text enthält sowohl die Informationen, dass ein Hund in der Geschichte eine Rolle spielt, als auch, dass der Protagonist sein Geld sucht. Der Zusammenhang bleibt aber unklar.
Zeile 3–4	– Die Zeitangabe wird mitten im Geschehen genannt, obwohl es sinnvoll ist, diese am Anfang zu nennen.
Zeile 2, 10 f., 12	– Die Wiederholung der Formulierung „alles Mögliche" wirkt sehr umgangssprachlich.
Zeile 9–10	– Die Geschichte wird in einem Nebensatz aufgelöst, sodass ihr die Spannung genommen wird. Zudem verwirrt diese Aussage, da weiterhin der Zusammenhang nicht geklärt ist.
Zeile 16–17	– Alexander berichtet, dass er zurück in den Supermarkt läuft, ohne dass der Zuhörer informiert wurde, dass er diesen überhaupt erst verlassen hat.

Zeile	Begründung
Ende	– Es wird nicht genau erzählt, wie die Geschichte ausgeht. Der Zuhörer muss sich dies selbst zusammenreimen.

→ Keine Überschrift
→ Fehlende Einleitung und kein auflösender Schluss
→ Alles wird durcheinander erzählt (Auftauchen des Hundes, die Zeit, der Auftrag der Mutter, die Situation an der Kasse).
→ fehlende Chronologie

Aufgaben 3–5
S. 174–175

Die Schüler übernehmen den angefangenen Stichwortzettel von S. 174 in ihr Heft und vervollständigen ihn. Im Klassengespräch können dazu vorher Vorschläge gesammelt werden. Ein vollständiger Stichwortzettel könnte so aussehen:

„Glück gehabt“
- letzte Sommerferien
- Besorgung für Mutter
- fast Ladenschluss
- ich hetzte zum Supermarkt
- dort besorgte ich schnell das Glas Majonäse
- vor der Kasse stellte ich fest, dass meine Geldbörse weg war
- die Schlange an der Kasse wurde immer kleiner
- hektische Suche nach dem Geld
- hörte, wie die Nachbarin draußen mit dem Hund schimpfte
- der Hund hielt meine Börse im Maul
- ich bekam meine Börse zum Glück zurück
- Belohnung für den Hund: eine Wurst gekauft
- erleichtert ging ich nach Hause

Anschließend vergleichen die Schüler in kleinen Gruppen (z. B. zu viert) ihre vervollständigten Stichwortzettel. Besonders gelungene wählen sie aus und stellen sie der Klasse vor. Einige Schüler können dann mithilfe der ausgewählten Stichwortzettel die Geschichte von Alexander neu erzählen. Die anderen stellen dann heraus, was sie verändert und gut verbessert haben.

Aufgabe 6
S. 175

Die Schüler erhalten jetzt die Gelegenheit, das mündliche Erzählen eigener Erlebnisse selbst zu üben. Sie wählen ein Erlebnis aus, zu dem sie erzählen wollen und legen sich einen Stichwortzettel zu ihrer Erzählung an. Damit alle Schülerinnen und Schüler die Gelegenheit erhalten, selbst zu erzählen, und um Exponierungsängsten entgegenzuwirken, findet die erste Erzählrunde zu zweit oder in kleineren Gruppen statt. Bei der zweiten Runde erzählen dann diejenigen Schüler vor der Klasse, deren Erzählungen von ihrem Nachbarn oder in den Gruppen als besonders gelungen empfunden worden sind. Bei der Auswertung tauschen sich die Schüler darüber aus, welche Erzählungen ihnen aus welchen Gründen besonders gefallen hat. Dabei sollten sie sich auf den Vortrag, den Inhalt und die Gestaltung beziehen. Die Ergebnisse dieses Gesprächs können z. B. in folgendem Tafelbild festgehalten werden:

Tafelbild

Erzähl doch mal ...

Eine mündliche Erzählung wirkt interessant, wenn der Erzähler ...

- *ein „besonderes" Ereignis erzählt,*
- *laut, deutlich und betont spricht,*
- *an den richtigen Stellen Pausen macht,*
- *Mimik (Gesichtsausdruck) und Gestik (z. B.: Bewegung von Armen und Händen) einsetzt,*
- *die Zuhörer ansieht und ihre Reaktionen beachtet,*
- *die Handlung genau darlegt,*
- *Gefühle und Gedanken der Personen erzählt,*
- *wörtliche Rede einbaut,*
- *Zeitangaben oder Spannungswörter gebraucht, wenn etwas Neues oder Besonderes passiert (z. B.: plötzlich, auf einmal, danach, ...).*

Aufgabe 7
S. 175

Auf der Basis der zuvor erarbeiteten Tipps zum interessanten Erzählen entwickeln die Schülerinnen und Schüler auf spielerische Art und Weise eigene Geschichten.
Die Aufgabe a) verlangt dabei zunächst das Erstellen eines strukturierten Stichwortzettels. So kann jeder Schüler kurz bewerten, ob der ihm vorliegende Stichwortzettel gelungen ist, nachdem er die Geschichte vorgetragen hat.
Wenn das mündliche Erzählen mithilfe von Stichwortzetteln über diese Übungen hinaus weiter vertieft werden soll, lässt sich ein kleines Märchenerzählprojekt durchführen. Die Lernenden erhalten den Auftrag, ein Märchen auszuwählen und es so vorzubereiten, dass sie es der Klasse mithilfe eines Stichwortzettels erzählen können. Dabei soll es sich um ein unbekanntes Märchen handeln. Der Lehrer kann entsprechende Märchenbücher oder Kopien mitbringen. In einer ersten Runde bilden die Schüler Kleingruppen. Sie erzählen sich gegenseitig ihre Märchen und wählen einen Erzähler für den Klassenwettbewerb aus. Die Gruppenvertreter erzählen dann vor der Klasse ihre Märchen.

Die Aufgabe b) stellt eher das freie mündliche Erzählen in den Mittelpunkt. Wenn die Klasse Freude am Erzählen von Kettengeschichten hat, kann man die Schüler auffordern, selbst Anfänge von Kettengeschichten zu erfinden, die dann mit der Klasse erzählt werden. Weitere mögliche Anfänge lauten wie folgt:

- Seit zwei Jahren arbeitete Tom bei Professor Einstein und half ihm bei seinen Experimenten. Der Professor entwickelte eine geheimnisvolle Medizin. Schon immer wollte Tom wissen, was es mit dem Wundermittel auf sich hatte. Heute war er das erste Mal alleine im Labor. Kurz entschlossen griff er zum Reagenzglas und trank die grüne Flüssigkeit ...
- Sabine und ihre Eltern verbrachten das Wochenende am Meer. Gelangweilt ging sie am Strand entlang, bis kein Mensch mehr zu sehen war. Da sah sie auf einmal einen seltsamen Gegenstand. Schnell lief sie hin. Es war ein Fass. Es klang hohl, wenn man daran klopfte. Vorsichtig öffnete das Mädchen den Deckel ...
- Paul streifte durch den Wald. „Seltsam", dachte er, „wie kommt denn der Luftballon hierher?" Er hob ihn auf und entdeckte, dass eine Postkarte daran befestigt war. Neugierig drehte er die Karte um und las ...

2. Einleitung, Höhepunkt, Schluss – den Aufbau einer Erzählung erkennen (S. 176–178)

Aufgabe 1
S. 177

Folgende Reihenfolge ist richtig:

Absatz	Funktion
4. Absatz („Ich konnte es einfach nicht mehr aushalten ...")	= Einleitung
3. Absatz („Ich huschte leise die Kellertreppe herab ...")	= Hauptteil/Spannungssteigerung
2. Absatz („Plötzlich hielt mir die Gestalt ...")	= Hauptteil/Höhepunkt
1. Absatz („Jetzt erkannte ich meinen Vater ...")	= Schluss

Aufgabe 2
S. 177

Folgende Überschriften können entwickelt werden, wobei die Nummerierung der Absätze aus der vorhergehenden Aufgabe übernommen wurde:

Absatz	Überschrift
4. Absatz	Neugierig auf die Geburtstagsgeschenke
3. Absatz	Eine unheimliche Gestalt im Keller
2. Absatz	Erwischt!
1. Absatz	Große Erleichterung

Aufgabe 3
S. 177

Die Schüler ordnen die vier Abschnitte der Erzählung den Teilen Einleitung, Hauptteil und Schluss zu. Dabei begründen sie diese Zuordnung. Die Ergebnisse dieser Gesprächsphase lassen sich so zusammenfassen:

Einleitung = Abschnitt 4
– kurze Einführung in die Situation des Ich-Erzählers (Geburtstag steht bevor; Neugierde; Wissen um das Versteck der Geschenke) – Beginn der eigentlichen Handlung (Herausschleichen aus dem Zimmer) – Wecken der Neugierde des Lesers (Wohin schleicht der Ich-Erzähler nachts?)
Hauptteil mit Spannungssteigerung (= Abschnitte 3) und Höhepunkt (= Abschnitt 2)
– genaues Erzählen der eigentlichen Handlung – Spannungssteigerung (Herunterschleichen in den Keller, wachsende Angst des Ich-Erzählers vor der Gestalt) – Höhepunkt (überraschende Begegnung mit dem Vater)
Schluss = Abschnitt 1
– kurzer Abschluss der Handlung – Auflösung der Spannung (der Vater ist verständnisvoll)

Aufgabe 4
S. 177

Anschließend stellen die Schüler den Handlungs- und Spannungsverlauf der Erzählung in einem Schaubild in Form einer Spannungskurve dar. Eine mögliche Spannungskurve kann so aussehen:

Eine unheimliche Begegnung – den Aufbau einer Erzählung untersuchen

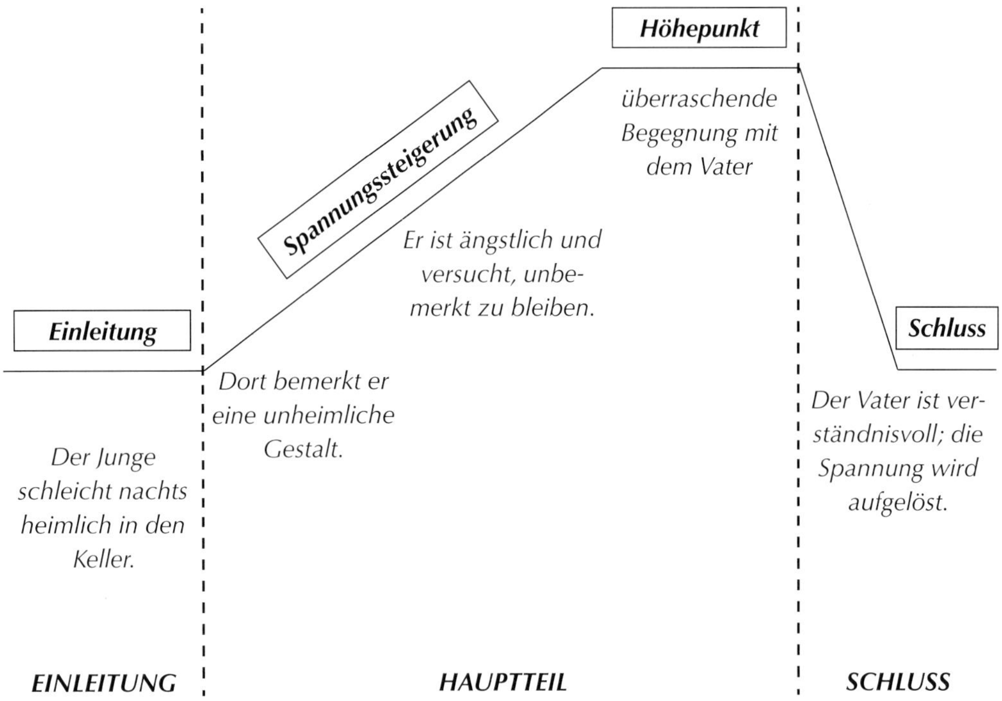

Aufgabe 5
S. 178

Folgende spannungserzeugende Mittel und Textstellen können besprochen werden:

- anschauliche Beschreibungen, welche die Angst des Ich-Erzählers indirekt verdeutlichen (z. B.: „Mein Herz schlug bis zum Hals“ oder „meine Hände waren schweißnass“)
- Bewegungsverben, die auf die Gefährlichkeit der Situation hinweisen (z. B.: „huschte“, „tastete“ oder „presste“)
- anschauliche Beschreibung der Umgebung, von Gegenständen oder von Personen, welche die Unheimlichkeit der Situation verstärken (z. B.: „Schwach leuchtende Lampe“, „Schatten einer riesigen Gestalt“, „kalte Kellerwand“, und „gleißendes Licht“)
- Gedanken und Fragen des Ich-Erzählers, welche die Handlung verzögern und so die Spannung steigern (z. B.: „Wer war das?“ oder „‚Jetzt nur keine Geräusche machen‘, dachte ich“)

Aufgabe 6
S. 178

Die Schüler können hier noch einmal üben, die einzelnen Teile einer Erzählung und ihren Aufbau zu erkennen. Sie lesen die Lernbox auf dieser Seite und ordnen die vier Abschnitte der Erzählung „Der Sprung in die Tiefe“ den einzelnen Teilen einer Erzählung zu. Dabei kommen sie zu folgendem Ergebnis:

Einleitung = Abschnitt 4

Hauptteil mit Spannungssteigerung und Höhepunkt = Abschnitt 3 und 2

Schluss = Abschnitt 1

3. Ein Hamster in Not – zu einer Bildergeschichte erzählen (S. 179–181)

Aufgaben 1–2
S. 179

In der folgenden Tabelle wird die richtige Reihenfolge der Bilder, denen eine Überschrift und die Funktion zugeteilt worden ist, gezeigt:

Bild	Überschrift (Inhalt)	Funktion im Handlungsverlauf
D	Hamster verschwindet im Abflussrohr	Einleitung
B	Trauer über den Verlust des Hamsters	Spannungssteigerung
F	Rettungsversuch des Vaters	
C	Hamster bleibt verschwunden	
E	Überraschendes Wiedersehen	Höhepunkt
A	Große Wiedersehensfreude	Schluss

Aufgaben 1–2
S. 181

Nach dem offenen Austausch in Form eines Klassengesprächs erfolgt eine genauere Analyse der beiden Erzählanfänge. Die Schüler sollen folgende Punkte herausarbeiten und an entsprechenden Textstellen belegen:

- In beiden Erzählanfängen wird aus der Sicht der Tochter erzählt (Perspektive einer am Geschehen beteiligten Figur + Ich-Form).
- Die Fragen Wer?, Wo?, Wann? und Was? werden in beiden Erzählanfängen einleitend geklärt.
- Der erste Erzählanfang wirkt anschaulicher und interessanter. Im zweiten Text wird linear und eher sachlich-berichtend erzählt. Der erste Erzählanfang weckt durch Vorausdeutungen, anschauliche Beschreibungen, Fragen und Gedanken der Ich-Erzählerin, wörtliche Rede, abwechslungsreiche Wortwahl und Zeitangaben das Interesse des Lesers.

4. Tipps aus der Erzählwerkstatt – interessant erzählen (S. 182–185)

Lass die Figuren sprechen! – Mit wörtlicher Rede lebendig erzählen (S. 182–183)

Aufgabe 1
S. 182

Die verschiedenen Erzählideen sollen möglichst genau ausgeführt werden, damit die Schüler konkrete Vorstellungen zum Schreiben einer eigenen Geschichte erhalten.

Aufgabe 2
S. 182

Das erste Schülerbeispiel beschränkt sich auf die äußere Handlung. Innere Handlung, wörtliche Rede und anschauliche und spannende Passagen fehlen. Die Schüler können hier noch einmal ihr bisher erworbenes Wissen über die Mittel, eine Erzählung interessant zu gestalten, an dem Beispiel anwenden. Folgende Verbesserungsvorschläge sollten die Schüler nennen:

- Die Wiedergabe der wörtlichen Rede würde die Erzählung anschaulicher machen.
- Den Leser interessieren Ulis Gefühle (Aufregung, als der Postbote klingelt; Überraschung und Verwunderung über das Geschenk; anschließende Ratlosigkeit; ist Uli enttäuscht oder freudig?). Diese werden nicht wiedergegeben.
- Spannung erzeugende Wörter fehlen, sie sollten eingebaut werden (z. B.: „Endlich!/ Plötzlich klingelte es an der Tür.").

Aufgaben 3–4
S. 183

Der hier abgedruckte überarbeitete Erzählanfang von Hakan ist als gelungen zu bezeichnen, da er ...

- wörtliche Rede enthält,
- anschaulich und lebendig wirkt,
- die Gefühle des Protagonisten schildert,
- abwechslungsreiche Satzanfänge bietet und
- Spannung erregt.

Die Wirkung der wörtlichen Rede kann durch ein eingeübtes szenisches Lesen verdeutlicht werden. Hierzu erhalten einige Schüler die Aufgabe, den zweiten Erzählanfang in kleinen Gruppen mit verteilten Rollen gestaltend vorzulesen, wobei einer die wörtliche Rede des Jungen und ein weiterer den Text des Erzählers übernimmt. Vergleichend kann auch der erste Erzählanfang eingeübt werden. Anschließend erfolgen ein Vergleich der beiden Erzählanfänge und die Beurteilung der wörtlichen Rede, wobei deutlich werden sollte, dass der erste Erzählanfang eher sachlich berichtend wirkt, während der andere lebendig und anschaulich gestaltet ist.

Aufgabe 5
S. 183

Bei der Überarbeitung des Restes von Hakans Erzählanfang von S. 182 sollten die Schüler darauf hingewiesen werden, dass die Wiedergabe der wörtlichen Rede besonders wichtig ist. Eine Überarbeitung könnte wie folgt lauten:

> [...] Stolz zeigte Uli das Geschenk seinen Eltern. „Das ist für meine Naturkundesammlung", freute sich der Junge und zeigte auf das kleine Tier in dem Glas. „Was ist das denn für ein Tier?", fragte sein Vater. „Keine Ahnung", antwortete Uli, „ich werde morgen einfach meine Biologielehrerin fragen. Auf jeden Fall taufe ich mein neues Haustier auf den Namen Malwine."
> Am nächsten Morgen zeigte Uli seiner Biologielehrerin das Glas mit Malwine. „Was ist das für ein Tier?", fragte er sie. „Es sieht aus wie eine Kaulquappe. Es wird sicher bald ein Frosch daraus", antwortete sie.

Aufgabe 6
S. 183

Die Beurteilung der Fortsetzungen kann unter der Fragestellung erfolgen, inwieweit es dem jeweiligen Erzähler gelungen ist, sich an dem zweiten Erzählanfang zu orientieren, und ob der Text die zu Aufgabe 3 und 4 festgehaltenen Kriterien erfüllt.

Erzähle, was man nicht sieht! – Mithilfe von Gedanken und Gefühlen anschaulich erzählen (S. 183–185)

Aufgabe 1
S. 183

Die Schüler beschreiben das Bild und rekapitulieren, wie die Geschichte von Malwine und Uli (s. S. 182) weitergegangen ist. Dabei sollte ihnen deutlich werden, dass Malwine immer größer geworden ist und immer mehr Futter braucht. Sie konnte deshalb nirgends mehr im Haus gehalten werden, sondern musste in den Swimmingpool umgesiedelt werden. Diesen füllt sie aber auch schon fast völlig aus.

Aufgabe 1
S. 184

Auch dieses Schülerbeispiel erinnert eher an einen sachlichen Bericht als an eine spannende Erzählung. Der Schüler beschränkt sich ausschließlich auf die Wiedergabe der äußeren Handlung. Es fehlen u. a. wörtliche Rede, das Verdeutlichen von Gefühlen und anschauliche Umschreibungen. Dies soll von den Schülern erkannt und dann in Form von Verbesserungsvorschlägen festgehalten werden. Ansatzpunkte liefern dabei die Äußerungen der Schüler auf dem Foto, die vorschlagen, Ulis Gedanken wiederzugeben und die Handlung durch anschauliche Umschreibungen lebendiger zu gestalten.

Aufgaben 2–3
S. 184–185

Ausgehend von den zuvor erarbeiteten Verbesserungsvorschlägen und den noch zu erstellenden Formulierungen sollen die Schüler eine eigene Geschichte zu dem Bild schreiben. Dabei können folgende Formulierungen zu den jeweiligen Punkten hilfreich sein (schwächeren Schülern könnte diese Übersicht als Kopie ausgehändigt werden):

• **Redebeiträge während des Streits (Dialog)**	**Vater**	**Uli**
	„Uli, wir müssen Malwine in den Zoo bringen."	„Auf gar keinen Fall, ich gebe mein Haustier nicht weg!"
	„Aber sie ist einfach zu teuer, das kann ich mir nicht leisten."	„Ich verspreche dir auch, kein Taschengeld mehr zu verlangen."
	„Aber guck doch mal, Malwine ist zu groß für unser Haus."	„Das ist mir egal, Malwine und ich sind Freunde. Du kannst uns nicht trennen!"
	„Ich sehe schon, ihr seid unzertrennlich. Da bin ich wohl machtlos ..."	„Danke Papa!"
• **Ulis Gedanken, als er erfährt, dass Malwine in den Zoo soll**	– „Ich werde Malwine niemals weggeben!" – „Das kann Papa uns nicht antun!" – „Ich möchte gar nicht mehr ohne Malwine leben." – „Malwine ist doch wie eine Freundin für mich ..." – ...	
• **anschauliche Beschreibungen für Ulis Verzweiflung**	– er sackte in sich zusammen – er fühlte sich ohnmächtig – er kämpfte gegen die Tränen an – dicke Tränen kullerten ihm über die Wangen – seine Stimme wurde ganz brüchig – ...	
• **Nachgeben des Vaters**	**Redebeiträge**	**Umschreibungen**
	– „Ihr seid wirklich unzertrennlich." – „Gegen eure Freundschaft bin ich machtlos." – „Ich will dich ja auch nicht so traurig sehen." – „Eigentlich mag ich Malwine ja auch." – ...	– er seufzte – mitleidig sah er seinen Sohn an – er runzelte die Stirn und dachte nach – die Wut wich aus seinem Gesicht – er lächelte – ...
• **Ulis Erleichterung**	**Redebeiträge**	**Umschreibungen**
	– „Danke Papa!" – „Ich wusste, dass du sie auch nicht weggeben kannst." – „Jetzt können Malwine und ich für immer Freunde bleiben." – „Uns kann halt nichts trennen." – ...	– er hätte fast einen Luftsprung gemacht – sein Gesicht hellte auf und er lächelte – sein Herz machte einen Sprung – er fiel seinem Vater um den Hals – ...

Aufgabe 4
S. 185

Diese Aufgabe bietet die Möglichkeit der Binnendifferenzierung. Generell geht es darum, Erzählideen für weitere Geschichten über Uli und Malwine zu entwickeln. Dies sollte erst einmal in kleineren Gruppen geschehen. Die Art, wie die Ideen umgesetzt und vorgestellt werden können, ist variabel. So kann alternativ zu einem kurzen Vortrag auch eine Bildergeschichte erstellt werden. Aus den vorgestellten Erzählideen wählen die Schüler eine Erzählidee aus und gestalten sie zu einer eigenen Malwinegeschichte aus. Dabei sollten sie, soweit es ihnen jeweils möglich ist, die Mittel, die sie in dieser Einheit kennengelernt haben, um eine Erzählung interessant zu gestalten, einsetzen.

5. Geschichtenerfinder gesucht – zu Erzählideen und Erzählanlässen erzählen (S. 186–187)

Die Schüler erhalten hier vielfältige Schreibanregungen (Fantasiegeschichten, Bildergeschichten, Einzelbilder, Erzählanfänge), aus denen sie frei wählen können, um eigene Geschichte zu schreiben. Auch bei diesem freien Schreiben von Erzählungen sollten immer wieder Phasen eingeplant werden, in denen die Schüler ihre Entwürfe und Texte planen oder überarbeiten.

Alles klar? – Wiederholen, üben und überprüfen (S. 188–189)

Aufgabe 1
S. 188

Die zu erstellende Spannungskurve sollte sich an der Lernbox auf S. 180 und an folgender Tabelle orientieren. Sie zeigt die richtige Reihenfolge des Handlungsverlaufs und ordnet den einzelnen Abschnitten ihre Funktion zu.

Abschnitt	**Funktion**
D	Einleitung
B	Spannungssteigerung
A	Höhepunkt
C	Schluss

Aufgabe 2
S. 188

Die Abschnitte B (Spannungssteigerung) und A (Höhepunkt) sollten noch überarbeitet werden, indem
- wörtliche Rede eingebaut wird,
- die Gefühle des Protagonisten verdeutlicht werden,
- anschauliche Umschreibungen benutzt werden,
- Zeitangaben gemacht werden (z. B.: „plötzlich“, „auf einmal“, „jetzt“, ...),
- aussagekräftige Adjektive benutzt werden (z. B.: „glitschig“, „eisig“, ...),
- ausdrucksvolle Verben benutzt werden (z. B.: „brüllte“, „kreischte“, „schrie“, ...).

Die in dem Kasten stehenden Formulierungen sollten dabei als Hilfe genommen werden, müssen aber nicht alle verwendet werden.

Aufgabe 3
S. 189

Die Schüler können bei der Bearbeitung der Tabelle zu folgenden Ergebnissen kommen. Eventuell kann im Vorfeld Arbeitsblatt 9 an die Schüler verteilt werden.

	Empfindungen der Person	Gedanken in der Ich-Form	anschauliche Umschreibung
Bild 1	Freude über die gute Note	– „Gott sei Dank! Das ganze Üben hat sich gelohnt.“ – „Das hätte ich nie gedacht.“ – „Ich könnte die ganze Welt umarmen!“ – „Super! Jetzt kriege ich endlich das neue Fahrrad.“ – „Da wird sich Mama aber freuen.“ – …	– Sie hätte fast einen Luftsprung gemacht. – Für einen Moment stand ihr das Herz still. – Vor Freude kamen ihr fast die Tränen. – Ihr Herz hüpfte. Ihr Gesicht hellte sich auf und sie lächelte. – …
Bild 2	Angst vor dem Sprung	– „Das schaffe ich nie!“ – „Ich muss springen, sonst lachen die anderen mich aus.“ – „Nein! Ich traue mich niemals.“ – „Warum habe ich mich nur auf so etwas eingelassen? Was soll ich nun tun?“ – …	– Ihm zitterten die Knie. – Seine Hände waren schweißnass. – Er war wie gelähmt. – Ihm wurde schwarz vor Augen. – Seine Stimme versagte. – …
Bild 3	Traurigkeit/ Enttäuschung über das kaputte Schiff	– „Dafür habe ich ein Jahr lang gespart.“ – „Das darf doch nicht wahr sein!“ – „Das lässt sich bestimmt nicht mehr reparieren.“ – „Nein! Mein Lieblingsspielzeug!“ – …	– Mühsam unterdrückte er die Tränen. – Er sackte in sich zusammen. – Er schluchzte laut auf. – Seine Mundwinkel sanken nach unten. – Er stand da, starr wie eine Säule. – …

Aufgabe 4
S. 189

Die Schüler lesen die Erzählkerne, wählen einen aus und gestalten ihn zu einer Erzählung aus.
Um schwächeren Schülern die Ausgestaltung des Erzählkerns zu erleichtern, könnten zur Vorbereitung der Erzählungen die Schüler ihre Ergebnisse zu Aufgabe 3) in Partnerarbeit oder in Kleingruppen vergleichen. Es arbeiten immer die Schüler zusammen, die den gleichen Erzählkern ausgewählt haben. Dabei notiert sich z. B. jeder Schüler mithilfe von **Arbeitsblatt 6** (Materialienband, S. 119) zusätzlich zu den eigenen Aussagen Formulierungen der anderen, die er in seiner Erzählung später verarbeiten möchte.

Vorhang auf, Bühne frei! – Theater spielen (S. 190–205)

Vorüberlegungen zur Einheit

In dieser Einheit sollen vor allem die Freude am eigenen Sprechen, an Bewegung und am Theaterspielen im Vordergrund stehen. Die Einheit teilt sich in zwei Abschnitte. In den **ersten beiden Kapiteln (S. 192–198)** geht es noch nicht darum, ein Theaterstück einzuüben. Vielmehr werden Übungen zum Theaterspielen (Pantomimen, Zungenbrecher, Situationen frei spielen, eine Szene sinngestaltend sprechen) angeboten. Hierbei kann sich jeder Schüler einbringen und das eigene Spielen ausprobieren. Im **zweiten Abschnitt der Einheit, Kapitel 3 (S. 199–203),** können dann nach Textvorlagen Theaterstücke und Szenen eingeübt werden. Dabei werden die Textvorlagen und die Aufgaben immer komplexer. Die Einübung einer Aufführung von Hugo Balls Gedicht „Karawane" knüpft an die im ersten Abschnitt durchgeführten Übungen direkt an. Im Rahmen der Entwicklung von Spielszenen zu den Geschichten um den merkwürdigen Signor Veneranda lernen die Schüler, wie man eine Erzählung mithilfe eines Regiebuches in ein Theaterstück umschreibt. In diesem Zusammenhang lernen die Schülerinnen und Schüler auch schon einige zentrale dramentechnische Fachbegriffe wie z. B. Dialog oder Rolle kennen.

Zentrale Kompetenzen, die in dieser Einheit geschult werden, sind:

- deutlich, sinngestaltend und akzentuiert sprechen
- beim szenischen Spiel verbale und nonverbale Mittel bewusst einsetzen und deren Wirkung ausprobieren
- Textvorlagen umschreiben
- Dialoge und einfache Szenen untersuchen

Didaktische Aufbereitung der Unterkapitel

Der **Einstieg in die Einheit** geschieht über die **Auftaktdoppelseite (Aufgaben 1 u. 2, S. 190)**. Hier wird in die Thematik „Theaterspielen" eingeführt, indem verschiedene Arten des Theaters bildlich dargestellt werden: das Schülertheater, Kasperletheater, Marionettentheater, Pantomime, Puppentheater und Schattentheater. Die Bilder bieten den Schülerinnen und Schülern die Möglichkeit, sich über ihre bisherigen Erfahrungen mit dem Theaterspielen auszutauschen.

1. Ohne Worte – Gefühle und Situationen pantomimisch darstellen (S. 192–194)

Aufgabe 1
S. 192

Einführend sollen die Schüler die Bilder möglichst genau beschreiben. Anschließend äußern sie mögliche Gedanken und Gefühle der Kinder. Die Ergebnisse können dabei in folgendem Tafelbild festgehalten werden:

Tafelbild

Foto (v. l. n. r.)	*Gefühl*	*Merkmale*
Foto 1	*nachdenklich*	*geschlossene Augen, Kopf in die Hand gelegt, zusammengesunken*
Foto 2	*schmollend, bittend*	*vorgeschobene Lippen, nach oben gerichtete Augen*
Foto 3	*wütend*	*zusammengekniffener Mund, aufgeblähte Wangen, roter Kopf, starrer Blick*
Foto 4	*verschmitzt*	*schmaler Mund, zusammengekniffene Lippen, fragende Haltung des kleinen Fingers*

Aufgaben 2–8
S. 192–193

Die Aufgaben bieten viele Möglichkeiten, auf spielerische Weise Mimik, Gestik und Körperbewegungen als Ausdrucksmittel einzusetzen. Die einzelnen Übungen lassen sich leicht von den Schülerinnen und Schülern selbst ergänzen.
Als Übungsort kann der Klassenraum dienen. Ist aber daran gedacht, im Rahmen dieser Einheit ein Theaterstück auf einer Bühne zu spielen, sollten die Lernenden schon möglichst früh an diesen Spielort gewöhnt werden, sofern die organisatorischen Umstände dies zulassen.

Aufgabe 9
S. 193

Hier können die Schüler sich an die Infobox (S. 192) halten, wobei darauf zu achten ist, dass sie eine eigene Wortwahl benutzen. Je nach Lerngruppe kann auch das Wortspiel „Pantomime: Spiel ohne Worte – aber nicht ohne Sprache“ besprochen werden. Dabei soll der Blick auf den Begriff „Sprache“, der mehr umfasst als das Sprechen im engeren Sinne, gelenkt werden. Fasst man Sprache als Kommunikationsmittel auf, so sind Mimik und Gestik auch Elemente des Sprechens, die entweder selbstständig etwas zum Ausdruck bringen oder eine gesprochene Aussage unterstützen. Verdeutlicht werden kann dies z. B. mit einem Spiel: Hierzu müssen die Schüler Begriffe pantomimisch, also ohne Worte, „erklären“ (vgl. Aufgaben 5 und 8). So soll deutlich werden, dass das Einsetzen von Mimik und Gestik ebenfalls eine Form der Kommunikation und des Sprechens darstellt.

Aufgabe 10
S. 193

Auf der Grundlage ihrer Erfahrungen mit den verschiedenen Übungen führen die Schüler aus, dass Mimik und Gestik Emotionen transportieren und somit das szenische Spiel unterstützen. Dies ist auch eine Möglichkeit, Gefühle und Gedanken transparent zu machen, ohne diese z. B. in Form eines inneren Monologs konkret zu nennen. Diese Funktionsweisen machen Mimik und Gestik essenziell für das Theaterspiel.

2. Auf den Ton kommt es an – mit der Stimme spielen (S. 194–198)

Blaukraut bleibt Blaukraut ... – deutlich sprechen üben (S. 194–195)

Aufgabe 1
S. 194

Die Übung soll den Schülern eine Möglichkeit zeigen, wie sie ihre Stimme auflockern können, etwa vor Vorträgen oder Theaterauftritten. Sie kann am Anfang der jeweiligen Unterrichtsstunden oder möglicher Theaterproben durchgeführt werden.

Aufgaben 2–8
S. 94–95

Die Aufgaben verbinden das Üben des deutlichen und artikulierten Sprechens mit sprachspielerischen Elementen (Erfinden von Zungenbrechern). In Aufgabe 8 ist zusätzlich die Arbeit mit einem Rechtschreiblexikon integriert. Die Lehrkraft sollte darauf achten, dass die Schülerinnen und Schüler vor allem die Konsonanten überdeutlich aussprechen.

Der Ton macht die Musik – Gefühle mit der Stimme ausdrücken (S. 196–197)

Aufgaben 1–4 S. 196–197

Die richtigen Zuordnungen, so wie sie im Folgenden aufgelistet werden, erkennt man deutlich an der Mimik und Gestik der einzelnen Personen (z. B.: drohend mit dem Finger zeigen, bittend die Hände falten, freundschaftlich lachen, ...).

Bild	Situation
Bild 1 (oben links)	Jemand bittet die Person um etwas.
Bild 2 (oben rechts)	Jemand freut sich, eine Person wiederzusehen.
Bild 3 (unten links)	Jemand droht der Person.
Bild 4 (unten rechts)	Jemand macht der Person einen Vorwurf.

Anschließend sollen die Schüler die Situationen nachspielen. Dabei muss besonders auf das Zusammenspiel von Gestik, Mimik und Intonation geachtet werden. Die Aufgabe kann dadurch ergänzt werden, dass die Lernenden weitere Situationen in einem Standbild wie auf den Fotos darstellen und die Figuren einen Satz so sprechen lassen, dass die Intonation die Aussage verstärkt (Aufgaben 3 und 4).

Aufgabe 5 S. 197

Mithilfe dieser Aufgabe kann in das Schreiben einer Theaterszene eingeführt werden, da auf der Basis einer ersten Idee (in diesem Fall dem jeweiligen Foto) Dialoge erarbeitet und durch Regieanweisungen ergänzt werden müssen. Anschließend werden die kleinen Szenen vorgespielt und mithilfe folgender Tabelle, die jeder Schüler zuvor in sein Heft übernimmt, ausgewertet. Dabei werden zu den drei Kriterien (Inhalt, Betonung sowie Mimik, Gestik) positive und negative Wertungen notiert.

Gruppe und Foto	Inhalt	Betonung	Mimik, Gestik
	+	+	+
	–	–	–
	...	...	...

X- und Y-Roboter – eine Theaterszene sprechen (S. 197–198)

Aufgaben 1–4 S. 198

Der Text von Elisabeth Stiemert „Robotertheater“ eignet sich sehr gut dazu, das sinngestaltende Vorlesen und Sprechen zu üben, da der Inhalt allein über die Stimme transportiert wird. Dabei nehmen die in Klammern stehenden Regieanweisungen eine entscheidende Rolle ein, da diese die drei oben genannten Komponenten vorgeben (Aufgabe 3). Die Schüler sollten den Text zunächst still für sich lesen und sich dann in Partnerarbeit über den Inhalt austauschen. Bei möglichen Verständnisschwierigkeiten können die Aussagen der Roboter in unsere menschliche Sprache übersetzt werden (Aufgabe 2). Das sinngestaltende Sprechen wird erst in Partner- oder Gruppenarbeit geübt. Ausgewählte Gruppen können ihre Version dann der Klasse vortragen.

Aufgabe 5 S. 198

Von den Schülern, für die das sinngestaltende Sprechen kein Problem ist, kann bereits hier neben dem reinen Sprechen auch das szenische Spielen verlangt werden.

3. Theater im Klassenraum – nach Textvorlagen spielen (S. 199–203)

In diesem Kapitel kann es aus Zeitgründen sinnvoll sein, sich auf eine Textvorlage zu konzentrieren, um sie als Theaterstück einzuüben. Bei schwächeren Schülern oder spielunwilligen Lerngruppen können die Textvorlagen in diesem Kapitel dazu eingesetzt werden, um das sinngestaltende und szenische Vorlesen zu üben.

„jolifanto bambla“ – ein Gedicht szenisch gestalten (S. 199–200)

Hugo Ball: Karawane (S. 199)

Das Gedicht „Karawane“ von Hugo Ball beschränkt sich ganz auf die akustische Wirkung der einzelnen Verse. Es ist damit zu rechnen, dass das Gedicht bei den Schülern zunächst auf Erheiterung stößt oder Verwirrung auslöst, weil der Inhalt nicht über die Semantik der Einzelwörter transportiert wird, sondern über die Lautgestaltung.

Aufgaben 1–2
S. 199

Die Aufträge helfen dabei, sich der Bedeutung des Gedichts zu nähern, wozu auch die Überschrift „Karawane“ herangezogen werden sollte. Tatsächlich soll nämlich das Vorbeiziehen einer Karawane durch die Aneinanderreihung der Laute symbolisiert werden, sodass dementsprechende Assoziationen zu erwarten sind (z. B.: „jolifanto bambla ô falli bambla“ = nur schleppend vorankommende Elefanten/Arbeiter, die die Elefanten antreiben ...).
Die Schüler sammeln, welche Assoziationen und Bilder sie zu den einzelnen Verse haben und erklären abschließend die Bedeutung der Überschrift.

Aufgaben 3–4
S. 199

Hier geht es nun um die szenische Gestaltung des Gedichts, wobei weiterhin der Schwerpunkt auf der sprachlichen Ausgestaltung liegt. Weiterführend kann aber auch ein ausführlich vorbereitetes kleines Theaterstück eingeübt werden. Das Erstellen eines Bühnenbilds, das Nähen und/oder Zusammenstellen von Kostümen sowie das Einbeziehen eines Regisseurs sollten den Schülern viel Spaß bereiten. Das erheiternde Ergebnis kann z. B. der Nachbarklasse oder bei einem Elternabend o. Ä. in der Schule vorgeführt werden.

Der merkwürdige Signor Veneranda – eine Geschichte in eine Spielszene umformen (S. 200–203)

Carlo Manzoni: Ein dreister Kunde (S. 200)

Das Besondere an Signor Veneranda, dem Helden der abstrus-absurden Geschichten von Carlo Manzoni, besteht darin, dass er sich nicht so verhält, wie es der Situation eigentlich angemessen ist und wie es von ihm erwartet wird: Wer in ein Geschäft geht und ein Taschentuch verlangt, von dem wird angenommen, dass er ein Taschentuch kaufen will. Genau dieser Erwartung, die auch der Leser hegt, entspricht nun Signor Veneranda nicht: Anstatt ein Taschentuch zu kaufen, putzt er sich die Nase mit dem Taschentuch, das ihm die Verkäuferin zur Ansicht gibt. Im Folgenden gelingt es dann Signor Veneranda, sein Verhalten durch eine scheinbar unbestechliche Logik als „normal“ darzustellen. Dabei dreht und wendet er die Aussagen der Verkäuferin so, dass diese am Ende völlig sprachlos ist.

Aufgabe 1
S. 201

Für die unterrichtliche Gestaltung bietet es sich an, den Schülern zunächst nur die ersten zehn Zeilen zu präsentieren (Folie) und sie aufzufordern, sich eine Fortsetzung der Geschichte auszudenken und diese zu spielen.

Die unterschiedlichen Gesprächsverläufe können dann miteinander verglichen werden. Erst dann lesen die Schüler den Fortgang der Geschichte von Manzoni und vergleichen den Gesprächs- und Handlungsverlauf mit ihren Fortsetzungen. Als Impuls könnte die Lehrkraft in Anlehnung an Aufgabe 1 (S. 192) die Frage stellen, warum es der Verkäuferin so schwer fällt, Signor Veneranda eine passende Antwort zu geben.
Die Ergebnisse können in folgendem Tafelbild festgehalten werden:

Tafelbild

Signor Veneranda

- *putzt sich im Geschäft die Nase mit dem Taschentuch, statt es zu kaufen*
- *verweist darauf, dass es normal sei, sich mit einem Taschentuch die Nase zu putzen*
- *fragt die Verkäuferin, womit sie sich die Nase putze*

→ *stellt sein Verhalten als normal dar, deshalb ist die Verkäuferin am Ende sprachlos*

Abschließend stellen die Schüler heraus, was das Besondere an Signor Veneranda ist, und erklären den Titel der Geschichte. Sie können dazu z. B. auch einen inneren Monolog der Verkäuferin schreiben oder ein Gespräch der Verkäuferin mit einer Kollegin, in dem sie dieser erklärt, warum Signor Veneranda ein dreister Kunde ist und was an seinem Verhalten so besonders ist.

Aufgabe 2
S. 201

Folgende Formulierungen geben Hinweise darauf, wie die jeweiligen Aussagen sprachlich umgesetzt werden können:
- „stammelte die Verkäuferin verlegen" (Z. 12)
- „fragte Signor Veneranda verwundert" (Z. 20–21)
- „stotterte die Verkäuferin" (Z. 23)
- „stammelte die Verkäuferin, die nicht mehr wusste, was sie sagen sollte" (Z. 39–40)

Aufgabe 3
S. 201

In dem kurzen Textabschnitt wird erwähnt, dass die Verkäuferin das benutzte Taschentuch des Signores „vorsichtig zwischen zwei Finger" (Z. 15–16) nimmt. Man kann dieser Reaktion entnehmen, dass sie angeekelt ist und sich so eher von dem Mann distanziert. Veranschaulicht werden kann dies z. B. durch eine hohe Stimme, einen verdutzten Gesichtsausdruck, ein Rümpfen der Nase oder Ähnliches.

Aufgabe 4
S. 201

Hier wird die Methode der Leseprobe eingeführt. Die Schüler sollen in kleinen Gruppen üben, den Text mit verteilten Rollen sinngestaltend vorzutragen. Während der Leseprobe sollen sie verschiedene Sprechweisen ausprobieren und in Bezug auf ihre Passung zum Inhalt des gesprochenen Textes beurteilen. Dieses Verfahren kann auch beim Vorbereiten folgender Theaterstücke angewandt werden.
Hier wird die Methode der Leseprobe eingeführt. Die Schüler sollen in kleinen Gruppen üben, den Text mit verteilten Rollen sinngestaltend vorzutragen. Während der Leseprobe sollen sie verschiedene Sprechweisen ausprobieren und in Bezug auf ihre Passung zum Inhalt des gesprochenen Textes beurteilen. Dieses Verfahren kann auch beim Vorbereiten folgender Theaterstücke angewandt werden.

Aufgaben 5–6
S. 201–202

Mithilfe eines Regiebuches, wie es in ausgefüllter Form in Auszügen hier zu sehen ist, sollen die Lernenden eigenständig ein kleines Theaterstück, welches auf Manzonis Geschichte basiert, vorbereiten, einüben und vorspielen. Das Regiebuch soll dabei besonders sorgfältig erstellt werden, um als Planungsgrundlage die Umsetzbarkeit zu erleichtern. Hilfestellungen, wie die Schülerinnen und Schüler vorgehen können, erhalten sie in der Lernbox „Eine Spielszene einüben" auf S. 202. Die einzelnen Aufgaben und Arbeiten sollten vorher im Unterrichtsgespräch besprochen und verteilt werden. Schwächeren Lerngruppen kann das vollständige Regiebuch mithilfe von **Arbeitsblatt 1** (Materialienband, S. 130 f.) ausgehändigt werden. Sie erhalten dann den Auftrag, die Szene in kleinen Gruppen einzuüben und dabei insbesondere die Regieanweisungen in ihrem Spiel umzusetzen.

Rolle	**Text**	**Regieanweisungen (= Sprech- und Spielanweisungen)**
Signor Veneranda	Guten Tag! Könnten Sie mir bitte ein Taschentuch geben?	– fragt freundlich – betritt den Laden, geht auf die Verkäuferin zu
Verkäuferin	Was für ein Taschentuch möchten sie haben?	– antwortet sehr freundlich – nimmt verschiedene Schachteln aus dem Regal/legt sie auf den Verkaufstisch
Signor Veneranda	Irgendein Taschentuch	– antwortet sehr freundlich – nimmt das Taschentuch und schnäuzt sich die Nase/gibt es anschließend der Verkäuferin zurück
Verkäuferin	Aber ...	– guckt völlig verdutzt – stammelt
Signor Veneranda	Was heißt aber?	– antwortet freundlich, aber bestimmt (ist sich keiner Schuld bewusst) – schaut fragend
Verkäuferin	Sie haben es benutzt! Sie haben das Taschentuch benutzt, um sich die Nase zu putzen!	– hält das Taschentuch angeekelt mit zwei Fingern von sich weg – wird ärgerlich
Signor Veneranda	Was hätte ich denn mit dem Taschentuch putzen sollen? Vielleicht meine Ohren? Was putzen sie sich denn mit Taschentüchern?	– fragt verwundert – bleibt sehr ernst – reagiert sehr bestimmt
Verkäuferin	Die Nase. Aber jetzt müssen sie das Taschentuch auch kaufen.	– stottert – ist verunsichert – ärgert sich über den Signor – hält weiterhin das Taschentuch in der Hand

Rolle	Text	Regieanweisungen (= Sprech- und Spielanweisungen)
Signor Veneranda	Warum sollte ich Taschentücher kaufen? Ich brauche keine.	– klingt überzeugend – bleibt bestimmt, ernst
Verkäuferin	Wieso nicht? Sie haben doch ein Taschentuch verlangt.	– wird zusehends wütender – hebt die Stimme – wirkt hilflos verzweifelt
Signor Veneranda	Gewiss, aber nur, um mir die Nase zu putzen. Was machen sie denn mit Taschentüchern?	– ändert seine Haltung und Ausdrucksweise nicht – bleibt freundlich, bestimmt
Verkäuferin	Ich verkaufe sie.	– wütend – laute Stimme
Signor Veneranda	Ausgezeichnet. Man sieht, dass Sie es nicht nötig haben, sich die Nase zu putzen. Aber entschuldigen sie die indiskrete Frage: Wenn sie Taschentücher verkaufen und sich doch einmal die Nase putzen müssen, womit machen sie es dann?	– reagiert nicht auf die laute Stimme – redet unbeirrt weiter mit ruhiger, fester Stimme
Verkäuferin	Ich ... ich ...	– stammelt – resigniert, weiß nicht, was sie antworten soll – blickt ernüchtert auf das Taschentuch, welches sie immer noch zwischen den Fingern hält
Signor Veneranda	Wollen Sie es mir nicht verraten? Dann eben nicht. Übrigens will ich es nicht unbedingt wissen. Putzen Sie sich nur die Nase, womit sie wollen. Auf Wiedersehen.	– reagiert verärgert – dreht der Verkäuferin trotzig den Rücken zu und verlässt schnellen Schrittes den Laden

Carlo Manzoni: Der Schlüssel (S. 203)
Auch in dieser Geschichte verhält sich Signor Veneranda so, dass er seine Mitmenschen mit seinem grotesken Verhalten zum Narren hält.

Aufgabe 1
S. 203

Die Geschichte sollte erst einmal mit verteilten Rollen laut gelesen werden. Dann arbeiten die Schülerinnen und Schüler heraus, worin das Besondere des Verhaltens des Signor Veneranda besteht, z. B.:

- Signor Veneranda pfeift ohne Grund, als er vor der ihm fremden Haustür steht. Er müsste vorhersehen, dass die Bewohner denken, er habe seinen Schlüssel verloren (vgl. Z. 1–2).
- Er wiederholt einfach die Worte des Herrn am Fenster, ohne das Missverständnis, dass er gar nicht in dem Haus wohnt, aufzuklären (vgl. Z. 5–14).
- Am Ende verdreht Signor Veneranda die Situation, indem er die Hilfsbereitschaft des Mannes am Fenster ad absurdum führt und behauptet, dieser wolle, dass er die Tür aufschließe (vgl. Z. 25 f.).
- Wieder stellt Signor Veneranda mit einer Scheinlogik, indem er sich nur auf den Wortlaut des Gespräches bezieht, die Gesprächssituation aber ausklammert, sein merkwürdiges Verhalten als normal hin und führt damit den Herrn am Fenster an der Nase herum.
- ...

Aufgabe 2
S. 203

Nach der inhaltlichen Erschließung der Geschichte üben die Schüler die Geschichte als Theaterszene ein. Dabei gehen sie so vor, wie es in der Lernbox auf S. 202 beschrieben wird.

Alles klar? – Wiederholen, üben und überprüfen (S. 204–205)

Aufgabe 1
S. 204

Folgende Fachbegriffe werden gesucht:
- Zuschauer = **Publikum**
- Gespräch = **Dialog**
- Gegenstände beim Theater = **Requisite**
- Kleidung = **Kostüm**
- Körperbewegung = **Gestik**
- Gesichtsausdruck = **Mimik**
- Spiel ohne Worte = **Pantomime**
- Was ein Schauspieler sagt = **Text**
- Was ein Schauspieler spielt = **Rolle**
- Darstellung des Handlungsortes = **Bühnenbild**

Aufgaben 2–6
S. 204 – 205

Die Schüler sollen auf überwiegend spielerische Art ihr erlerntes Wissen anwenden. Die Aufgaben bieten dabei die Möglichkeit, Mimik, Gestik und Körperbewegungen als Ausdrucksmittel zu üben, das korrekte und betonte Sprechen anzuwenden sowie mithilfe des kleinen Sketches ein Theaterstück vorzubereiten und zu spielen.
Unter den Aufgaben sollten die Schüler je nach Können, Motivation und Zutrauen zu den eigenen spielerischen Möglichkeiten auswählen.

Im „Haus der Sprache“ – Wortarten (S. 206–233)

Vorüberlegungen zur Einheit

Das Kapitel „Wortarten“ knüpft an die Vorerfahrungen der Schülerinnen und Schüler aus der Grundschule an. Die Wortarten **Nomen/Substantiv, Verb** und **Adjektiv** dürften – wenn auch unter anderen Bezeichnungen – bekannt sein. Sie sollen in dieser Einheit dennoch ausführlich behandelt werden. Die Wortart **Pronomen** ist wahrscheinlich eher unbekannt. Die Einheit ist insgesamt sehr systematisch aufgebaut. Jedes Unterkapitel (jeweils eine Wortart) ist in sich abgeschlossen und kann einzeln eingeführt werden. Ein Durcharbeiten der gesamten Einheit „in einem Rutsch“ scheint nicht sinnvoll.

Zentrale Kompetenzen, die in dieser Einheit erworben werden, sind:
- Wortarten unterscheiden und sie terminologisch richtig bezeichnen
- die Funktionen und Merkmale von Wortarten erkennen und untersuchen
- die einschlägigen Flexionsformen (z. B.: Deklination, Konjugation, Tempus, Steigerung) und deren Funktionen kennen und richtig anwenden
- die Rechtschreibung durch den sicheren Gebrauch der Wortarten verbessern

Die **Auftaktdoppelseite** (S. 206–207) ruft die in der Grundschule erworbenen Kenntnisse der Schülerinnen und Schüler ab. Die Aufmerksamkeit der Schüler wird zunächst auf die Hauptwortarten **Nomen/Substantiv, Verb und Adjektiv (Aufgabe 1, S. 207)** gelenkt.

Aufgabe 2 S. 207

Die Schüler sammeln die Kennzeichen der Wortarten Nomen/Substantiv, Verb und Adjektiv. Diese können in Form des folgenden Tafelbildes festgehalten werden:

Tafelbild

Woran kann man Nomen/Substantive Verben und Adjektive erkennen?

Nomen/Substantive	*Verben*	*Adjektive*
• *werden großgeschrieben* • *bezeichnen Menschen, Tiere, Gegenstände* • *haben einen Begleiter (der, die, das, ein, eine)*	• *werden kleingeschrieben* • *bezeichnen Tätigkeiten*	• *werden kleingeschrieben* • *bezeichnen Eigenschaften* • *bezeichnen, wie etwas ist*

Aufgabe 3 S. 207

Nach Wortarten geordnet ergibt sich folgende Tabelle (eine Spalte steht für einen Karteikasten):

Nomen/Substantive	Verben	Adjektive
Baum	gehen	munter
Decke	halten	kunstvoll
Fisch	klettern	bunt

Nomen/Substantive	Verben	Adjektive
Kind Schaufel Mädchen Angst Auto Friede Kuh Liebe Neid Ball Glaube Topf	fragen schreiben sehen	müde groß sauber

Didaktische Aufbereitung der Unterkapitel

1. Das Nomen/Substantiv (S. 208–216)

Nach den einführenden Überlegungen erfolgt nun in den einzelnen Unterkapiteln die Erarbeitung einzelner Wortarten, beginnend mit dem Nomen/Substantiv.

Kind, Schaufel, Friede – was Nomen/Substantive bezeichnen (208–209)

Aufgabe 1 S. 208

Anhand der Karteikarten erarbeiten die Schülerinnen und Schüler, dass man Nomen/Substantive den drei Kategorien **„Lebewesen“**, **„Dinge“** und **„Vorstellungen/Empfindungen“** zuordnen kann.

Aufgabe 2 S. 208

Danach vervollständigen die Schüler den Regelkasten „Was Nomen/Substantive bezeichnen“. Die vollständigen Regeln sollten als Tafelanschrieb festgehalten und von den Schülern übernommen werden. Wichtige Merksätze können auch auf Plakate geschrieben und im Klassenraum aufgehängt werden (**Aufgabe 4, S. 209**).

Was Nomen/Substantive bezeichnen

- *Nomen/Substantive bezeichnen* ***Lebewesen****,* ***Dinge*** *und* ***Vorstellungen/Empfindungen****.*
- *Sie werden immer* ***groß*****geschrieben**.

Aufgabe 3 S. 208

Die Wörterschlange fördert in motivierender Form dazu auf, besonders auf die „Nomen-/Substantivsignale“ zu achten. Die versteckten Wörter sind:
Blume, Ente, Freude, Lenker, Glück, Zucker, Vater, Kind

„Es war an einem Freitag ...“ – die Großschreibung von Nomen/Substantiven üben (S. 209)

Dieses Unterkapitel hat starken Übungscharakter. Die beiden Nöstlinger-Texte eignen sich für die Stillarbeit, aber auch als Hausaufgabe.

Christine Nöstlinger: Das Austauschkind (S. 209)

Aufgabe 1
S. 209

Es war an einem Freitag, in der großen Pause. Ich saß in meiner Klasse an meinem Tisch und aß einen Apfel, der mir nicht schmeckte, weil er sehr mehlig war und ums Kernhaus herum ganz braun. Da kam der Herbert Pivonka vom Klo in die Klasse zurück. Er ging an meinem Platz vorbei und sagte: „Elsi, deine Mutter steht vorn am Gang beim Englischlehrer und redet mit ihm!"

Aufgabe 2
S. 209

„Elsi" ist auch eine Abkürzung von Elisabeth. Der Ich-Erzähler ist ein Junge und möchte nicht mit einem Mädchennamen angesprochen werden.

Aufgabe 3
S. 209

Etliche in meiner Klasse nennen mich „Elsi". Sie finden das unerhört komisch. Sie haben nämlich einmal meine Geburtsurkunde gesehen und darin meine versammelten Vornamen entdeckt: Ewald Leonhard Stefan Isidor. Und der Wolfgang Emberger hat leider erkannt, dass die Anfangsbuchstaben dieser Namen „Elsi" ergeben.

Die Frau, der Mann, das Kind – das grammatische Geschlecht bestimmen (S. 210–211)

Die Wortart **Artikel** wird nicht in einem eigenen Unterkapitel erarbeitet, sondern in Verbindung mit dem Nomen/Substantiv, dessen Begleiter er ist und dessen Geschlecht er bestimmt.

Aufgabe 1
S. 210

Die Schüler werden nach einigem Knobeln sicher von selbst erkennen, dass die Gemeinsamkeit der Wörter in einem Karteikasten im gleichen Artikel besteht.

Aufgabe 2
S. 210

Die in der Wörterschlange gefundenen Wörter müssen mit Artikel versehen und in eine Tabelle eingeordnet werden: damit wird der Blick für das grammatische Geschlecht geschult, das nicht unbedingt mit dem natürlichen übereinstimmt. Mit der Tabelle können von der Lehrkraft auch die lateinischen Fachbegriffe eingeführt werden:

Tafelbild

Nomen/Substantive haben ein Genus (= grammatisches Geschlecht)

Maskulinum (= männlich) *best. Artikel „der"*	*Femininum (= weiblich)* *best. Artikel „die"*	*Neutrum (= sächlich)* *best. Artikel „das"*
der Lenker	*die Blume*	*das Glück*
der Zucker	*die Ente*	*das Kind*
der Vater	*die Freude*	*das Auto*
der Baum	*die Schaufel*	*das Pferd*
der Freund	*die Schwester*	*das Heft*
der Füller	*die Lampe*	

Aufgabe 3
S. 210

Auf die Schilder der Karteikästen müsste Neutrum, Maskulinum und Femininum eingetragen werden. Dies können die Schüler mithilfe der Lernbox klären, wenn die entsprechenden Fachbegriffe noch nicht eingeführt sein sollten.

Aufgabe 4
S. 211

Die im Wörterquadrat gefundenen Wörter müssen mit Artikeln versehen und in eine Tabelle eingeordnet werden. Es können 36 Wörter gebildet werden.

Maskulinum (männlich) z. B. der Mann	Femininum (weiblich) z. B. die Frau	Neutrum (sächlich) z. B. das Kind
der Urlaub	die Ruhe	das Gewitter
der Wind	die Nase	das Tor
der Tusch	die Sonne	das Segel
der Hort	die Freiheit	das Boot
der Ort	die Reise	evtl.: das Segelboot
der Untergang	die Erholung	das Moos
evtl.: der Sonnenunter-	die Nut	das Auto
gang	die Uhr	das Bad
der Krieg	die Ferien	das Moor
der Brand	die Bergbesteigung	das Eis
evtl.: der Sonnenbrand		das Ziel
der Teig		das Hobby
der Traum		das Spiel
der Berg		

Aufgabe 5
S. 211

Die Aufgabe stellt wie das Wörterquadrat hohe Anforderungen an die Konzentration der Schüler und Schülerinnen. Außerdem werden besonders die Fachbegriffe für das Genus eingeübt. Die Lösungen lauten:
die Tafel (Femininum); der Lehrer (Maskulinum); das Heft (Neutrum); die Klasse (Femininum); der Schulhof (Maskulinum); das Etui (Neutrum); die Tasche (Femininum); der Stift (Maskulinum); das Buch (Neutrum); der Pinsel (Maskulinum); die Kreide (Femininum); der Schwamm (Maskulinum); das Lineal (Neutrum); die Karte (Femininum); der Barren (Maskulinum); die Pause (Femininum); der Zeichenblock (Maskulinum); der Zirkel (Maskulinum); der Anspitzer (Maskulinum); der Schüler (Maskulinum)

„Das Floß" oder „ein Floß"? – Bestimmte und unbestimmte Artikel verwenden (S. 212–213)

Das Ferienfloß (S. 212)

Aufgabe 1
S. 212

Wahrscheinlich setzen die Schüler den unbestimmten bzw. bestimmten Artikel intuitiv richtig.
Bei der Begründung musste deutlich werden, dass **der unbestimmte Artikel** verwendet wird, wenn ein beliebiges Exemplar einer Art gemeint ist (Dazu klebt man *ein* Stückchen Stoff um *einen* weiteren Zahnstocher ...).
Der bestimmte Artikel wird verwendet, wenn das Nomen etwas eindeutig Gemeintes, Bekanntes benennt (... wie man es auf *der* Zeichnung 1 sieht.).

Aufgabe 2
S. 212

Das Ferienfloß
Für das Ferienfloß klebt man 15 Korken so zusammen, wie man es auf *der* Zeichnung (Abb. 1) sieht. *Die* Klebestellen muss man beidseitig mit Klebstoff bestreichen, leicht aneinanderdrücken und dann gut trocknen lassen. Für *den* Mast steckt man zwei Zahnstocher und einen Holzspieß in *einen* weiteren Korken (Abb. 2). Für *das* Segel sollte *der* Stoff etwa 16 cm lang und 14 cm breit sein. Man muss ihn zurechtschneiden und um *einen* Zahnstocher kleben (Abb. 3). Nun braucht der Mast noch *ein* Fähnchen. Dazu klebt man *ein* Stückchen Stoff um *einen* weiteren Zahnstocher und steckt ihn oben in *einen* Korken. Zum Schluss wird *der* Mast in die Mitte des Floßes gesteckt und *das* Segel links und rechts mit *den* Nadeln befestigt (Abb. 4).

Der Tisch/die Tische – Pluralformen von Nomen/Substantiven bilden (S. 213–214)

Mithilfe der Aufgaben auf dieser Doppelseite werden die Fachbegriffe **Numerus, Singular** und **Plural** eingeführt. Weiter lernen die Schüler die **verschiedenen Arten der Pluralbildung** (Pluralendung/Kombination von Pluralendung und Umlaut/alleinige Änderung des Artikels) kennen und üben sie.

Aufgabe 1
S. 213

Die Schüler bilden die Pluralformen und erstellen die folgende Tabelle. Um den Schülern bewusst zu machen, dass der Plural in vielen Fällen durch unterschiedliche Endungen gebildet wird, können die Schüler die Pluralendungen der Wörter in der Spalte Plural einkreisen. Die Tabelle kann entsprechend erweitert werden:

Singular	Plural	Pluralendung
das Brett	die Bretter	-er
das Bett	die Betten	-en
das Kamel	die Kamele	-e
der Narr	die Narren	-en
das Auto	die Autos	-s
die Flasche	die Flaschen	-n
das Heft	die Hefte	-e
die Pfanne	die Pfannen	-n
das Tablett	die Tabletts	-s
die Schere	die Scheren	-n
das Land	die Länder	-er
das Kind	die Kinder	-er
der Freund	die Freunde	-e

Aufgaben 2/4
S. 214

Die Lösungen lauten:
der Schrank – die Schränke; der Zahn – die Zähne; der Topf – die Töpfe; das Loch – die Löcher; der Traum – die Träume; der Baum – die Bäume; der Stuhl – die Stühle; das Buch – die Bücher; der Kopf – die Köpfe; das Fass – die Fässer; das Rad – die Räder; das Tuch – die Tücher
Die Schülerinnen und Schüler sollten im Vergleich mit den Wörtern von Aufgabe 1 herausstellen, dass bei diesen Wörtern der Plural durch die Kombination von Umlaut und Endung gebildet wird. Hierfür sollten sie noch weitere Beispiele finden (z. B.: das Schloss – die Schlösser, der Beinbruch – die Beinbrüche ...).

Aufgabe 3
S. 214

In dieser Aufgabe wird deutlich gemacht, dass einige Nomen/Substantive im Plural gleich bleiben und sich nur der Artikel ändert. Die Lösungen lauten:
der Räuber – die Räuber; das Messer – die Messer; der Gürtel – die Gürtel; der Löffel – die Löffel; das Kissen – die Kissen; der Wagen – die Wagen; der Lehrer – die Lehrer; der Schlüssel – die Schlüssel; der Teller – die Teller; das Mädchen – die Mädchen; der Füller – die Füller; der Hamster – die Hamster

Aufgabe 5
S. 214

Schwächere Schüler können die Pluralbildung der Nomen/Substantive üben, indem sie ein Memory herstellen. Der Singular und der Plural bilden dabei jeweils ein Nomen-/Substantivpärchen.

Der Apfel, des Apfels, dem Apfel ... – Nomen/Substantive deklinieren (S. 215–216)

Rezept: Bratapfel (S. 215)

Die Schüler werden durch das Bratapfel-Rezept damit vertraut gemacht, dass **Nomen/ Substantive gebeugt**, d. h. **dekliniert** werden können. Ferner wird der Begriff des **Kasus** eingeführt. Sie lernen, dass Nomen/Substantive in verschiedenen Kasus stehen, jenachdem, welche Aufgabe sie im Satz erfüllen.

Aufgabe 1
S. 215

In den Text einzusetzen sind:
der Apfel, des Apfels, den Apfel, den Apfel, der Apfel, den Apfel, dem Apfel, der Apfel

Aufgabe 2
S. 215

Die Schüler stellen fest, dass sich das Wort Apfel je nachdem verändert, in welchem Kasus es steht. Mithilfe der Lernbox auf S. 216 könnte man an dieser Stelle schon die Schüler mit den entsprechenden Kasusfragen bestimmen lassen, in welchem Kasus die einzelnen Formen des Wortes Apfel in den Text eingefügt werden müssen.

Aufgabe 3
S. 216

Die Schüler lesen die Lernbox durch und wenden die dort erhaltenen Informationen an. Die Lösungen lauten:

- Wen oder was bereitet Franzi am Nachmittag zu? – den Bratapfel (Akkusativ)
- Wem serviert sie auch einen leckeren Bratapfel? – dem kleinen Bruder (Dativ)
- Wer hilft bei der Vanillesoße? – die Oma (Nominativ)
- Wessen erinnert sich diese? – eines Rezeptes (Genitiv)
- Wer wurde auch mit Leberwurst gefüllt? – ein Apfel (Nominativ)
- Wer besitzt das Rezept? – der Sprachforscher (Nominativ)
- Wen oder was besitzt der Sprachforscher? – das Rezept (Akkusativ)

Aufgabe 4
S. 216

Die Kasusfragen müssen hier erneut gestellt werden, um die Wörter, die in dem gleichen Kasus stehen, herauszufinden. Die Schüler erarbeiten dabei z. B. folgende Lösung:

Am nächsten Nachmittag besucht Franzi erneut den Forscher im „Haus der Sprache". Sie erzählt dem hilfsbereiten Mann von dem Rezept der Oma. Der Gelehrte nimmt sich des Problems an. Er zieht die unterste Schublade aus dem Regal. Ein altes Kochbuch liegt darin. Der Sprachforscher gibt es dem Mädchen. Er sagt: „Ich erinnere mich eines alten Rezeptes. Es steht in diesem wertvollen Buch. Gib bitte gut darauf acht."

Nominativ, Genitiv, Dativ, Akkusativ

2. Das Verb (S. 217–223)

laufen: ich laufe, du läufst ... – Infinitiv und Personalform unterscheiden (S. 217–218)

Aufgaben 1–2
S. 217

Die Schüler lernen die Unterscheidung zwischen Infinitiv und Personalform. In dem Interview mit einem Trainer stehen alle Verben im Infinitiv, was unmittelbar deutlich macht, dass ein solcher Text nicht richtig sein kann.

Aufgabe 3
S. 217

In der zu vervollständigenden Tabelle erhalten die Schüler dann einen Überblick über die verschiedenen Personalformen und eine erste eigene Anwendungsmöglichkeit. Die vollständige Tabelle sieht so aus:

	INFINITIV	haben	benötigen	merken	trainieren	unterstützen	können
PERSONALFORM	1. Person Singular: ich Plural: wir	habe haben	benötige benötigen	merke merken	trainiere trainieren	unterstütze unterstützen	kann können
PERSONALFORM	2. Person Singular: du Plural: ihr	hast habt	benötigst benötigt	merkst merkt	trainierst trainiert	unterstützt unterstützt	kannst könnt
	3. Person Singular: er, sie, es Plural: sie	hat haben	benötigt benötigen	merkt merken	trainiert trainieren	unterstützt unterstützen	kann können

Aufgabe 4
S. 218

Die Schüler müssen die passenden Wörter aus den Karteikästen heraussuchen und mit der entsprechenden Personalform in die beiden Witze einsetzen. Die Witze lauten:
„**Wisst** ihr eigentlich, dass es sogenannte Kurzschläfer **gibt**, die mit zwei bis drei Stunden Schlaf **auskommen**?“, **erklärt** der Lehrer seinen Schülern.
„So einen **kenne** ich“, **meldet** sich Christian, „er **wohnt** bei uns zu Hause und **ist** seit gestern sechs Monate alt.“

Für die nächste Deutschstunde **gibt** der Lehrer eine Hausaufgabe auf, die so lautet:
„**Beschreibt** die Tapete in eurem Wohnzimmer.“
Emil **liefert** die kürzeste Aufgabe ab. Auf seinem Blatt **steht**:
Mein Vater **verbietet** mir das Beschreiben der Tapeten.

Aufgabe 5
S. 218

Dann bestimmen die Schüler die von ihnen eingesetzten Personalformen. Die Lösungen lauten:
ihr wisst – 2. Person Plural; es gibt – 3. Person Singular; sie kommen aus – 3. Person Plural; er erklärt – 3. Person Singular; ich kenne – 1. Person Singular; er meldet sich – 3. Person Singular
er gibt auf – 3. Person Singular; ihr beschreibt – 2. Person Plural; er liefert ab – 3. Person Singular; es steht – 3. Person Singular; er verbietet – 3. Person Singular

Aufgabe 6
S. 218

Im Textauszug „Tom Sawyers Abenteuer“ stehen wieder alle Verben im Infinitiv und müssen in die entsprechende Personalform umgeformt werden. Der vollständige Romanauszug lautet:
In dem Roman „Tom Sawyers Abenteuer“ *kommt* es zu folgender Begebenheit: Tom Sawyer *steht* einem fremden Jungen gegenüber. Er *erblickt* ihn zum ersten Mal hier. Keiner der beiden *redet* ein Wort. Schließlich *sagt* Tom: „Wie *heißt* du überhaupt?“ „Das *geht* dich einen Dreck an“, *antwortet* der fremde Junge. „Ich *zeige* dir gleich, was mich das *angeht*.“ „Warum *zeigst* du es mir nicht sofort?“ „Wenn du noch länger *redest*, *zeige* ich es dir.“

Nach langem Hin- und Herreden *kommt* es zwischen den beiden Jungen zu einem Kampf …

Aufgabe 7
S. 218

Diese Aufgabe verlangt von den Schülern erneut, den eingesetzten Personalformen die entsprechenden Personen und den entsprechenden Numerus zuzuordnen. Die Lösungen lauten:
es kommt – 3. Person Singular; er steht – 3. Person Singular; er erblickt – 3. Person Singular; er redet – 3. Person Singular; er sagt – 3. Person Singular; du heißt – 2. Person Singular; es geht – 3. Person Singular; er antwortet – 3. Person Singular; ich zeige – 1. Person Singular; es geht mich an – 3. Person Singular; du zeigst – 2. Person Singular; du redest – 2. Person Singular: ich zeige – 1. Person Singular; es kommt – 3. Person Singular

Ich lach-e, du lach-st – Wortstamm und Endung erkennen (S. 219)

Aufgaben 1–2
S. 219

Der „Wörterbaum“ macht deutlich, dass die Personalformen eines Verbs aus einem Wortstamm und einer Endung für die jeweilige Personalform gebildet werden. Die fehlenden Zweige von links nach rechts sind:
ich lach-**e**; du lach-**st**; er, sie, es lach-**t**; wir lach-**en**; ihr lach-**t**; sie lach-**en**
Nach der Besprechung des Beispiels im Schulbuch, zeichnen die Schülerinnen und Schüler solche „Wörterbäume“ für andere Verben in ihr Heft.

Präteritum, Präsens, Futur – Zeitformen erkennen und verwenden (S. 220–222)

Aufgabe 1
S. 220

Die Schüler lesen die Fabel und beschreiben das Verhalten des Fuchses und des Ziegenbocks. Der Fuchs gerät durch eigene Schuld in eine gefährliche Situation, aus der er sich nicht allein befreien kann. Klug und listig überredet er den Ziegenbock, ebenfalls in den Brunnen zu springen. Mit seiner Hilfe will er den Brunnen verlassen und ihm dann ebenfalls helfen. Doch als er den Brunnen verlassen hat, verhöhnt er den Bock wegen seiner Dummheit und Gutgläubigkeit und bricht sein Versprechen.
Der Bock lässt sich, ohne über die Situation nachzudenken, überreden, in den Brunnen zu springen. Er hilft dem Fuchs aus der Notlage heraus im Vertrauen auf gegenseitige Hilfe. Doch am Schluss muss er erfahren, dass seine Gutgläubigkeit und Hilfsbereitschaft ausgenutzt wurde und er sogar noch wegen seiner Dummheit verhöhnt wird.

Aufgabe 2
S. 220

Sehr wahrscheinlich werden die Schüler das Verhalten des Fuchses verurteilen. Der Rat für den Ziegenbock könnte lauten, dass er erst nachdenken sollte, bevor er jemandem, den er nicht kennt, vertraut und hilft.

Aufgabe 3
S. 221

Mithilfe der Fabel „Der Fuchs und der Ziegenbock“ wird der Blick der Schüler auf die Tempusformen des Verbs gerichtet. Sie sehen sich die unterstrichenen Verbformen in der Fabel an und bestimmen, ob diese Aussagen zur Vergangenheit, Gegenwart oder Zukunft machen.

Aufgabe 4
S. 221

Als Nächstes erarbeiten die Schüler die Tempusformen selbstständig, indem sie die unterstrichenen Verbformen bestimmen und den Infinitiv zu den Verbformen bilden. Dabei erstellen sie folgende Tabelle. Diese könnte in vereinfachter Form auch als Tafelbild dienen:

Die Tempusformen Präteritum, Präsens und Futur					
Präteritum (Vergangenheit)		**Präsens (Gegenwart)**		**Futur (Zukunft)**	
Personalform	**Infinitiv**	**Personalform**	**Infinitiv**	**Personalform**	**Infinitiv**
fiel konnte kam sah fragte antwortete stieg löschte fragte entgegnete sprang tanzte verhöhnte	fallen können kommen sehen fragen antworten steigen löschen fragen entgegnen springen tanzen verhöhnen	ist schimmert schmeckt kommen stellst stemmst streckst	sein schim- mern schme- cken kommen stellen stemmen strecken	werde sor- gen werde hinaufklet- tern werde hinaushelfen	sorgen hinaufklet- tern hinaushel- fen

Aufgabe 5
S. 221

Danach üben die Schüler die Bildung der drei Tempusformen durch das Schreiben eigener freier Texte dazu, was sie in den letzten Sommerferien getan haben, was gerade bei ihnen zu Hause geschieht und was sie das nächste Wochenende unternehmen werden.

Aufgabe 6
S. 222

In der Münchhausengeschichte bestimmen die Schüler die Person, den Numerus und das Tempus der unterstrichenen Verbformen. Die Lösungen lauten:
kehrt zurück – 3. Person Singular Präsens
bringt mit – 3. Person Singular Präsens
erzählt – 3. Person Singular Präsens
wird berichten – 3. Person Singular Futur
kennen – 3. Person Plural Präsens
wird erzählen – 3. Person Singular Futur
werden zuhören – 3. Person Plural Futur
berichtet – 3. Person Singular Präsens
abfeuerten – 3. Person Plural Präteritum
sprang – 3. Person Singular Präteritum
hielten offen – 3. Person Plural Präteritum
ist – 3. Präsens Singular Präsens

Ich suche – ich suchte/ich sehe – ich sah – schwache und starke Verben unterscheiden (S. 222–223)

Aufgabe 1
S. 222

Mithilfe der beiden Stapel von Karteikarten erklären die Schüler, dass das Präteritum offensichtlich unterschiedlich gebildet wird. Sie stellen fest, dass sich bei einigen Verben der Wortstamm im Präteritum verändert, während bei anderen der Präsenswortstamm nur eine Endung, die das Präteritum anzeigt, erhält. Mithilfe der Lernbox werden diese beiden Arten von Verben als starke und schwache Verben eingeordnet.

Aufgabe 2
S. 223

Das Wissen wenden die Schüler an, indem sie von einigen Verben das Präteritum bilden und diese Verben nach starken und schwachen unterscheiden. Dabei legen sie folgende Tabelle an:

starke Verben	schwache Verben
fahren – fuhr laufen – lief lesen – las schreiben – schrieb springen – sprang	bauen – baute verfolgen – verfolgte suchen – suchte feiern – feierte schellen – schellte

Aufgabe 3
S. 223

Die Schüler stellen fest, dass die Briefschreiberin die starken Verben schwach konjugiert hat. An dieser Stelle ist der Hinweis sinnvoll, dass jemand, für den Deutsch eine Fremdsprache ist, lernen muss, ob ein Verb stark oder schwach konjugiert wird.

Aufgabe 4
S. 223

Anschließend verbessern die Schüler den Brief an Franzi. Der verbesserte Brief lautet so:
Liebe Franzi,
heute muss ich dir von einem tollen Erlebnis erzählen. Als ich vor drei Tagen morgens zur Schule **kam**, war alles irgendwie anders als sonst. Überall **standen** kleine Gruppen von Schülern zusammen, die sich aufgeregt **unterhielten**. Andere **gingen** durch die Flure und **schienen** etwas zu suchen. Meine Freundin Cecile **kam** auf mich zugerannt und **rief:** „Die Schlange ist aus dem Schulterrarium ausgebrochen!"

Aufgabe 5
S. 223

Insbesondere Schüler, die noch mit der Bedeutung der Fachwörter zu den Wortarten und ihrer Schreibung Probleme haben, erhalten hier noch einmal Gelegenheit, sich die Bedeutung und Schreibweise dieser Fachwörter einzuprägen. Sie suchen mithilfe der Lernboxen in diesem Kapitel die deutsche Bezeichnung der Fachwörter heraus. Dann schreiben sie das lateinische Fachwort zusammen mit der deutschen Bedeutung in ihr Heft.

3. Das Adjektiv (S. 224–227)

Wie etwas ist – die Aufgabe von Adjektiven erkennen (S. 224)

Die Einsetzübung (Aufgabe 1) und die weiteren Aufgaben (4 bis 6) führen zu der Erkenntnis, dass man mithilfe von Adjektiven Lebewesen, Dinge oder Vorgänge genauer bezeichnen bzw. beschreiben kann; sie gewinnen an Anschaulichkeit.

Aufgabe 1
S. 224

Die Schüler vervollständigen den Text mithilfe der Adjektive, die auf Franzis Zettel neben dem Text angeboten werden. Der vollständige Text ist:
Mein Kanarienvogel Hansi ist ein **munterer** Geselle. Nach dem Aufwachen hat er immer **großen** Hunger. **Begierig** pickt er seine Körner aus dem Napf. Danach hüpft er **ausgelassen** in seinem Käfig herum und erfreut uns mit seinem **kunstvollen** Gesang. Wenn er dann **müde** ist, macht er erst einmal ein **ausgiebiges** Nickerchen. Hansi ist ein sehr **sauberer** Vogel; mehrmals am Tag putzt er **sorgfältig** sein **buntes** Gefieder.

Aufgabe 2
S. 224

Im Vergleich mit der ersten Fassung werden die Schüler feststellen, dass die Fassung mit den Adjektiven genauer und anschaulicher wirkt. Sie werden darauf hinweisen, dass der Leser sich das Gesagte besser vorstellen kann.

Aufgabe 3
S. 224

Mit den angebotenen Adjektiven könnten die Schüler folgende Beschreibung des Fabeltieres mündlich entwickeln:
Auf der Abbildung ist **merkwürdiges** Fabeltier zu sehen, das in griechischen Sagen vorkommt. Es handelt sich um einen „Hippokampos", einer Mischung aus Pferd und Schlange. Sein **länglicher** Körper ist am Ende **geringelt** und **dünn**. Auf mich wirkt dieses Fabeltier etwas **unheimlich**.

Aufgaben 4–5
S. 224

Weitere Adjektive, die eine Beschreibung des Fabeltieres noch erweitern könnten, sind z. B.: selten, ungewöhnlich, behaart, schwimmfähig, stachelig, gezackt, wunderlich, fantastisch, außergewöhnlich, wild.
Diese Adjektive werden an der Tafel gesammelt oder bei schwächeren Lerngruppen vorgegeben. Anschließend schreiben die Schüler eine Beschreibung des Fabeltiers und unterstreichen alle Adjektive in ihrem Text.

Aufgabe 6
S. 224

Diese Aufgabe ist für stärkere Schüler. Sie wählen ihr Haus- oder Lieblingstier aus und sammeln dazu im Vorfeld möglichst viele Adjektive und andere Stichwörter, mit denen sie es genau beschreiben können. Dann stellen sie es mithilfe dieses Wortmaterials vor, ohne den Namen des Tieres zu verraten. Die anderen Schüler haben die Aufgabe, das entsprechende Tier zu erraten.

Klug, klüger, am klügsten – Adjektive steigern (S. 225–227)

Aufgaben 1–2
S. 225

Folgende Adjektive können die Schüler aus dem Text heraussuchen:
Noch **schöner** ist es für Hansi, wenn er im Raum fliegen darf. Zunächst ist er ganz **vorsichtig**, aber dann wagt er sich immer **weiter** vor. Seine Flugkünste werden täglich **besser**. Wenn ich ihn dann wieder einsperre, ist er ganz **traurig. Am liebsten** würde er noch **länger** fliegen. Aber **am glücklichsten** ist Hansi, wenn er ein Bad nehmen darf. Dabei ist er noch **fröhlicher** als bei seinen Ausflügen.
Beim Heraussuchen der Adjektive aus dem Text wird den Schülern als Erstes auffallen, dass die Adjektive nicht in ihrer Grundform in dem Text vorkommen. Anschließend wird vom Begriff der „Steigerungsform" und einzelnen Beispielen (z. B.: schöner) die Funktion und Bedeutung dieser Formen der Adjektive bestimmt. Dabei kann folgendes Tafelbild erstellt werden:

Steigerung der Adjektive

hoch, weit, schnell	*höher, weiter, schneller*	*am höchsten, am weitesten, am schnellsten*
Positiv (Grundform)	***Komparativ (Vergleichsstufe)***	***Superlativ (Höchststufe)***

Aufgabe 3
S. 225

Anschließend bestimmen die Schüler die Steigerungsformen der Adjektive aus Franzis Text und ergänzen die vorgegebene Tabelle folgendermaßen:

Positiv (= Grundstufe)	**Komparativ** (= Vergleichsstufe)	**Superlativ** (= Höchststufe)
vorsichtig traurig	schöner weiter besser länger fröhlicher	am liebsten am glücklichsten

Aufgaben 4–5
S. 225–226

In diesen Aufgaben wird die Möglichkeit geübt, mithilfe von gesteigerten Adjektiven Vergleiche zu formulieren. Die Schüler schreiben einen eigenen Text, indem sie Größe, Alter oder Charaktereigenschaften von Familienmitgliedern miteinander vergleichen (Aufgabe 4). Danach formulieren sie Vergleiche aus den Bereichen Geographie und Biologie (Aufgabe 5). Dabei sollten sie zu folgenden Lösungen kommen:

- Hamburg ist eine **große** Stadt, doch London ist **größer** und Tokio ist **am größten**.
- Die Donau ist **lang**, die Wolga ist **länger**, aber der Nil ist **am längsten**.
- Der Kangschendzonga ist **hoch**, der K2 ist **höher**, der Mount Everest ist **am höchsten**.
- Ein Löwe läuft **schnell**, ein Strauß ist **schneller**, der Gepard ist **am schnellsten**.
- Der Maikäfer ist **klein**, Ameisen sind **kleiner**, Flöhe sind **am kleinsten**.

4. Das Pronomen (S. 227–231)

Ich, du, er ... – Personalpronomen verwenden (S. 227–229)

Aufgaben 1–3 S. 227

Die Überarbeitung des Textes macht deutlich, dass der Gebrauch von Personalpronomen einen Text sprachlich ansprechender macht. Er könnte so umgestaltet werden:
Am Nachmittag besucht Peter seinen Freund Kurt. **Sie** sind schon lange befreundet. Heute wollen sie zum Angeln fahren. Kurt ist im Angeln ein alter Hase, denn **er** ist seit 2 Jahren in der Jugendabteilung des Angelvereins. In dieser Zeit hat **er** schon viel Erfahrung gesammelt, in den verschiedenen Angeltechniken kennt **er** sich gut aus. Peter hat die Angel seines Großvaters mitgebracht. **Sein** Großvater hat ihm die Angel für heute Nachmittag geliehen.
Als die zwei Freunde endlich das Flussufer erreicht haben, bauen **sie** schnell ihre Angeln auf. Als Köder haben sie sich für Maden entschieden. Ob **ihnen** heute wohl ein dicker Fisch an die Angel geht?

Aufgaben 4–6 S. 228

Diese Aufgaben verdeutlichen, dass es zu Missverständnissen führen kann, wenn sich die Personalpronomen nicht auf das zuletzt genannte Nomen beziehen oder wenn die zeitliche Abfolge der Handlungen nicht bedacht wird. So könnte verbessert werden:

- Die kleine Katze machte auf den Boden, als Rosi sie gestern in ihr Zimmer ließ.
- Vor der Lehrerin stieg eine dicke Seifenblase auf und platzte schließlich.
- Die Kerze rauchte, nachdem meine kleine Schwester sie ausgepustet hatte.
- Die Tür schlug zu, bevor Oma sie erreichen konnte.
- Die Ziege meckerte, ehe Lili sie streichelte.
- Der Feuermelder hinter dem Schulleiter gab einen lauten Ton von sich.

Thomas Valentin: Schorschi ist Schorschi (S. 228)

Aufgabe 7 S. 228

Eine mögliche Lösung könnte so aussehen:

Thomas Valentin
Schorschi ist Schorschi

So sah Schorschi aus, als Marion drei Jahre alt war. Aber **sie** (wer?) badete **ihn** (wen oder was?) nicht nur, **sie** drückte **ihn** auch! Vor allem, wenn **sie ihn** gebadet hatte. **Sie** wiegte **ihn** auf den Armen, sang **ihm** „Wenn ich ein Vöglein wär" vor, und dann presste **sie ihn** an sich, ganz fest, liebevoll fest. Vor lauter Liebe wurde Schorschi immer platter. Ein glatter, platter Dackel, der nicht mehr auf seinem Popo sitzen konnte, weil **er** sofort umfiel, so glatt und platt war **er**, mit seiner hechelnden Zunge, die immer länger wurde. Das tat Marion weh, richtig weh, wie Zahnschmerzen oder wie ein Loch im Knie. **Sie** wollte doch Schorschi gar nicht platt drücken, **sie** wollte **ihn** nur lieb halten, so lieb!

(aus: Thomas Valentin: Kater im Theater, Igel Verlag, Oldenburg 2002)

James Krüss: Der törichte Star (S. 229)

Aufgabe 9 S. 229

Die Schüler können einen Vortrag des Gedichts einüben. Einige Vorträge werden der Klasse vorgestellt. Danach geben sie das, was über den Star in dem Gedicht gesagt wird, mit ihren Worten wieder. Sie gehen z. B. darauf ein, dass der Star ein richtiger Star, d. h. ein Vogel ist. Er ist töricht, d. h. dumm. Es erstaunt und wundert ihn, dass ein Mädchen

Häuser aus Klötzen bauen kann. Aber er ist ja auch ein Vogel und hat keinen Menschen-, sondern einen Starenverstand.

Aufgabe 10
S. 229

Als Nächstes beschreiben die Schüler den besonderen Aufbau des Gedichtes. Er besteht darin, dass jede Zeile mit einem Personalpronomen beginnt und die Personalpronomen nach ihrer Person und ihrem Numerus geordnet die Versanfänge bilden (ich, du, er ... ihr, sie). Vertiefend kann dann untersucht werden, wen oder was das jeweilige Personalpronomen am Versanfang bezeichnet.

Aufgabe 11
S. 229

In seinem Gedicht spielt James Krüss mit den Personalpronomen. Nach seinem Vorbild können die Schüler einmal selbst kreativ mit der Wortart Personalpronomen umgehen und ein Parallelgedicht verfassen.

Mein, dein, sein ... – Possessivpronomen verwenden (S. 230–231)

Aufgabe 1
S. 230

Die Schüler untersuchen die auf der Postkarte unterstrichenen Pronomen und klären ihre Funktion. Es sollte herausgestellt werden, dass sie alle die Zugehörigkeit von Sachen oder Personen angeben.

Aufgabe 2
S. 230

Danach schreiben die Schüler folgende unterstrichene Possessivpronomen mit dem dazugehörigen Nomen/Substantiv heraus. Es wird deutlich, dass sie fast immer Begleiter eines Nomens/Substantivs sind und mit ihm zusammen dekliniert werden.

<u>meiner</u> Frau, <u>meinen</u> ... Kindern, <u>meiner</u> Strandwanderung, <u>unseren</u> ... Freund, <u>seiner</u> Familie, <u>ihren</u> ... Hund, <u>seine</u> Frau, <u>meiner</u> Frau, <u>unsere</u> ... Zeiten, <u>unsere</u> Kinder, <u>ihren</u> Hobbys, <u>deiner</u> ... Arbeit, <u>dein</u> Friedrich

Aufgabe 3
S. 231

Als Nächstes üben die Schüler selbst den Gebrauch von Possessivpronomen, indem sie sie in einen Brief einsetzen.

Liebe Franzi,
heute will ich dir berichten, wie es mir in **meiner** neuen Schule gefällt. **Unsere** Lehrer sind nett, allerdings ein bisschen strenger als in **unserer** alten Schule. Weil **unser** Klassenraum noch ziemlich kahl wirkt, wollen wir demnächst **unsere** selbst gemalten Bilder aus dem Kunstunterricht aufhängen. Mit **meiner** neuen Banknachbarin verstehe ich mich recht gut; **ihre** Hobbys sind Lesen und Reiten. **Ihre** Eltern überlegen sogar, ob sie ihr ein eigenes Pferd kaufen.
Mein Lieblingsfach ist immer noch das Fach Deutsch. Gestern haben wir von **unserer** Lehrerin aufbekommen, ein Gedicht in **unser** Heft zu schreiben und auswendig zu lernen. Schreib mir doch auch einmal, wie du es in **deiner** neuen Schule angetroffen hast. Bis bald!
Deine Anna

Alles klar? – Wiederholen, üben und überprüfen (S. 232–233)

Aufgabe 1
S. 232

Die zutreffende Aussagen sind (das Lösungswort lautet SINGULAR):
- Das weibliche Geschlecht heißt Femininum. **U**
- Nomen/Substantive können in der Einzahl oder in der Mehrzahl stehen. **I**
- Nomen/Substantive werden immer großgeschrieben. **S**
- Die Mehrzahl bezeichnet man als Plural. **N**
- Der erste Fall ist der Nominativ. **A**
- Der zweite Fall ist der Genitiv. **R**
- Nomen/Substantive lassen sich in die vier Fälle setzen. **L**
- Nomen/Substantive können männlich, weiblich oder sächlich sein. **G**

Aufgabe 2
S. 232

Die richtigen Aussagen sind:

- Tobias (H) = Nominativ; die Windpocken (**F**) = Akkusativ
- Klara und Sebastian (U) = Nominativ; dem Freund (M) = Dativ; einen Besuch (**R**) = Akkusativ
- die ganze Klasse (W) = Nominativ; ein Geisterfest (**E**) = Akkusativ
- Tobias (B) = Nominativ; einen Film (**U**) = Akkusativ
- ein Geräusch (**N**) = Akkusativ
- Tobias (F) = Nominativ; die Tür (**D**) = Akkusativ
- ein ausgehöhlter Kürbiskopf (I) = Nominativ
- die verkleideten Klassenkameraden (G) = Nominativ
- dem Kranken (C) = Dativ; die Überraschung (K) = Nominativ
- der Kürbiskopf (V) = Nominativ; ein schöner Trost (**E**)

Lösungswort: F R E U N D E

Aufgabe 3
S. 233

Die Verbformen müssen folgendermaßen den beiden Bildern zugeordnet werden:

wird reisen	flog
wirst entdecken	raste
werde berichten	beobachtete
werden zurückkehren	erlebtest
wirst erkennen	
werden landen	

Aufgabe 4
S. 233

Die gesuchten Adjektive beschreiben einen Clown. Es sind: lustig, bunt, tollpatschig, beliebt, spaßig **(Lösung: Clown)**

Aufgabe 5
S. 233

Das vollständige Cluster könnte so aussehen:

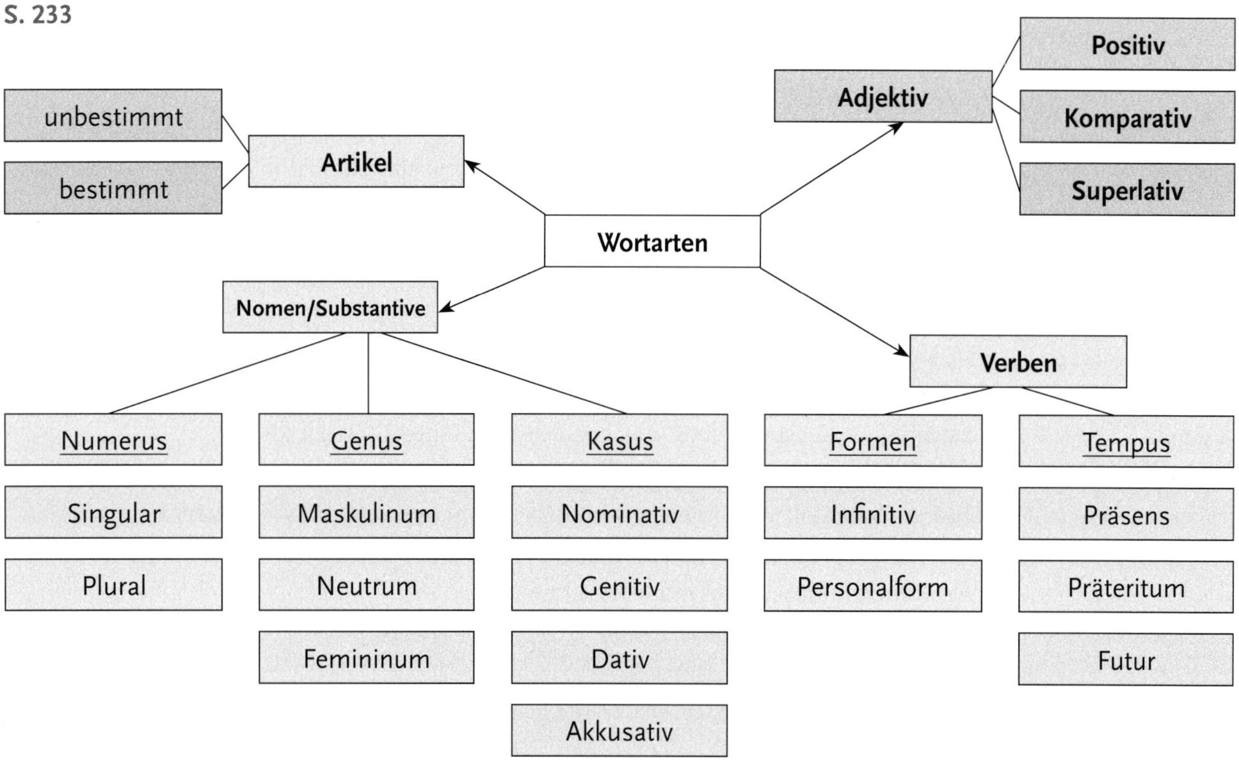

Im „Haus der Sprache“ – die wichtigsten Satzglieder erkennen (S. 234–249)

Vorüberlegungen zur Einheit

Das Kapitel „Satzglieder“ knüpft an das Vorwissen der Schüler aus der Grundschule an. Sie werden angeleitet, in Bezug auf die Bestimmung der Satzglieder Subjekt, Prädikat, Dativ- und Akkusativobjekt sicherer zu werden. Weiter üben sie mithilfe der **Methoden zur Satzgliedbestimmung** (Umstell-, Ersatzprobe und das Stellen der Satzgliedfragen), Texte sprachlich zu verbessern. Dies verdeutlicht ihnen exemplarisch, dass das sichere Beherrschen der Grammatik kein Selbstzweck ist, sondern die Sprachkompetenz erhöht.
In dieser Einheit werden besonders folgende Kompetenzen geschult:

- Einsicht in sprachliche Strukturen
- Anwendung operationaler Verfahren (z. B.: Umstell- oder Ersatzprobe)
- sprachliche Verbesserung von Texten
- Bestimmung und Unterscheidung der Satzglieder Subjekt, Prädikat und Objekt

Der Einstieg in die Einheit geschieht über die **Auftaktseite** (S. 234). Hier wird das Vorwissen der Schüler aus der Grundschule aktiviert bzw. abgefragt. So kann der Lehrer sich ein Bild über den Kenntnisstand der Schülerinnen und Schüler machen.

Didaktische Aufbereitung der Unterkapitel

1. Bausteine des Satzes – Satzglieder erkennen (S. 235–237)

Aufgaben 1–4
S. 235–236

Die Aufgaben dieses Teilkapitels dienen vor allem dazu, den Schülern mithilfe der Umstell- und Ersatzprobe eine Vorstellung davon zu vermitteln, auf welchem Weg ermittelt werden kann, was überhaupt ein Satzglied ist.
Die Schüler stellen fest, dass beim Bilden verschiedener Sätze mit dem Wortmaterial die Wörter „der Sprachforscher“ (Subjekt), „arbeitet“ (Prädikat), „im Haus der Sprache“ (Objekt) und „seit vielen Jahren“ (Adverbialbestimmung) immer zusammen bleiben und deshalb jeweils ein eigenständiges Satzglied bilden.
Folgende Sätze können aus den Wörtern auf dem Tisch auf S. 235 gebildet werden (Aufgabe 1):

- [Seit vielen Jahren] [arbeitet] [der Sprachforscher] [im Haus der Sprache].
- [Der Sprachforscher] [arbeitet] [seit vielen Jahren] [im Haus der Sprache].
- [Im Haus der Sprache] [arbeitet] [der Sprachforscher] [seit vielen Jahren].
- [Der Sprachforscher] [arbeitet] [im Haus der Sprache] [seit vielen Jahren].
- [Im Haus der Sprache] [arbeitet] [seit vielen Jahren] [der Sprachforscher].
- [Seit vielen Jahren] [arbeitet] [im Haus der Sprache] [der Sprachforscher].

Die Auflistung der Sätze eignet sich gut als Tafelbild. Dabei können einzelne Schüler vor die Klasse treten, ihren Satz anschreiben und dann mit verschiedenfarbiger Kreide – gelenkt durch die Lehrperson – die jeweiligen Satzglieder einkreisen. Es ist sinnvoll, sich in diesem frühen Stadium der Einheit auf eine einheitliche Farbgestaltung zu einigen (z. B.: Subjekt immer „blau“, Prädikat „grün“, etc.). Die Satzglieder können auch lediglich einfarbig eingeklammert werden

Aufgaben 5–6
S. 236

Der Text kann von der Lehrperson vorgetragen werden, wobei die monotonen Satzanfänge besonders betont werden. So sollte den Schülern schnell klar werden, dass der Text deshalb sprachlich misslungen ist, weil die Satzanfänge immer gleich sind und auch die Anordnung der folgenden Satzglieder nicht wechselt. So folgt nach Subjekt und Prädikat zunächst immer die adverbiale Bestimmung und dann erst das Objekt.
Mithilfe der zuvor gelernten Umstell- und Ersatzprobe verbessern die Schülerinnen und Schüler den Text anschließend sprachlich.

Aufgabe 7
S. 237

Schwächere Schüler können die sprachliche Verbesserung von Texten mithilfe der Ersatzprobe an diesem Beispiel üben. Die Formulierungsvorschläge in dem Wortspeicher helfen ihnen, den Text wirklich zu verbessern.

Aufgaben 8–10
S. 237

Diese Aufgaben knüpfen unmittelbar an die vorangehenden an. Erneut wird ein Text vorgelegt, der aufgrund der nicht wechselnden Anordnung der Satzglieder sehr monoton wirkt. Die Schülerinnen und Schüler wenden erneut die Umstell- und Ersatzprobe an und verbessern den Text so sprachlich. Die Auswertung kann in Partner- oder Gruppenarbeit geschehen.

2. Wer oder was …? – Das Subjekt bestimmen (S. 238–239)

Aufgaben 1–3
S. 238

Die Übungen sollen deutlich machen, dass man das Satzglied „Subjekt“ durch die Frage „Wer oder was …?“ herausfinden kann und das Subjekt häufig aus mehreren Wörtern besteht. Die Umstell- und Ersatzprobe wird als Hilfe angeboten, das vollständige Subjekt zu erkennen.
Die Ergebnisse der Aufgabe 3 können in folgendem Tafelbild festgehalten werden:

Wer oder was …? – Das Subjekt bestimmen

Subjekt	*Frage*
Hannes	*Wer oder was ist auf das Dach der Ziegelei geklettert?*
Die Krokodiler	*Wer oder was verlangt eine Mutprobe?*
das Dach	*Wer oder was war brüchig?*
er	*Wer oder was rutschte ab?*
er	*Wer oder was konnte sich gerade noch festhalten?*
alle Bandenmitglieder	*Wer oder was lief einfach weg?*
Maria, das einzige Mädchen der Gruppe	*Wer oder was rief die Feuerwehr?*

Es ist sinnvoll, gerade beim letzten Beispiel darauf hinzuweisen, dass alles, was bei der Umstellprobe zusammenbleibt, ein eigenständiges Satzglied bildet. Dazu gehört in diesem Fall eben auch der Einschub „das einzige Mädchen der Gruppe“.

Aufgabe 4
S. 239

Im folgenden Text sind alle Subjekte jeweils mit einem Kasten markiert:

[Das alte Ziegeleigelände] sieht ziemlich trostlos aus. [Die Fensterscheiben] sind zerbrochen und [die Mauern] fallen auseinander. [Regen] dringt durch das Dach und bei Sturm fallen [die Dachpfannen] auf die Erde. [Das Spielen] in der Ziegelei ist für Kinder sehr gefährlich. Eigentlich sollte [das Gebäude] abgerissen werden. [Die Krokodiler] finden aber nirgendwo einen geeigneten Spielplatz, deswegen spielen [sie] lieber auf dem verbotenen Gelände.

Aufgabe 5
S. 239

Der um die Subjekte vervollständigte Text lautet wie folgt:

Der Elefant und die Ameisen

Ein Elefant hat sich zu einem Schläfchen versehentlich auf einen großen Ameisenhaufen gesetzt. **Die Ameisen** fallen zu Tausenden über ihn her. Nachdem **der Elefant** ausgeschlafen hat, steht **er** auf, schüttelt sich und schwenkt seinen Rüssel hin und her, sodass **alle Ameisen** bis auf eine von ihm abfallen. **Die Ameise** hält sich mit aller Kraft an dem Hals des Elefanten fest. Da rufen **die anderen** vom Boden herauf: „Würg ihn, Erich, würg ihn!“

3. Was tut jemand? Was geschieht? – Das Prädikat bestimmen (S. 240–242)

Aufgaben 2–5
S. 240–241

Die Wörterkiste enthält Nomen/Substantive, Verben und Adjektive. Die Schüler werden aber schnell merken, dass sich bloß Verben einsetzen lassen. Mithilfe der Lernbox auf S. 242 können sie so begründen, warum das fehlende Satzglied das Prädikat ist. Die Einsetzübung macht weiter deutlich, dass das Prädikat von einem Verb oder einer Verbgruppe gebildet wird.
Der Lückentext kann wie folgt gefüllt werden:

Fossilien

Die letzten Dinosaurier **verschwanden** vor 65 Milliarden Jahren von der Erde. Damals **lebten** auf der Erde noch keine Menschen. 165 Millionen Jahre lang **beherrschten** die Riesenechsen unsere Erde. Versteinerungen (sogenannte Fossilien) **sagen** uns etwas über ihr Aussehen und ihre Lebensweise. Schlamm und Sand **begruben** einige Dinosaurier nach ihrem Tod. Das Fleisch und die Haut der Tiere **verrotteten**, der Schlamm **härtete** die Knochen und **verwandelte** sie in Fossilien. Nach Jahrmillionen **fanden** Wissenschaftler die Fossilien und **gruben** sie vorsichtig aus der Erde.

Aufgabe 6
S. 241

Diese Übung soll den Schülern verdeutlichen, dass das Prädikat häufig aus zwei Teilen besteht, z. B. durch

- ein trennbar zusammengesetztes Verb *(Z. 1: starb aus/Z. 2f.: kühlte ab/Z. 5: schlugen ein/Z. 6: wirbelten auf/Z. 6f. deckte zu)*,
- die Passivform *(Z. 3f: wurde ausgerottet)*,
- zusammengesetzte Tempusformen oder
- die Verbindung mit einem Modalverb *(Z. 8: konnten überleben)*.

Allerdings würde eine Erklärung, warum das so ist, hier zu weit führen.

Aufgaben 7–8 S. 241–242

Hier soll das erworbene Wissen über Subjekt und Prädikat vertieft werden. Die Texte „Einbruch ins Naturkundemuseum" und „Höflichkeit" sollten dabei in dieser Weise bearbeitet werden: Subjekt , Prädikat. Folgende Lösungen sollten die Schüler erarbeiten:

Einbruch ins Naturkundemuseum

Ein 27 Jahre alter Mann drang in der vergangenen Nacht in das Berliner Naturkundemuseum ein. Er brach mehrere Vitrinen auf und stahl wertvolle Fossilien. Dabei zerstörte er einen Teil der Einrichtung. Das große Dinosaurierskelett blieb zum Glück unbeschädigt. Nach seinem Überfall setzte sich der Dieb in eine Gastwirtschaft und trank reichlich Alkohol. Die Bedienung des Lokals bemerkte das auffällige Verhalten des Mannes und verständigte die Polizei. Diese nahm den Mann kurze Zeit später fest.

Höflichkeit

Zwei Männer kehrten in ein Gasthaus ein.
Beim Wirt bestellten sie zwei Schnitzel.
Nach kurzer Zeit brachte der Wirt auf einem Teller ein großes und ein kleines Schnitzel.
Sofort griff der eine Mann nach dem größeren Schnitzel.
Diese Rücksichtslosigkeit ärgerte den anderen Mann.
In scharfem Ton sagte er seinem Gegenüber die Meinung.
Der schluckte erst den letzten Bissen herunter:
„Welches Schnitzel nimmt man denn deiner Meinung nach?"
„Ich nehme aus Höflichkeit immer das kleinere Stück."
„Aber genau das liegt doch auf deinem Teller!"

4. Wen oder was? Wem? – Akkusativ- und Dativobjekte erkennen (S. 243–247)

Der Dinosaurier hebt den Kopf – das Akkusativobjekt bestimmen (S. 243–245)

Aufgaben 1–2 S. 243

In Franzis Text ist jeweils das Akkusativobjekt durch eine Zeichnung ersetzt worden. Eine Hilfe ist es, wenn auch hier die Schüler zunächst aufgefordert werden, im Kopf die Umstellprobe vorzunehmen. Die Lücken müssen wie folgt gefüllt werden:

- Franzi besucht **den Sprachforscher Dr. Knoll**.
- Sie hat **das Dinosaurierbuch** mitgenommen, um es Dr. Knoll zu zeigen.
- Gemeinsam mit Franzi schaut er sich **die Riesenechsen** an.
- Dr. Knoll findet **die Saurierabbildungen** besonders interessant.
- Der Tyrannosaurus zeigt **seine gefährlichen Zähne**.
- Er trägt **den Kopf** in sieben bis acht Metern Höhe.

Die Aufgabe 2 macht den Schülern bereits deutlich, dass immer das Akkusativobjekt ersetzt werden muss. Sie erkennen weiterhin, dass auch Akkusativobjekte aus mehreren Wörtern bestehen und durch die Frage „Wen oder Was?" erfragt werden können.

Aufgabe 3
S. 244

Wie bereits in den vorangegangenen Aufgaben deutlich wird, können Akkusativobjekte aus mehreren Wörtern bestehen. Dieser Erkenntnis dient auch diese Aufgabe. Folgende Akkusativobjekte sollen dabei gefunden werden:

„Die Tiere“: Plastilin, Körper, Kopf, Beine und Schwanz; kleine Echsen und andere Säugetiere
„Der Schauplatz“: einen Schuhkarton; eine Seite der Schachtel; die drei Innenseiten; Seen, Berge und einen Himmel; Büsche und Bäume
„Die Pflanzen“: Büsche und Bäume; eine Lasche; die Lasche; sie

Aufgabe 4
S. 244

Diese Aufgabe vertieft das erworbene Wissen. Wenn nötig, sollte die grammatische Kategorie „Kasus“ zuvor besprochen werden.

a) Die Klasse 5c plant **einen Ausflug** in den Zoo.
b) Jeder Schüler soll **ein Tier** beobachten.
c) Gerade füttern die Wärter **die Elefanten**.
d) Die Dickhäuter scheinen **die Aufmerksamkeit der Zuschauer** zu genießen.
e) Im Affenkäfig treiben die Tiere **Späße**.
f) Nach dem Rundgang machen die Schüler **eine Pause**.
g) Sie packen **Getränke und Butterbrote** aus.

Aufgabe 5
S. 245

Folgende Wortgruppen müssen eingesetzt werden, sodass sich diese Sätze ergeben:

a) Ein Tyrannosaurus hatte **spitze, scharfe Zähne**.
b) Der halb so große Stegosaurus fraß nur **Gras und Blätter**.
c) **Die Dinosaurier** legten **Eier**. Das machen **Schildkröten, Krokodile und Schlangen** auch heute noch.
d) Keiner weiß genau, warum **die Dinosaurier** ausgestorben sind. Vielleicht ist **ein Komet** auf die Erde gestürzt.
e) **Die Menschen** können sich heute vorstellen, wie die Dinosaurier ausgesehen haben. Es wurden nämlich **versteinerte Knochen** von Dinosauriern gefunden.

Aufgabe 6
S. 245

Die Ergebnisse können in folgendem Tafelbild festgehalten werden:

Tafelbild

Satzglieder bestimmen

Satzgliedfrage	*Antwort*	*Satzglied*
Wen oder was *hatten die Dinosaurier?*	*spitze, scharfe Zähne*	*Akkusativobjekt*
Wen oder was *fraß der Stegosaurus?*	*Gras und Blätter*	*Akkusativobjekt*
Wer oder was *legte Eier?*	*Die Dinosaurier*	*Subjekt*
Wen oder was *legten die Dinosaurier?*	*Eier*	*Akkusativobjekt*
Wer oder was *ist ausgestorben?*	*Die Dinosaurier*	*Subjekt*
Wer oder was *ist auf die Erde gestürzt?*	*ein Komet*	*Subjekt*
Wer oder was *kann sich dies vorstellen?*	*Die Menschen*	*Subjekt*
Wer oder was *wurde gefunden?*	*versteinerte Knochen*	*Akkusativobjekt*

Tanja antwortet <u>dem Lehrer</u> – das Dativobjekt bestimmen (S. 233–234)

Aufgaben 1–3
S. 245–246

Die Sätze müssen durch die entsprechenden Dativobjekte vervollständigt werden. Dazu sollen die Schüler zunächst Fragen an den Text stellen, um diese herauszufinden. Hilfreich ist auch hier für die Schüler, die Umstellprobe durchzuführen, damit sie erkennen, welche Wörter zusammen ein Satzglied bilden. Anschließend soll von diesen Fragen abstrahiert werden, sodass die Satzgliedfrage „Wem?" als diejenige, mit der sich Dativobjekte bestimmen lassen, erkannt wird.
Die Ergebnisse können in folgendem Tafelbild festgehalten werden:

Tafelbild

Das Dativobjekt bestimmen

Frage	*vervollständigter Satz*
<u>Wem</u> *gibt Franzi das Dinosaurierbuch?*	*Franzi gibt das Dinosaurierbuch Dr. Knoll.*
<u>Wem</u> *hilft der Sprachforscher?*	*Der Sprachforscher hilft Franzi.*
<u>Wem</u> *danken die Besucher?*	*Die Besucher danken den Schauspielern.*
<u>Wem</u> *antwortet Franzi?*	*Franzi antwortet ihrem Lehrer.*
<u>Wem</u> *stellt sich Dr. Knoll vor?*	*Dr. Knoll stellt sich den Wissenschaftlern vor.*
<u>Wem</u> *gehört das Buch auf dem Tisch?*	*Das Buch auf dem Tisch gehört Franzi.*

Satzgliedfrage bei Dativobjekten: ***Wem?***

Aufgabe 4
S. 246

Durch die Satzgliedfrage „Wem?" finden die Schüler die entsprechenden Dativobjekte heraus. Hier sind sie mit einem Kasten umrandet:

- Der Trainer gibt seinen Spielern vor dem Anstoß wertvolle Tipps.
- Im Spiel folgen sie seinen Anweisungen.
- Der Stadionsprecher wünscht den Zuschauern ein unterhaltsames Spiel.
- Vor dem Anstoß schenkt der Spielführer dem Gegner einen Wimpel.
- Die Spieler winken den Zuschauern zu.
- Der Schiedsrichter gibt dem Mittelstürmer den Ball.
- Dem Außenstürmer gelingt eine herrliche Flanke.

Aufgabe 5
S. 246

Die Lücken werden mit folgenden Dativobjekten gefüllt. Die Schüler wenden wieder die Satzgliedfrage „Wem?" an. Intensiviert wird diese Aufgabe dadurch, dass die Wörter aus dem Wortspeicher noch in den korrekten Kasus gesetzt werden müssen:

- Wir wünschen **dem Geburtstagskind** Glück und Gesundheit.
- Die Schüler spielen **dem Lehrer** einen Streich.
- Die Tochter ähnelt **der Mutter** sehr.
- Sie zeigt das Tagebuch **der Freundin**.
- Der Ober bringt **den Gästen** das Mittagessen.

Aufgabe 6
S. 247

Folgende Akkusativ- und Dativobjekte sollen gefunden werden:

Akkusativobjekt	Dativobjekt
• den Zoo	–
• eine Eintrittskarte	seiner neuen Freundin
• den Zooplan	der Klassenlehrerin
• eine Menge Tierfutter	–
• die Bananen	den Affen
• den Weg	den anderen Schülern
• die tolle Delfinschau	–
• –	der ganzen Klasse

Aufgabe 7
S. 247

Folgende Akkusativ- und Dativobjekte sollen die Schülerinnen und Schüler in dem Text finden:

Akkusativobjekt	Dativobjekt
Hilfe (Z. 1) Hunger (Z. 2) ihre Mutter (Z. 2) den Bauch (Z. 3) mich (Z. 4) einen Buckel (Z. 4) Angst (Z. 5) Dieses Zeichen (Z. 7)	ihrem Besitzer (Z. 3) allen anderen (Z. 6) Den Hunden (Z. 8)

Alles klar? – Wiederholen, üben und überprüfen (S. 248–249)

Aufgabe 1
S. 248

Folgende Begriffe müssen ergänzt werden, um die Merksätze zu vervollständigen:

a) Umstellprobe
b) Satzglieder
c) Wer, was
d) Prädikat
e) Prädikatsklammer
f) Akkusativobjekt
g) Wem

Aufgabe 2
S. 248

Diese Aufgabe dient dazu, zu üben und das erworbene Wissen abschließend zu festigen. Dazu sollen die Schüler die Umstellprobe anwenden sowie alle ihnen bekannten Satzglieder (Subjekt, Prädikat, Akkusativ- und Dativobjekt) markieren. Ein aus den Wörtern gebildeter sinnvoller Satz ließe sich z. B. so mit verschiedenen Farben unterstreichen:

Der Polizist	übergibt	der Wache	den Räuber.
Subjekt *Wer oder was?*	**Prädikat** *Was tut jemand?* *Was geschieht?*	**Dativobjekt** *Wem?*	**Akkusativobjekt** *Wen oder was?*

Aufgaben 3–4
S. 248–249

Die Aufgaben können z. B. wie folgt gelöst werden:

Satz	**Satzgliedfrage und Antwort**	**Satzglied**
Der Elefant begleitet seine Freundin.	Wen oder was begleitet der Elefant? (seine Freundin)	Akkusativobjekt
Die Maus leiht dem Elefanten eine Badehose.	Wem leiht die Maus eine Badehose? (dem Elefanten)	Dativobjekt
	Wen oder was leiht die Maus dem Elefanten? (eine Badehose)	Akkusativobjekt
Der Elefant borgt der Maus fünf Euro.	Wen oder was borgt der Elefant der Maus? (fünf Euro)	Akkusativobjekt
	Wem borgt der Elefant fünf Euro? (der Maus)	Dativobjekt
Die Maus schuldet dem Elefanten seine Sonnenbrille.	Wem schuldet die Maus eine Sonnenbrille? (dem Elefanten)	Dativobjekt
	Wen oder was schuldet die Maus dem Elefanten? (seine Sonnenbrille)	Akkusativobjekt

Aufgaben 5–6
S. 249

Der Lückentext muss in dieser Weise gefüllt werden. Die Bezeichnungen „AO“ (Akkusativobjekt) und „DO“ (Dativobjekt), welche in Klammern stehen, bestimmen jeweils das Objekt.

Schweinerei

Ein Schwein hörte, wie sich die Menschen immer wieder mit seinem Namen beschimpften. So sagte die Magd zu **dem Knecht** (DO): „Du belügst **mich** (AO) immer, du bist ein Schwein.“ Und die Bäuerin beschimpfte **die Magd** (AO): „Du machst **die Küche** (AO) nicht sauber. Das ist eine Schweinerei!“ Das Schwein war traurig darüber, dass die Menschen **seinen Namen** (AO) missbrauchten, und weinte. Der Esel hörte **dies** (AO) und fragte **das Schwein** (AO) nach dem Grund. Das Schwein erzählte **dem Esel** (DO) **die ganze Geschichte** (AO). „Ja“, meinte der Esel, „du hast recht, das ist wirklich eine Schweinerei.“

Aufgabe 7
S. 249

Der Text enthält folgende Prädikate:

Zeile	Prädikate
Z. 1	leeren
Z. 1	zählen
Z. 1–2	wollen [...] gehen
Z. 2	essen
Z. 2	macht
Z. 3	gibst
Z. 3	hätten
Z. 5	gefällt
Z. 5	fällt [...] ein
Z. 5	Gib
Z. 6	hätte
Z. 7	hat
Z. 7	haben

Aufgabe 8
S. 249

Die nachfolgende Tabelle zeigt, wie die Satzglieder zu bestimmen sind:

Subjekt	Akkusativobjekt	Dativobjekt
Jonni und Moritz Sie Diese Idee etwas Besseres Ich	ihre Portmonees ihr Bargeld Pommes frites einen Euro	seinem Freund Moritz mir Moritz

Das kann man lernen – Tipps und Methoden für das richtige Schreiben (S. 250–269)

Vorüberlegungen zur Einheit

In dieser Einheit geht es darum, dass die Schüler mit Strategien und Techniken vertraut gemacht werden, die sie bei Rechtschreibung unterstützen und ihnen helfen, ihre Rechtschreibung zu verbessern. Die einzelnen Kompetenzen und Übungen dieser Einheit sollten über das Schuljahr verteilt und wiederholend angegangen werden. So können sich die Schüler die Rechtschreibmethoden langfristig aneignen.

Zentrale Kompetenzen, die in dieser Einheit eingeübt werden, sind:
- Verfügung über ein vertieftes Wissen der Laut-Buchstaben-Zuordnung und dessen Anwendung (z. B.: gleich und ähnlich klingende Laute richtig schreiben)
- Beherrschung wortbezogener Regelungen und deren Ausnahmen (z. B.: Wörter mithilfe von Ableitungen und Erweiterungen richtig schreiben)
- Korrektur und Vermeidung von Fehlschreibungen durch richtiges Abschreiben, Sprech- und Schreibproben, Fehleranalyse und Nachschlagen in einem Wörterbuch
- Einbezug grammatischen Wissens bei der Rechtschreibung, z. B. bei der Groß- und Kleinschreibung von Wörtern
- Einsatz der Ersatzprobe zur Richtigschreibung der Wörter „das" und „dass"
- Systematisches Üben der Rechtschreibung und Fehleranalyse (z. B. bei Arbeit mit einer Rechtschreibkartei)
- Selbstständiges Üben und Kontrolle der eigenen Rechtschreibung (z. B. durch gemeinsames Üben mithilfe verschiedener Diktatformen)

Vor der eigentlichen Auseinandersetzung mit dem Material der einzelnen Module der Einheit kann in der Klasse vorab nach Erfahrungen in dem Bereich „Rechtschreibung" und „Rechtschreibmethodik" gefragt werden, sodass ein erster Austausch stattfindet und ein Überblick über mögliche Probleme und Grundlagen erfolgen kann. Die **Auftaktseite** (S. 250) bietet dazu die Möglichkeit, indem über die dort genannten Methoden (s. Grafik) gesprochen wird. Die Schüler sollten sich darüber austauschen, was sie unter den auf den Auftaktseiten genannten Methoden verstehen und welche Erfahrungen sie mit diesen bisher gemacht haben.

Didaktische Aufbereitung der Unterkapitel

1. Man-del oder Man-tel? – Deutlich sprechen und genau zuhören (S. 251–252)

Aufgabe 1
S. 251

Folgende Wörter werden durch die Abbildungen dargestellt: *Mantel, Mandel, Paar, Bar, tanken, danken*

Aufgabe 2
S. 251

Folgende Wortpaare werden gesucht:
Schal – Schall
Dorf – Torf
Grippe – Krippe
Pfau – Bau
Wal – Wall
Organ – Orkan
Boten – Boden
danken – tanken
Taten – Daten
Mandel – Mantel
Bar – Paar

Aufgabe 3
S. 251

Die vollständigen Wörter der Tabelle sind:

d oder t?	b oder p?	g oder k?
Feder	Möbel	Regen
Karten	Hupe	Tage
Nadel	Rampe	Magen
Pfote	Räuber	Marke
Rede	Moped	tragen
Räder	Rebe	winken

Aufgabe 4
S. 252

Das Trennen schwieriger Wörter in ihre Silben erleichtert es, diese korrekt zu schreiben. Voraussetzung ist das deutliche, die Silben trennende Aussprache, was in diesem Zusammenhang geübt werden sollte. Die hier aufgelisteten Wörter werden dabei folgendermaßen getrennt:
Kar-tof-fel-kä-fer-pla-ge
Te-le-fo-nis-tin
In-sek-ten-fres-ser
Klas-sen-lei-tung
Li-ne-al
Ele-fan-ten-her-de
Be-schul-di-gung
Tra-di-ti-on
Ba-si-li-kum-sa-lat
Zir-kus-di-rek-tor
Wis-sen-schaft
Post-pa-ket
An-spit-zer
Do-sen-dik-tat
In-for-ma-ti-on

2. Freund/Freunde, Korb/Körbe – die Schreibweise eines Wortes ableiten (S. 253–255)

Aufgaben 1–2
S. 253

Die Schüler sollen mithilfe dieser Übung erkennen, dass das Verlängern von Wörtern eine gute Möglichkeit bietet, die richtige Schreibweise abzuleiten. Es ist sinnvoll, dass die

Wörter innerhalb der Klasse laut vorgelesen und die entscheidenden Konsonanten dabei deutlich betont werden. Zuvor sollten folgende Wörter gefunden werden:

er len**k**t – sie len**k**en
er sprin**g**t – sie sprin**g**en
der Ber**g** – die Ber**g**e
das Schiff sin**k**t – die Schiffe sin**k**en
der Junge sin**g**t – die Jungen sin**g**en
der Wal**d** – die Wäl**d**er
der Zwer**g** – die Zwer**g**e
die Han**d** – die Hän**d**e

Aufgaben 3 – 4
S. 253

Die Schüler sollen nun eigenständig die korrekte Rechtschreibung der Wörter durch Verlängern ableiten. Dabei können folgende Ableitungen bzw. Verlängerungen gebildet werden:

Ta**g** – Ta**g**e
ma**g** – mö**g**en
Nor**d**see – Nor**d**en
Stran**d** – Strän**d**e
kal**t** – käl**t**er/Käl**t**e
run**d** – run**d**er/Run**d**ung
Schifffahr**t** – Schifffahr**t**en
Wattwanderun**g** – Wattwanderun**g**en
Stran**d**kor**b** – Strän**d**e, Kö**rb**e

Aufgabe 5
S. 253

Kälber – Kalb
Fähre – fahren/Fahrt
ängstlich – Angst
schwebt – schweben/Schwebe *(keine Ableitung möglich, also mit „e“)*
Ernährung – Nahrung
Männchen – Mann
ohnmächtig – Ohnmacht
Weg – Wege *(keine Ableitung möglich, also mit „e“)*
Wände – Wand
Hände – Hand
kämmen – Kamm
Lenker – lenken *(keine Ableitung möglich, also mit „e“)*

Aufgabe 6
S. 254

Bäume – Baum
Häute – Haut
Freundschaft – Freunde *(keine Ableitung möglich, also mit „eu“)*
käuflich – kaufen/Kauf
Säugetier – saugen
Räuber – rauben/Raub
freut – freuen/Freude *(keine Ableitung möglich, also mit „eu“)*
Fledermäuse – Fledermaus
Fäuste – Faust
aufgeräumt – Raum
häufig – Haufen

Aufgabe 7
S. 254

Folgende Reime sollen gebildet werden:
Pässe kommt von Pass.
Fässer kommt von Fass.

Pläne kommt von Plan.
Späne kommt von Span.
Häschen kommt von Hase.
Näschen kommt von Nase.
Gefräßig kommt von Fraß.
Mäßig kommt von Maß.

Aufgabe 8
S. 254

Der vervollständigte Text lautet wie folgt:

Im Zeltlager am Meer

In den großen Ferien war ich mit meinen Freun**d**en an der Nor**d**see. Wir nahmen an einem Zel**t**la**g**er der Pfa**d**fin**d**er teil. Unser Zelt stan**d** am Ran**d** eines Wäl**d**chens. Wir hatten es nicht wei**t** bis zum Stran**d**.
Den ganzen Ta**g** lang spielten wir am Stran**d** Han**d**ball, schwammen im Meer oder bauten eine San**d**burg, fuhren mit einem Tretboo**t** oder ja**g**ten mit dem Ra**d** durch die San**d**-dünen.
Am Aben**d** ga**b** es oft gegrillte Würstchen. Auch Sin**g**en am La**g**erfeuer stan**d** auf dem Programm. Spä**t**er in der Nacht la**g** dann en**d**lich jeder in seinem Zel**t**.

Aufgabe 9
S. 255

Folgende Wörter und Ableitungen sollen z. B. gefunden werden:
Fähre – Fahrt, fahren
hätte – hatte, haben, gehabt
Späße – Spaß, spaßig
gefährlich – Gefahr
kälter – kalt, Kälte
Hähne – Hahn
ändern – anders, die anderen
mäßig – Maß, maßvoll
kräftig – Kraft, kraftlos
städtisch – Stadt
geräumig – Raum
Wiederkäuer – wiederkauen, kauen
Verkäuferin – verkaufen, Verkauf
träumen – Traum, traumhaft
läuten – Laut
sich aufbäumen – Baum
Säure – sauer
gläubig – Glaube
häufig – Haufen

3. Genau hinsehen – sich die Schreibweise einprägen (S. 256)

Aufgabe 1
S. 256

Lösungen von links nach rechts, in der ersten Zeile beginnend: merken, Training, Gedanke, nutzen, einprägen, Rechtschreibung, Fleiß, Blitz, Übung, Ampel

Aufgabe 2
S. 256

T i e r | M e e r | t a n z e n | S p a ß | H a u s a u f g a b e n

B u c h | l e s e n | C o m p u t e r | F e n s t e r | l a c h e n

Fass – zählen – nämlich – roh – beißen – rau

Aufgaben 3–4
S. 256

F	O	H	L	E	N		R	A	T	T	E	N
L	S	C	H	L	Ä	U	C	H	E		F	
I	I			H	Ä	U	F	I	G			
E	E	I	N	B	I	L	D	U	N	G	U	
G	G		Z	A	H	M			G	E	H	E
E	E	W	A	H	R	H	E	I	T			S
	R	Ä	T	S	E	L					R	C
M			R	M							O	H
Ü		R	A	U	P	E					H	A
C	K	E	U	T		S	A	M	E	N		L
K	U	H	M			E				A	A	L
E	H	Ä	U	P	T	L	I	N	G	S		
N	A	T	Ü	R	L	I	C	H		S		

Aufgabe 5
S. 256

Schlamm – Lamm – am/Schmaus – Maus – aus/Graben – Raben – Rabe/Traum – Raum/gesamt – Samt – am – Amt/Kerker – Erker – er/Lehrer – Lehre – Ehre – er/Kleber – Leber – Eber – er/Kosten – Osten – Kost

4. Nachschlagen hilft immer – mit einem Wörterbuch arbeiten (S. 257–259)

Spielerisch wiederholen die Schüler hier den richtigen und schnellen Umgang mit dem Alphabet, was eine Grundvoraussetzung für das Arbeiten mit einem Wörterbuch/Rechtschreiblexikon darstellt. Je nach Leistungsstand der Klasse können einzelne Aufgaben auch übersprungen werden.

Aufgaben 1–2
S. 257–258

James Krüss
Das Räuber-ABC

Als
Bauer
Christoph
Düwels-
Eck
Fünf
Gulden
Hatte
Im
Jackett,
Kam
Leider
Mit
'Ner
Ollen
Pistol'
Quintillus
Räuberrabenstätt
Stahl

Taler
Und
Verschied'nes
Weg
X
Y
Z

(aus: James Krüss: Mein Urgroßvater und ich © Verlag Friedrich Oetinger, Hamburg)

Aufgabe 5
S. 258

Die alphabetisch korrekte Reihenfolge lautet wie folgt:
angeln, Computer, Dickicht, Erdmännchen, Fliege, Glas, Igel, Jacht, Kokosnuss, kurz, lösen, Meißel, Nussknacker, Orchester, pfeifen, Qualle, Rakete, Salzstange, Teebeutel, Ufer, vier, Walross, Xylophon, Yacht, Yeti, Zement

Aufgabe 6
S. 258

Erneut sollen die Schüler Wörter dem Alphabet nach sortieren. Erschwert wird diese Übung dadurch, dass jeweils der Anfangsbuchstabe und z. T. auch der Folgebuchstabe identisch sind. Folgende Reihenfolge ist richtig:
faul, Fenster, Fisch, Fliese, Flohmarkt, Flugzeug, Foto, frech

Aufgabe 7
S. 258

Hier lautet die korrekte Reihenfolge:
Arm, Arzt, Bäcker, Cello, Chemie, dick, Dickicht, Elster, Esel, Feigling, Frühling, Frühstück, Füße, Gans, Glut, Kakao, Kastanien, klein, knabbern, lachen, Milch, Mitte, Ohr, Oma

Die Aufgaben 8 bis 15 auf S. 259 dienen der Übung mit dem Wörterbuch. Im Folgenden wird eine differenzierte Lösung der Aufgaben gezeigt.

Aufgabe 8
S. 259

Neben der korrekten Schreibweise bietet ein Lexikon – je nach Gestaltung – noch folgende Informationen:
- Artikel
- Silbentrennung
- Erklärung möglicherweise unbekannter Wörter (z. B. Kannibale = Menschenfresser)
- weitere Wörter aus der Wortfamilie
- Deklination von Nomen/Substantiven (z. B. Plural- und Genitivformen)
- Konjugation von Verben
- Steigerung von Adjektiven
- Hilfen bei der Aussprache

Aufgabe 9
S. 259

Das Leitwort oben links auf der Seite gibt den ersten Eintrag einer Wörterbuchseite an. Dies erleichtert das Finden eines gesuchten Wortes beim Durchblättern des Lexikons.

Aufgabe 10
S. 259

Die Umlaute „ä“, „ö“, „ü“ sind entsprechend den Vokalen „a“, „o“, „u“ eingeordnet.
Mögliche Beispiele: „Kälte“, „kälteempfindlich“, „kämpfen“, „Kämpfer“, „Kanüle“, u. a.

Aufgabe 11
S. 259

Kamm – die Kämme
Kämpferin – die Kämpferinnen
Kanal – die Kanäle
Kandidat – die Kandidaten
Kanu – Kanus

Aufgabe 12
S. 259

- Kantine, Kamille, Kanüle, kameradschaftlich, kanalisieren
- der Kanon – die Kanons, der Kampf – die Kämpfe, das Kamel – die Kamele, der Kamm – die Kämme, die Kanzel – die Kanzeln
- Die Fremdwörter haben folgende Bedeutungen:
  - kampieren (lagern, übernachten, hausen)

- Kantor (Leiter des Kirchenchores)
- Kandare (Gebissstange des Pferdes)
- Kampagne (umfangreiche Aktion für gegen jemanden oder etwas)
- Kanister (Flüssigkeitsbehälter)
- Kannibale (Menschenfresser)
- Kamerun (Staat in Westafrika)

Aufgabe 13
S. 259

Das Adjektiv „kantig“ wurde dem entsprechenden Nomen/Substantiv „Kante“ zugeordnet.

Aufgabe 14
S. 259

kambodschanisch – Kambodscha
kampflos – Kampf
kanalisieren – Kanal

5. Nomen/Substantive und Satzanfänge schreibt man groß – auf die Grammatik achten (S. 260–261)

Aufgabe 1
S. 260

Der Text antwortet auf die Fragen wie folgt:

- In freier Wildbahn leben Hamster nur noch in den Steppen Syriens.
- Die Hamsterbacken, in denen Nahrungsvorräte transportiert werden, zählen zu den typischen Merkmalen des Hamsters.
- Durch das Nagen schärfen sie ihre nachwachsenden Vorderzähne.
- Außer in der Paarungszeit leben die Hamster für gewöhnlich alleine.

Aufgaben 2–4
S. 260

Bei diesen Aufgaben sind die Schüler zunächst gefordert, den Text richtig abzuschreiben und dabei auf die Großschreibung von Nomen/Substantiven und Satzanfängen zu achten. Anschließend soll untersucht werden, welche Wörter aus welchen Gründen großgeschrieben werden. Dazu sollen die Schüler einerseits alle Nomen unterstreichen, herausschreiben, in die Singularform des Nominativs setzen und den passenden Artikel notieren. Andererseits sollen sie erkennen, dass Satzanfänge unabhängig von ihrer Wortart großgeschrieben werden.
Die richtige Schreibweise des Textes sieht so aus. Die Nomen/Substantive sind durch die Unterstreichungen hervorgehoben:

Goldhamster

Goldhamster zählen zu den häufigsten Haustieren. Sie sind in der freien Natur sehr selten geworden. Nur in den Steppen Syriens leben sie noch. Das typische Merkmal der Hamster sind die Hamsterbacken, in denen sie ihre Nahrungsvorräte in den Bau tragen. Hamster sind Nagetiere. Sie schärfen ihre Vorderzähne, die immer wieder nachwachsen, indem sie nagen. Sie leben nur in der Paarungszeit mit anderen Hamstern zusammen. Da sie sonst alleine leben, kann man sie ohne Bedenken als einzelnes Haustier halten.

(aus: Löwenzahn Kinder Lexikon, Terzio Möllers und Bellinghausen Verlag, München 2000, S. 94 f.)

Folgende Nomen/Substantive mit Artikel sollen die Schüler in ihr Heft schreiben:
der Goldhamster, das Haustier, die Natur, die Steppe, das Syrien, das Merkmal, der Hamster, die Hamsterbacke (für gewöhnlich Plural), der Nahrungsvorrat, der Bau, das Nagetier, der Vorderzahn, die Paarungszeit, das Bedenken

Im nächsten Schritt erklären die Schüler an einigen Beispielen, weshalb auch Wörter, die keine Nomen/Substantive sind, hier großgeschrieben werden (z. B.: „Sie“, „Das“ oder „Da“). Sie begründen dies damit, dass diese Wörter Satzanfänge sind.

Aufgabe 5
S. 260

Folgende Fragen können z. B. formuliert werden:

Frage	Antwort
Wie sollte man Wüstenrennmäuse möglichst halten?	Man sollte sie zusammen mit Artgenossen halten.
Wieso sollte man Wüstenrennmäuse niemals als Einzeltiere halten?	Man sollte sie nicht alleine halten, da die geselligen Tiere sonst vereinsamen können.
Wie kann man Wüstenrennmäuse gut unterbringen?	Man kann sie gut in einem Aquarium, dessen Boden mit Sand bedeckt ist, halten.
Weshalb sollte ein Aquarium, in dem Wüstenrennmäuse gehalten werden, unbedingt eine Abdeckung haben?	Ein solches Aquarium sollte eine Abdeckung haben, da die Mäuse sehr gute Springer sind und sich schnell aus dem Staub machen.
Was passiert, wenn Wüstenrennmäuse aus ihrem Aquarium entwischen?	Wenn die Mäuse entwischen, erkunden sie meist unbemerkt die Wohnung.
Wie zahm können Wüstenrennmäuse werden?	Ganz zahm werden sie nur in seltenen Fällen.
…	…

Aufgabe 6
S. 261

Hier sollen die Schüler dafür sensibilisiert werden, auf die Satzenden und -anfänge zu achten. In korrekter Form lautet der Text wie folgt:

Wüstenrennmäuse

Wüstenrennmäuse sind sehr gesellige Tiere. Man sollte sie niemals als Einzeltiere halten, weil sie sonst vereinsamen können. Man kann sie gut in einem Aquarium unterbringen, dessen Boden mit einer Sandschicht aufgefüllt wird. Eine Abdeckung für das Aquarium ist sehr wichtig, da Wüstenrennmäuse sehr gute Springer sind. Sie machen sich gerne aus dem Staub, um unbemerkt die Wohnung zu erkunden. Da kann die Familie schon mal nachts von merkwürdigen Geräuschen geweckt werden. Mit etwas Geduld lassen sich die Tiere aber wieder einfangen. Ganz zahm werden sie nur in sehr seltenen Fällen.

Aufgabe 7
S. 261

Der Text „Meerschweinchen" antwortet auf die Fragen wie folgt:

- Sie wurden vor ca. 300 Jahren mit Schiffen über das Meer gebracht und quiekten zudem wie ein Schwein.
- Meerschweinchen sind im Gegensatz zu Hamstern tagaktiv.

Aufgabe 8
S. 261

Der korrigierte Text lautet wie folgt. Die Nomen/Substantive sind unterstrichen:

Meerschweinchen

Meerschweinchen sind sehr beliebte Haustiere. Aber woher haben sie ihren seltsamen Namen? Sie wurden vor ungefähr 300 Jahren mit Schiffen von Südamerika über das Meer gebracht und quieken zudem wie ein Schwein. Anders als die Hamster sind Meerschweinchen am Tag aktiv und schlafen in der Nacht. Sie werden sehr zutraulich, wenn man sich liebevoll um sie kümmert.

(aus: Löwenzahn Kinder Lexikon, Terzio Möllers und Bellinghausen Verlag, München 2000, S. 94f.)

Aufgabe 9
S. 261

Daran erkennt man Nomen/Substantive:

- Sie werden großgeschrieben.
- Sie können einen Begleiter wie z. B. einem bestimmten oder unbestimmten Artikel mit sich führen.

Aufgabe 10
S. 261

						H								
M	A	N	T	E	L	E		L						
I					E	L		Ä					H	
S					E	D		U		S	A	G	E	N
T					R			S			A	U	F	
K	R	A	B	B	E	L	N	E			L	R	E	
Ä	I	A	L			I	A					G		
F	R	E	C	H		E	S	A	F	T		E		
E						B	E					L		
R	A	U	P	E		E						N		
	K	L	E	T	T	E		N	W	A	S	S	E	R
		O	R	I		C		O	E			A		A
		S	B	P		H		T	G			N	R	N
			S	P		S		E				D	A	D
			E			E							D	

Folgende Nomen/Substantive sollen gefunden werden. Die Verben sind dabei als solche zu verstehen, sie sollen keine substantivierte Form haben.
waagerecht: der Mantel, die Raupe, die Klette, das Wasser, der Saft
senkrecht: der Mistkäfer, die Leere, der Held, die Läuse, der Aal, der Sand, die Hefe, die Liebe, die Nase, die Echse, das Los, die Erbse, der Tipp, die Note, der Weg, das Rad, der Rand

6. *Das* oder *dass*? – Die Ersatzprobe anwenden (S. 262–263)

Aufgabe 1
S. 262

Bei dieser Aufgabe geht es darum, dass die Schüler mit dem Artikel „das" sicher umzugehen lernen. Als Hilfsmittel wird die Ersatzprobe („das" entspricht „dieses, jenes, welches") eingeübt.

Aufgaben 2 – 4
S. 262

Mithilfe der Ersatzprobe sollen die Schüler erkennen, dass es sich bei den letzten beiden Wörtern nicht um den Artikel „das", sondern die Konjunktion „dass" handelt. Anschließend wird mithilfe der Lernbox auf S. 263 das Gedicht wie folgt vervollständigt:

Christine Nöstlinger
Ich schiele

Ich schiele.
Das macht den anderen Spaß.
Manchmal klebt mir der Arzt ein Heftpflaster
über **das** linke Brillenglas.
Das mögen die Kinder in meiner Klasse besonders gern.
Dann lachen sie besonders laut.
Und am lautesten lacht der Karli.
Der lacht dann so viel und laut,
dass die anderen gar nicht merken,
dass er noch viel mehr schielt als ich.

(aus: Hans-Joachim Gelberg (Hrsg.), Überall und neben dir. Gedichte für alle. © 1986 Beltz & Gelberg in der Verlagsgruppe Beltz, Weinheim & Basel)

Aufgabe 5
S. 263

Die Aufgabe, mit deren Hilfe die Schüler das Unterscheiden von „das" und „dass" trainieren, wird wie folgt gelöst:

- **Das** Schiff, **das** letzten Monat gesunken ist, hat viel Öl verloren.
- **Das** Öl verschmutzt die Meere und tötet viele seltene Seevögel.
- **Das** Falabella ist **das** kleinste Pony, **das** es auf der Welt gibt. Es wird nur etwa so groß wie ein Schäferhund.
- Die Kinder freuen sich, **dass das** Wetter so schön ist, **dass** sie ins Schwimmbad gehen können.
- Paul hat vergessen, seinen Eltern zu sagen, **dass** er **das** Geld für die Klassenfahrt mitbringen muss.
- Es regnet so stark, **dass** der Wandertag ausfallen muss.
- Ich wusste nicht, **dass** du mich heute besuchen wolltest.
- **Das** Eichhörnchen, **das** du gerade gesehen hast, ist fast jeden Tag zu sehen.
- **Das** ist **das** rote Fahrrad, **das** ich mir gerne kaufen möchte.

Der Fuchs und die Gans

Es fing einmal ein Fuchs eine Gans und wollte sie verzehren. Da bat die Gans den Räuber, **dass** er ihr doch gestatten möge, vor ihrem Ende noch einmal zu tanzen. Der Fuchs sagte: „**Das** kann ich dir wohl gewähren. Du sollst mir nachher noch viel besser schmecken." Als die Gans nun wusste, **dass** sie tanzen durfte, hüpfte sie erst einmal auf den Füßen hin und her. **Das** fand der Fuchs so komisch, **dass** er laut lachen musste. Nun breitete die Gans ihre Flügel auseinander und begann, noch wilder zu tanzen.
Das Vergnügen, **das** der Fuchs daran hatte, war ebenfalls groß. Er wusste jedoch nicht, **dass** Gänse fliegen können und sie vor dem Start die Flügel wie alle Vögel ausbreiten. Gerade als er Beifall klatschen wollte, erhob sich die Gans in die Lüfte. Da hatte der Fuchs **das** Nachsehen und fluchte: „**Das** soll mir nicht noch einmal passieren. Vor dem Essen wird in Zukunft nicht mehr getanzt!"

7. Schwierige Wörter trainieren – mit einer Rechtschreibkartei arbeiten (S. 264–265)

Mit der Arbeit mit einer Rechtschreibkartei sollte schon möglichst früh begonnen werden, um die Schüler mit deren Umgang vertraut zu machen und damit sie von Anfang an schwierige Wörter und Regeln darin festhalten können. Auf der Doppelseite werden die wichtigsten Aspekte, die bei der Arbeit mit einer Rechtschreibkartei zu beachten sind, dargelegt. Das Anlegen von Karteikarten und der Rechtschreibkartei, das Üben damit und die Überprüfung des eigenen Lernfortschritts können im Unterricht mithilfe der Doppelseite Schritt für Schritt angeleitet und eingeübt werden.

8. Gemeinsam üben – Diktate schreiben (S. 266–267)

Mithilfe der Diktate können die Schüler gut überprüfen, ob sie die Schreibweise schwieriger und neuer Wörter beherrschen und die Rechtschreibregeln und -tipps anwenden können. Die unterschiedlichen Diktattechniken greifen dabei auf aus der Grundschule bekannte Methoden zurück.
Gerade bei Lerngruppen, die Rechtschreibschwächen offenbaren, ist es sinnvoll, regelmäßig Diktate zu üben, um auch über die Einheit hinaus die Rechtschreibregeln und -tipps zu festigen.

Alles klar? – Wiederholen, üben und überprüfen (S. 268–269)

Aufgabe 1
S. 268

Joachim Ringelnatz
Die Feder

Ein Fe**d**erchen flo**g** über Lan**d**,
ein Nilpfer**d** schlummerte im San**d**,
Die Fe**d**er sprach: „Ich will es wecken.“
Sie lie**b**te andere zu necken.
Aufs Nilpfer**d** setzte sich die Fe**d**er
und streichelte sein dickes Le**d**er
Das Nilpfer**d** öffnete den Rachen
und musste ungeheuer lachen.

(aus: Joachim Ringelnatz: Sämtliche Gedichte, Diogenes Verlag, Zürich 2005)

Aufgabe 2
S. 268

Fahrrad – Räder; Weg – Wege; merkwürdig – merken; Geld – Gelder; Schrank – Schränke; Hand – Hände; Leitplanke – leiten; er bewegt – bewegen; Parkplatz – parken; Dieb – Diebe; sie winkt – winken; Laubwald – laubig, Wälder; Empfang – empfangen; Rekordgewinn – Rekorde; unglaubwürdig – Glaube, glauben, würdigen; Konzert – Konzerte

Aufgabe 3
S. 268

Lösungen von links nach rechts, in der ersten Zeile beginnend:
Blitz, nutzen, eifrig, giftig, Ampel
Herbst, Bagger, selbst, Fleiß, fließen

Aufgabe 5
S. 269

Im folgenden korrigierten Text sind alle Nomen/Substantive unterstrichen:

Marienkäfer

Marienkäfer haben wie alle Käfer sechs Beine. Sie zählen zu den Insekten. Wenn die Marienkäfer nicht fliegen, schützen sie ihre dünnen Flügel, indem sie sie unter den bunten Flügeldecken verstecken. Marienkäfer sind nützliche Insekten. Sie fressen Blattläuse. Die Blattläuse befallen im Garten oft Pflanzen und fressen sie auf. Die gepunkteten Marienkäfer erhalten ihren Namen von der Anzahl der Punkte. Sehr häufig gibt es den Siebenpunkt.

(aus: Löwenzahn Kinder Lexikon, Terzio Möllers und Bellinghausen Verlag, München 2000, S. 94 f.)

Aufgabe 6
S. 269

die Marienkäfer – der Marienkäfer; die Käfer – der Käfer; die Beine – das Bein; die Insekten – das Insekt; die Flügel – der Flügel; die Flügeldecken – die Flügeldecke; die Blattläuse – die Blattlaus; der Garten; die Pflanzen – die Pflanze; die Namen – der Name; die Anzahl; die Punkte – der Punkt; der Siebenpunkt

Aufgabe 7
S. 269

Die vervollständigten Rechtschreibregeln und -tipps lauten wie folgt:

a) **Verlängere** das **Wort** und du hörst es **sofort**. Suche ein **verwandtes** Wort.
b) **Nomen/Substantive** schreibt man groß. Alle anderen Wortarten werden **kleingeschrieben**. Ein Wort am **Satzanfang** wird immer **großgeschrieben**.
c) Wenn du **dieses, jenes** und **welches** einsetzen kannst, wird das Wort **das** mit (**einfachem**) **s** geschrieben. Kann man **dieses, jenes** und **welches** nicht einsetzen, wird das Wort **mit ss** geschrieben.

Aufgabe 8
S. 269

Die Lücken des Textes, der sich auch als Partner- oder Schleichdiktat eignet, müssen wie folgt gefüllt werden:

Fast jedes Jahr das Gleiche

Das wiederholt sich jedes Jahr zur Weihnachtszeit und zur Urlaubszeit: **Das** niedliche Haustier, **das das** Kind zu Weihnachten geschenkt bekam, wird ein halbes Jahr später lästig. Es ist offensichtlich, **dass das** Aussetzen von Haustieren vor dem Urlaub deutlich ansteigt. **Dass das** Tier kein Ding sein darf, **das** „fortgeworfen" wird, wenn es nicht mehr gebraucht wird, betonen nicht nur die engagierten Tierschützer immer wieder. Sie erinnern dabei an **das** Leiden vieler Tiere.

Dass manche ausgesetzte Tiere noch **das** Glück haben, von tierlieben Menschen gefunden und ins nächste Tierheim gebracht zu werden, **das** ist wohl eher dem Zufall zu verdanken. Die Tierschützer appellieren daher an **das** Gefühl der Menschen, **dass** sie **das** Tier als Mitgeschöpf ansehen und behandeln. Tierschützer fordern auch seit Jahren, **dass** schärfere Gesetze gegen Tierversuche geschaffen werden und **dass das** artgeschützte Tier nicht aus seiner natürlichen Umgebung herausgerissen werden darf.

Bienen summen – Wörter mit kurzem Vokal richtig schreiben (S. 270–279)

Vorüberlegungen zur Einheit

In dieser Einheit geht es vor allem um **die Schärfung**, ein Rechtschreibbereich, der gerade für die Jahrgangsstufe 5 von Bedeutung ist. Im Mittelpunkt steht zunächst ein Sachtext, den sich die Schüler mithilfe der Fragemethode erschließen sollen. Über das Einüben des deutlichen und betonten Sprechens verschiedener Wörter üben die Schüler erst einmal, kurze und lange Vokale zu unterscheiden. Behutsam werden dann zentrale Regeln zur **Schreibweise der Konsonanten** nach kurzen betonten Vokalen eingeführt. Die Einheit ist so strukturiert, dass mithilfe des deutlichen Sprechens und Zuhörens, des Schreibens und des Erkennens von Wörterbildern ein weites Spektrum von Lernmöglichkeiten angeboten und verschiedene Lernertypen angesprochen werden. Den Abschluss der Einheit bilden einige **Kurzdiktate** zur vertiefenden Wiederholung oder zur Überprüfung. Die Schüler können mithilfe der Texte auch Partnerdiktate oder Schleichdiktate durchführen (s. Schülerbuch, S. 266).

Im Einzelnen werden folgende Kompetenzen in dieser Einheit vermittelt:
- sich den Inhalt eines Sachtextes mithilfe der Fragemethode erschließen
- kurze und lange Vokale unterscheiden
- Konsonanten nach kurzen betonten Vokalen richtig schreiben
- über ein vertieftes Wissen der Laut-Buchstaben-Zuordnung verfügen und es anwenden
- wortbezogene Regelungen und deren Ausnahmen kennen und beherrschen (z. B. Kennzeichnung von Kürze und Länge des Stammvokals)
- Fehlschreibungen durch richtiges Abschreiben, Sprech- und Schreibproben oder durch Fehleranalyse korrigieren und vermeiden

Didaktische Aufbereitung der Unterkapitel

1. Genau hinhören – Wörter mit kurz gesprochenen und lang gesprochenen Vokalen unterscheiden (S. 271–272)

Aufgabe 1
S. 271

Der Einstiegstext „In einem Haus aus Wachs" sollte zunächst mit der in Aufgabe angeleiteten Fragemethode als Sachtext erschlossen werden, um den Inhalt zu sichern.

Aufgaben 2–3
S. 272

Erfahrungsgemäß haben vor allem rechtschreibschwache Schüler Probleme mit dem Heraushören kurzer und langer Vokale. Daher sollte für das Einstiegskapitel „1. Genau hinhören – ..." (S. 271–272) ausreichend Zeit eingeplant werden. Die Wörter sollten immer wieder laut und deutlich, gegebenenfalls chorisch, gesprochen werden.
Die mit den im Text unterstrichenen Wörtern anzulegende Tabelle sollte so aussehen:

Wörter mit kurz gesprochenem Vokal		Wörter mit lang gesprochenem Vokal	
Imker	sind	Honigbiene	Wabe
bekommen	Puppen	blühenden	kneten
Mutter	Alter	so	jede
Futterquelle	sammeln	hebt	Blüten
Deckel	Rand	nach	sehen
völlig		legt	

Aufgabe 4
S. 272

Mit etwas Hilfestellung wird den Schülern sicher auffallen, dass nach einem kurzen betonten Vokal immer zwei Konsonanten folgen. Als Möglichkeiten können die Konsonantenverdopplung (z. B.: „Puppen"), die Konsonantenhäufung (z. B.: „Imker") und die Schreibung mit ck/tz (z. B.: „Deckel") genannt werden, die im Folgenden systematisch erarbeitet werden.

Aufgabe 5
S. 272

Wörter mit kurz gesprochenem Vokal		Wörter mit lang gesprochenem Vokal	
der Sport	die Sonne	die Liege	der Vogel
die Tinte	der Kamm	die Bewegung	die Daten
das Bett	der Wald	der Stuhl	der Vokal
das Wetter	der Gestank	die Gefahr	das Huhn
die Bilder	die Größe	der Spaß	die Insel
das Knie			

Aufgabe 6
S. 272

Wörter mit kurz gesprochenem Vokal	Wörter mit lang gesprochenem Vokal
Winter	Schlagzeilen
ganze	Bienenvölker
verschwunden	spurlos
bestimmter	niemand
Mittel	weiß
handelt	
Zusammenhang	

2. Kamm, Butter, stellen – Wörter mit Doppelkonsonanten richtig schreiben (S. 273–274)

Aufgabe 1
S. 273

Man hört nach dem kurz gesprochenen Vokal jeweils einen Konsonanten, der verdoppelt geschrieben wird.

Aufgabe 2
S. 273

Die Nomen/Substantive und Verben können wie folgt geordnet werden:
rollen – wollen – sollen – tollen
summen – brummen
stellen – bellen – Wellen – erhellen – Gesellen
Zelle – Welle – Stelle
Pfanne – Kanne – Wanne – Tanne
wippen – kippen – nippen – stippen
Sonne – Tonne – Wonne
Kamm – Lamm – Damm – Stamm
Puppe – Suppe – Kuppe

Aufgabe 3
S. 273

Bei der richtigen Schreibweise hilft es den Schülern oft, wenn sie diese mithilfe von Reimpaaren ableiten können. So prägen sich die Wörter mitsamt richtiger Schreibweise besser ein. Diese Aufgabe bietet dazu die Möglichkeit und wird den Schülern darüber hinaus sicherlich Spaß bereiten.

Aufgabe 4
S. 273

Folgende Wörter mit Doppelkonsonanten können mithilfe des Wortsterns gebildet werden:
Telegramm, krumm, Schlamm, Damm, Lamm, komm, bestimm, stumm, Programm, Kamm, dumm, Stamm, klamm, vernimm, schlimm, nimm

Aufgabe 5
S. 273

Telegramm – Schlamm – Damm – Lamm – Programm – Kamm – Stamm – klamm; krumm – stumm – dumm; komm; bestimm – vernimm – schlimm – nimm

Aufgabe 6
S. 274

Folgende Lösungswörter werden gesucht:
großes Gefäß: **Tonne**
Turnübung: **Rolle**
nicht außen: **innen**
Jahreszeit: **Sommer**
nicht getrennt: **zusammen**
junges Schaf: **Lamm**
gehört zur Schraube: **Mutter**

Aufgaben 7–8
S. 274

Diese Aufgabe soll den Schülern zeigen, dass der doppelt geschriebene Konsonant in allen Wortformen erhalten bleibt (s. auch die Lernbox auf dieser Seite):
sich so**nn**en – du so**nn**st dich – er (sie oder es) so**nn**t sich
ste**ll**en – du ste**ll**st – er ste**ll**t
fa**ll**en – du fä**ll**st – er fä**ll**t
re**nn**en – du re**nn**st – er re**nn**t
bru**mm**en – du bru**mm**st – er bru**mm**t
su**mm**en – du su**mm**st – er su**mm**t
ro**ll**en – du ro**ll**st – er ro**ll**t
sa**mm**eln – du sa**mm**elst – er sa**mm**elt

3. Lack, meckern, Blitz, Schutz – Wörter mit ck und tz richtig schreiben (S. 275–276)

Aufgaben 1–2
S. 275

Die Tabelle soll wie folgt gefüllt werden:

ck	tz
Bienensto**ck**	Nu**tz**tier
Sto**ck**	Pla**tz**
ste**ck**en	verdu**tz**t
sechse**ck**ig	si**tz**en
De**ck**el	Ka**tz**e
entwi**ck**eln	Hi**tz**e
Da**ck**el	kra**tz**en
Schmu**ck**	Ta**tz**e
E**ck**e	schmu**tz**ig
	Bli**tz**

Aufgabe 3
S. 275

Die Laute **k** und **z** werden in den Wörtern aus der deutschen Sprache nicht verdoppelt. Nach kurzem Vokal schreibt man stattdessen **ck** und **tz** (s. auch die Lernbox auf S. 276).

Aufgabe 4
S. 275

schwitzen	s c h w i t z e n	Bäcker	B ä c k e r
Spatz	S p a t z	Schnecke	S c h n e c k e
setzen	s e t z e n	hacken	h a c k e n
Witz	W i t z	Stück	S t ü c k
Platz	P l a t z	packen	p a c k e n

Aufgabe 5
S. 275

Bei dieser Aufgabe sollten die Schüler die Möglichkeit erhalten, nach Wortverwandten zu suchen. Schwächeren Schülern sollte hier erlaubt werden, mit einem Wörterbuch zu arbeiten. Dabei können sie z. B. zu folgenden Ergebnissen kommen:

schlucken: der Schluck, verschluckt, Schluckauf, Schluckspecht, ...
schmecken: Geschmack, geschmeckt, geschmacklos, geschmacklich, ...
hocken: Hocker, sich hinhocken, Hocke, gehockt, ...
decken: Decke, verdeckt, Deckenstrahler, Deckfarbe, ...
spucken: Spucke, Spucknapf, gespuckt, bespuckt, ...
backen: Bäckerei, Bäcker, Backstube, Gebäck, gebacken, ...
Als Ergebnis kann festgehalten werden, dass die Laute ck und tz in allen Wortverwandten erhalten bleiben.

Aufgabe 6
S. 275

Mögliche Schülerlösungen sind:
Frühstück, Bäcker, glücklich, entdecken, Decke, Wecker, schlucken, erschrecken, packen, Mücke, schmutzig, setzen, putzen

Aufgabe 7
S. 276

Regina Schwarz
Ein Schwein hat etwas zu sagen

Jüngst ging ein Schwein
zum Me**tz**ger rein.
Der verkaufte gerade Ochsenzunge.
Junge, Junge,
hat der Me**tz**ger gestu**tz**t,
kra**tz**te sich verdu**tz**t
am Po und anderswo,
und gu**ck**te und schlu**ck**te.
Das Schwein sagte zum Me**tz**ger
den Sa**tz**:
„Mich siehst du nie mehr,
auch nicht als Schin**k**en!"
Ging raus und tat win**k**en.

(aus: Hans-Joachim Gelberg (Hg.), Überall und neben dir. Gedichte für Kinder, Beltz Verlag, Weinheim/Basel 1989, S. 186)

Aufgabe 8
S. 276

Die Wörter „Schinken" und „winken" werden mit einfachem **k** geschrieben, weil vor dem k-Laut noch ein anderer Konsonant steht.

Aufgabe 9
S. 276

z oder tz?

Autositz, Herzlichkeit, anschnauzen, Hetzjagd, vorsätzlich, Geizkragen, Holzkohle, Kätzchen, beschützen, zuletzt, Platz, Schürze, Arzt, siezen, duzen, Schmutz, Herz

k oder ck?

Balken, Bäckerei, Hackordnung, Erkrankung, Schicksal, Schlankheitskur, Tanker, Imker, Heckenrose, Zuckerwatte, dick, stark, Sahnequark

4. Hand, Wald, Wolke – Wörter mit verschiedenen Konsonanten nach kurzem Vokal richtig schreiben (S. 277–278)

Aufgabe 1
S. 277

Man hört nach dem kurz gesprochenen Vokal jeweils zwei oder mehr unterschiedliche Konsonanten.

Aufgabe 2
S. 277

alt, bunt, Elefant, Felsen, finden, folgen, gesund, Herbst, hinten, Hund, hundert, hüpfen, Imker, Kind, Lampe, Land, mancher, Mantel, Milch, Moment, Ort, rutschen, schenken, Tulpe, Wald, wandern, Winter, Wolke, Zirkuszelt

Aufgabe 3
S. 277

Beispiele: Imker (Z. 2), Deckel (Z. 16), ganze (Z. 48), ganz (Z. 49), glänzend (Z. 51)

Aufgabe 4
S. 277

tanzen/tanken, blinken, Herz, Tanz/Tank, Planke, Winkel, winken, Falke, kurz, welken, Schmerz, stolz, Schrank, Balken, März, Walzer, Park, kürzen, Markt, melken, Imker, stark, schminken, wanken, Wanzen, ganz, krank, Kerze, zwanzig, stürzen, Holz, Sturz, Arzt, denken

Aufgabe 5
S. 278

Das Rätsel soll wie folgt gelöst werden:
Bienenfreund: **Imker**
Getränk: **Milch**
bedrohte Tierart: **Elefant**
Beleuchtung: **Lampe**
nicht vorn: **hinten**
Kleidungsstück: **Mantel**
Gestein: **Felsen**
Kinderbeschäftigung: **rutschen**
Lösungswort: **Elfmeter**

Aufgabe 6
S. 278

In vervollständigter Form lautet der kurze Sachtext wie folgt:

Igel

Igel sind nicht nur sehr nützlich, sie gehören auch zu den geschützten Tieren. Wenn die winzigen Jungen geboren werden, haben sie etwa 100 Stacheln, die noch ganz in der Haut stecken. Ein ausgewachsener Igel hat 5 000–7 500 Stacheln, die er gegenüber seinen Feinden mit abschreckender Wirkung einsetzen kann. Sie stecken in der kräftigen Rückenmuskulatur. Bei Kämpfen senken die Igelmännchen ihren Kopf und richten die starken Nackenstacheln auf. Auch gegen Schlangen, zum Beispiel gegen die Kreuzotter, kämpft der Igel auf diese Weise. Er kann blitzschnell und sehr wirkungsvoll reagieren.

Alles klar? – Wiederholen, üben und überprüfen (S. 279)

Aufgabe 1
S. 279

Die Wortpaare sollen wie folgt zusammengesetzt und markiert werden:
lahm – Lamm
Wahn – Wanne
fühlen – füllen
Schal – Schall
Sohn – Sonne
Beet – Bett
kam – Kammer

Aufgabe 2
S. 279

Folgende Wörter mit den Doppelkonsonanten „nn“, „mm“ und „ll“ können z. B. mithilfe des Wortsterns gebildet werden:
fallen, fall, Schlamm, Tonne, Tonnen, Tanne, Tannen, Lamm, Sonne, Sinn, Programm, Programme, Telegramm, Telegramme, Wanne, Wannen, Wonne, Wall, Welle, Wellen, Wille, wann, wenn, wollen, wimmern, stellen, stemmen, stammen, stumm, stimmen, stillen, Damm, bestellen, dann, dumm, denn, dimmen, benennen, benannt, benommen, kann, kommen, kennen, toll, tollen, schlummern, schlimm

Aufgabe 3
S. 279

Den vervollständigten Infinitiven können z. B. folgende Wörter aus ihrer Wortfamilie zugeordnet werden.
trotzen – ich trotze, der Trotz, ...
schlucken – ich schlucke, der Schluck, Schluckauf, Schluckspecht, ...
spucken – ich spucke, Spucknapf, die Spucke, bespuckt, gespuckt, ...
hetzen – ich hetze, die Hetze, ...
backen – ich backe, Bäcker, Bäckerei, Gebäck, Backstube, gebacken, ...
schützen – ich schütze, der Schutz, Schutzhelm, Schutzkleidung, Regenschutz, ...
blicken – ich blicke, der Blick, Überblick, ...
blitzen – Blitz, Blitzlicht, geblitzt, Blitzer, ...
drücken – ich drücke, der Druck, unterdrücken, ...

Aufgabe 4
S. 279

Die vervollständigte Regel lautet wie folgt:
Hörst du vor einem **k-Laut** oder **z-Laut** noch einen anderen Konsonanten, schreibst du ihn mit einfachem **k** oder **z**.

Aufgabe 5
S. 279

Die vervollständigten Wörter lauten:
Pelz, tanzen/tanken, Nelke, zanken, Lenker, Sturz, Enkel, Pflanze, kurz, Lanze, flink, grunzen, krank, neunzig, ranzig, ganz

Von Tigern, Nashörnern, Hühnern, Wieseln und Moorhühnern – Wörter mit langem Vokal richtig schreiben
(S. 280–293)

Vorüberlegungen zur Einheit

In diesem Kapitel geht es um den Rechtschreibbereich der **Dehnung**. Es gibt im Deutschen kaum Regeln, die die Schüler für die Schreibung der lang gesprochenen Vokale anwenden können. Die meisten Wörter mit lang gesprochenen Vokalen werden ohne Längenkennzeichnung mit einfachem Vokal geschrieben. Die Schreibung der Wörter mit Längenkennzeichnung (ie, Dehnungs-h und Vokalverdoppelung) folgt komplizierten und mit Ausnahmen gespickten Gesetzmäßigkeiten.
Das Dehnungs-h z. B. *kann* nach einem lang gesprochenen Vokal folgen. Es steht überwiegend vor den Buchstaben *m, n, r,* und *l* und kommt nie in Wörtern, die mit *t, qu, kr, sp* oder *sch* beginnen, vor. Diese Regeln sind allerdings zu schwierig und zu wenig anwenderfreundlich für die Schüler, als dass sie ihnen bei der Rechtschreibung helfen könnten. Deshalb werden sie in dem Schülerband auch nicht thematisiert. Der Tipp, das Wort laut und deutlich zu lauten, hilft hier ebenfalls nicht weiter. Auch wenn das Dehnungs-h am Silbenanfang steht, ist es nicht hörbar. Man spricht im Deutschen immer ge-en. Der manchmal gegebene Rechtschreibtipp, das Dehnungs-h am Silbenanfang durch deutliches Sprechen hörbar zu machen, entspricht nicht der Lautung im Deutschen. Er setzt vielmehr voraus, dass die Schüler schon wissen, wie das Wort geschrieben wird. Nur dann können sie richtig entscheiden, ob sie bei der Sprechprobe am Silbenanfang das h hörbar sprechen sollen oder nicht.
Die **Schreibung der Wörter** mit lang gesprochenen Vokalen wird mithilfe von **Rätseln, Wortschlangen, Wortverwürfelungen** etc. dem Alter der Schülerinnen und Schüler entsprechend und gemäß den unterschiedlichen Lernertypen vielfältig geübt. Jeder Möglichkeit (einfacher Vokal, Dehnungs-h, Vokalverdoppelung, ie), Wörter mit langen Vokalen zu schreiben, ist ein eigenes Teilkapitel gewidmet, in dem die Schreibung des entsprechenden Wortschatzes intensiv geübt wird. Bei den Wörtern mit Dehnungs-h wird die Verwendung der Personal- und Possessivpronomen *ihr, ihrer, ihren, ihm, ihn* geübt (S. 286). Im Zusammenhang mit den Wörtern mit verdoppeltem Vokal wird auf die Verwendung des kleingeschriebenen Pronomens *paar* und des großgeschriebenen Nomens *Paar* eingegangen (S. 288).

Zentrale Kompetenzen, die in dieser Einheit geschult werden, sind:
- das Wissen über die Laut-Buchstaben-Zuordnung erweitern und anwenden
- die Schreibung von Wörtern mit langen Vokalen kennen und beherrschen
- das Personal- und Possessivpronomen *ihr, ihrer* ... funktional verwenden
- die Rechtschreibung und die Verwendung des Pronomens *paar* und des Nomens *Paar* kennen lernen und anwenden

Die Schüler werden über die Beschäftigung mit einem authentischen Literaturprojekt in die Rechtschreibthematik eingeführt (S. 281). Über das Sprechen und Schreiben der Nashorngedichte erfolgt eine spielerische Einführung in die Schreibung der Wörter mit lang gesprochenem Vokal (S. 282).

Didaktische Aufbereitung der Unterkapitel

1. Das Nashorn ist ein lahmes Riesentier – Wörter mit langem Vokal erkennen (S. 281–282)

Die Nashorngedichte und der Moderationstext zeigen, wie man mit Fantasie seine Interessen durchsetzen kann. Mithilfe des Moderationstextes auf S. 281 erschließen sich die Schüler, in welchem Zusammenhang die ungewöhnlichen Gedichte entstanden sind. Sie werden dann durch das Lesen und Bearbeiten der Nashorngedichte (Aufgaben 1 und 2, Seite 282) und das Schreiben eigener lustiger Gedichte (Aufgabe 4, S. 282) an die Rechtschreibung von Wörtern mit langem Vokal herangeführt.
Der Einstieg kann damit abgeschlossen werden, dass die Schüler einen fiktiven Brief an die Klasse aus Grolland schreiben, in dem sie das Literaturprojekt der Klasse beurteilen und ihre Gedanken dazu äußern.

Aufgabe 1 S. 282
Diese Sprechübung macht den Schülern bewusst, dass die unterstrichenen Wörter alle einen lang ausgesprochenen Vokal besitzen. Dabei werden alle vier Möglichkeiten der Schreibung eines langen Vokals berücksichtigt (einfacher langer Vokal, h nach langem Vokal, verdoppelter Vokal, ie).

Aufgaben 2–3 S. 282
Das Heraussuchen der Wörter übt das Erkennen von langen Vokalen durch deutliches Sprechen. Die Tabelle veranschaulicht die vier Möglichkeiten der Schreibung eines langen Vokals.

einfacher langer Vokal	h nach langem Vokal	verdoppelter Vokal	ie
Nashorn	wühlt	Teufelsmoor	geniest
da	ihn	See	aufgespießt
dafür	mehr	Schnee	sieht
schön	Wahrheit		sie
jedes	wahr		kompliziert
klar	geht		ungeniert
sagt	hohen		Riesentier
kompliziert	seh(e)		diesem
Nase			hier
spazieren			spazieren
Grase			Wien
Grüße			

2. Blume, Honig, Tiger – Wörter mit langem Vokal ohne Dehnungszeichen richtig schreiben (S. 283–284)

Die Gemeinsamkeiten der Wörter in den drei Spalten an der Tafel (vgl. S. 283) sollten noch einmal benannt werden. Dann kann das fiktive Gespräch unter folgender Fragestellung gelesen werden: Welches Problem haben die Kinder bei der Schreibung von Wörtern mit langem Vokal und was erfahren sie dazu von ihrem Lehrer, Herrn Schneider? Die Ergebnisse können anschließend durch folgendes Tafelbild festgehalten werden:

Tafelbild

Die Rechtschreibung von Wörtern mit lang gesprochenem Vokal

Die meisten Wörter schreibt man mit einfachen Buchstaben (z. B. Dose).
Es gibt keine Regeln für die Schreibung der Längenzeichen (h/Verdopplung/ie).

↓

Die Rechtschreibung von Wörtern mit lang gesprochenen Vokal muss man sich einprägen und üben!

Aufgabe 1
S. 283

Der Wortschlange kann man folgende 20 Wörter entnehmen. Die überflüssigen Buchstaben sind jeweils durch ein X gekennzeichnet:
Dose XX Rad Regen XXX r/Rasen X Hasen XX Hut Segen Mut gegen XX rot X Lose Tat XX Pfad Not XX belügen XX hegen X Hose XX betrügen XX Rose X Rat

Aufgaben 2–3
S. 283

Das Bilden von Reimpaaren und das Schreiben der Scherzreime erleichtert es den Schülern, sich die korrekte Rechtschreibung der Wörter zu merken. Dabei können folgende Reimpaare gebildet werden:
Dose-Lose, Rat-Tat, Regen-Segen, r/Rasen-Hasen, Hut-Mut, gegen-hegen, rot-Not, Pfad-Rad, belügen-betrügen, Hose-Rose

Aufgabe 4
S. 284

Die abgebildete mögliche Lösung enthält 46 Wörter. Auf mehr Wörter kommt man, wenn man die Wörter in den Wörtern mitberücksichtigt, z. B. schwer-wer oder schlafen-Schlaf. Darauf sollte man die Schüler vor dem Lösen des Wortgitters hinweisen.

			A	M	E	I	S	E					B	R	A	V		K	L	I	M	A
K	I	N	O				U		M	I	N	U	T	E	T	R	A	G	E	N		
G							C					B			E	B	E	N	W	I	K	
A	F	L	Ü	G	E	L	H		T	O	R	R	F	A	S	A	N		E	G	L	
R	T	R	E	T	E	N	E			T		O							G	E	U	H
D	R	A		G	U	T	N			A		T	L	E	B	E	N	D		L	G	O
I	A	D								F		R					S	A	G	E	N	S
N	T	W	E	G	E	N	N	A	G	E	L	E	B	R	U	D	E	R			S	E
E			F	L	U	G				L		D		F	L	U	G			T	A	L
		Ü	B	E	N				N			E								I	L	A
							G	R	A	S		N	U	R	H	O	L	E	N	G	A	G
S	C	H	W	E	R				M	A	L	E	N					I		E	T	E
S	C	H	L	A	F	E	N		E		B	Ä	R			V	A	S	E	R		

Aufgabe 5
S. 284

Aufgabe, Blume, Boden, Dame, dämlich, Ebene, Gequake, Gras, gut, hören, Hose, Krone, Minute, nämlich, Nase, Tal, Tod, verloren, Vogel, Wal, wenig, Pflug, Planet, Schaden, Schlag, schmal, Schnabel, schwer, später, spüren

Aufgabe 6
S. 284

Die Schüler können die Tiernamen auch alphabetisch ordnen:
Ad-ler, Ali-ga-tor, An-ti-lo-pe, Ha-se, Ka-ker-la-ke, Ka-ter, Kro-ko-dil, Leo-pard, Lö-we, Ma-ri-en-kä-fer, Re-gen-wurm, Schna-bel-tier, Ti-ger, Uhu

3. Kuh, Schuh, Kohl – Wörter mit Dehnungs-h richtig schreiben (S. 285–286)

Aufgabe 1
S. 285

Die Schüler sollen erkennen, dass die Wörter alle ein Dehnungs-h nach einem lang gesprochenen Vokal besitzen. Sollten sie diese Gemeinsamkeit nicht sofort sehen, können sie den langen Vokal und das **h** in jedem Wort unterstreichen.
Fahrrad, Bahn, Stuhl, Kohl, Bohrmaschine, Fahne, Zahn, Uhr, Kuh, Huhn, Hahn, Reh

Aufgabe 3
S. 286

Durch das Sortieren und Aufschreiben der Wörter können sich die Schüler die korrekte Rechtschreibung besser einprägen. Die alphabetische Reihenfolge der Wörter ist:
Aufnahme, Bahn, Befehl, Drohung, Ehre, Fahne, Fehler, Führung, Gefahr, Gefühl, Jahr, Kohl, Kuh, Kühe, Lehrerin, Lehrling, Lohn, Ruhe, Sahne, Schuh, Stahl, Strahl, Wahl, Wohnung, Zahlung, Zeh

Aufgabe 4
S. 286

Die Schüler ergänzen die Wörter aus der linken Spalte wie folgt:
Sahne, Rat, Mahl, Tat, Vase, Bahn, Rahmen, Wal, Zahn, Nadel
Mithilfe der Wörter aus der rechten Spalte können sie folgende Wortzusammensetzungen bilden:
Sahnetorte, Rathaus, Mahlzeit, Tatsache, Stahlträger, Bahngleise, Bilderrahmen, Walfang, Zahnarzt, Nadelkissen

Aufgabe 5
S. 286

- Andreas gratuliert **ihr** [Lisa] zum Geburtstag.
- **Ihr** [Ninas] Hund kommt, als Nina **ihn** [den Hund] ruft.
- Jonas besucht **ihn** [Simon] im Krankenhaus.
- Der Wärter gibt **ihm** [dem Elefanten] Futter und wäscht **ihn** [den Elefanten].
- Michelle füttert **ihre** [Michelles] zwei Meerschweinchen mit einem Spezialfutter, damit **ihr** Fell [das Fell von Michelles Meerschweinchen] schön glänzt.
- Die Schüler mögen ihren Mathematiklehrer, weil er **ihnen** [den Schülern] die Aufgaben genau erklärt.

4. Zoo, Saal, Schnee – Wörter mit verdoppeltem Vokal richtig schreiben (S. 287–288)

Aufgabe 1
S. 287

Die gesuchten Begriffe können wie folgt sortiert werden:

Aa/aa	**ee**	**oo**
Aal Paar Haare Waage	Schneemann Seemann Fee Beeren Klee Beet Meer Tee Kaffee	Boot Moor Zoo

Aufgabe 2
S. 287

Wortstern Aa/aa:	Waage, Aal, Staat, Saal, Haar, Paar, paar, Aas
Wortstern ee:	Schnee, Klee, Kaffee, Tee, Teer, Armee, Speer, Allee, Beere, Leere, leer, See, Idee
Wortstern oo:	Zoo, Moor, Boot, doof, Moos

Aufgabe 3
S. 288

Die lückenhaften Wörter müssen wie folgt mit den entsprechenden verdoppelten Vokalen gefüllt werden:
S**ee**leute (Z. 1), Id**ee** (Z. 1), B**oo**te (Z. 1), M**ee**res (Z. 3), Tiefs**ee**fische (Z. 3), Segelb**oo**tes (Z. 4), T**ee** (Z. 5), Kaff**ee** (Z. 5)

Aufgabe 4
S. 288

Das Plakat zeigt, dass das kleingeschriebene Wort *paar* ein Pronomen (Indefinitpronomen) ist und die Bedeutung von *einige wenige* hat. Das großgeschriebene Wort *Paar* dagegen ist ein Nomen/Substantiv bzw. Zahlwort (das Paar = Zweiheit) und bezeichnet zwei zusammengehörige Personen, Wesen oder Dinge. Folgendes Tafelbild können die Schülerinnen und Schüler dazu in ihr Heft übernehmen:

Wann schreibt man „paar" oder „Paar"?

- *Das kleingeschreibene Wort **„paar"** benutzt man, wenn man „einige wenige" Dinge oder Personen meint (z. B. ein paar Leute oder ein paar Euro).*
- *Das großgeschriebene Wort **„Paar"** bezeichnet zwei zusammengehörige Dinge oder Personen (z. B. ein glückliches Ehepaar oder ein Paar Schuhe).*

Aufgabe 5
S. 288

Die Einsetzübung soll wie folgt gelöst werden:
- Anja kauft ein **paar** Äpfel auf dem Markt.
- Seit Kurzem sind Anja und Thomas ein echtes **Paar**.
- Wenn Thomas noch ein **paar** Euro spart, kann er sich ein neues Fahrrad kaufen.
- In ein **paar** Minuten ist die Stunde beendet.
- Das **Paar** Schuhe war wirklich preiswert.

5. „Wenn Riesen niesen ..." – Wörter mit langem i richtig schreiben (S. 289–291)

Aufgabe 1
S. 289

Die Schüler werden selbstständig erkennen, dass in allen Lücken die Buchstaben **ie** fehlen.

Aufgabe 2
S. 289

Z**ie**ge, verl**ie**ren, s**ie**gen, v**ie**l, n**ie**mals, h**ie**r, M**ie**te, Sp**ie**gel, gen**ie**ßen, schw**ie**rig, t**ie**f, marsch**ie**ren, d**ie**ser, prob**ie**ren, L**ie**be

Aufgabe 3
S. 289

Das Zeichnen der Umrisse und das Einsetzen der Wörter in diese hilft den Schülern, sich die Schreibweise der Fremdwörter zu merken.

Aufgabe 4
S. 290

Wortstern Nomen/ Substantiv	Diener, Ziege, Zwiebel, Fliese, Stiefel, Vieh, Biene, Verlies, Krieg, Dieb
Wortstern Verben	lieben, spazieren, genießen, radieren, fliehen, fliegen, biegen, riechen, mieten, genießen
Wortstern Adjektive	schwierig, mies, tief, schief, ergiebig, gierig, riesig, lieb, niedlich, kariert

Aufgabe 5
S. 290

Aus den Wörtern bilden die Schüler Reimpaare, was ihnen das Einprägen der richtigen Schreibweise erleichtert.

Aufgabe 6
S. 290

Die Konjugation zeigt, dass bei unregelmäßigen/starken Verben, deren Stammvokal im Präteritum zu **ie** wird, dieser Vokalwechsel bei allen Personalformen durchgängig ist. Je nach Leistungsstand der Lerngruppe kann ein Wörterbuch zur Hilfe genommen werden.

Aufgabe 7
S. 290

Folgende Lösungswörter werden gesucht:

a) frieren
b) Stiel
c) passieren
d) Trieb
e) Biegung
f) Schiene
g) kriechen
h) Papier

Aufgabe 8
S. 291

Der Text kann auch als Partnerdiktat genutzt werden. Die Wörter müssen folgendermaßen ergänzt werden:
Viele, Zootiere, Tiger, ziehen, Sie, lieben, ihnen, dieses, Vielfach, liegen, sie, Krokodile, riesige, kriechen, verlieren, ihr, Ziegen, Tiere, gibt, die, Die Tiere, Beispiel, riesigen, geschieht, ihnen, Papier, anbieten, die, Tiere, dieses, sie

Alles klar? – Wiederholen, üben und überprüfen (S. 292–293)

Aufgabe 1
S. 292

Die Tabelle soll von den Schülerinnen und Schülern wie folgt gefüllt werden:

ohne Längenzeichen geschrieben	mit doppeltem Vokal geschrieben	mit h als Längenzeichen geschrieben
Hose	See	Sahne
rufen	Aal	Stroh
Rat	Waage	sehen
holen	Saal	ruhen
Sage	Tee	Lehrerin
Töne	Speer	Hahn
Zug	Zoo	sehr
rot	Idee	Sohn
Segel	Boot	Zahl
Tor		Rahmen
sägen		Zahn
grün		Reh
nämlich		Höhle
quer		Mühe
Ferien		während
		Stuhl

Aufgabe 2
S. 292

Zeile	gesuchtes Wort	verwandte Wörter
Z. 1	**ih**re	ihr, ihn, ihm, ihnen, …
Z. 1	beg**eh**rt	begehren, Begehrlichkeit, begehrenswert, Begierde, …
Z. 2	gef**äh**rdeten	Gefahr, gefährden, Gefährdung, …
Z. 2	be**za**hlt	bezahlen, Bezahlung, Zahl, …
Z. 4	Ann**ah**me	annehmen, angenommen, …
Z. 4	F**eh**ler	fehlen, verfehlen, Verfehlung, Fehlurteil, …
Z. 8	M**üh**len/gem**ah**lenen	mahlen, Mühlstein, Müller, …
Z. 8	bl**üh**ender	blühen, Blüte, verblüht, …

Aufgabe 3
S. 292

Die vervollständigten Sätze lauten wie folgt:

- Ein **E**sel frisst Kl**ee**, er trinkt jedoch keinen T**ee**.
- **Aa**le, die durch das Wasser r**a**sen, stoßen sich sehr leicht die N**a**sen.
- Eine D**o**se voller L**o**se fand ich am Waldrand im M**oo**s.
- Zunächst tanzte der H**a**se im S**aa**l, später fr**a**ß er im G**a**rten S**a**l**a**t.
- Wenn ich ein Buch l**e**sen will, koche ich mir vorher eine Tasse Kaff**ee** oder Stachelb**ee**rt**ee**.
- Zum Geburtstag wünscht sich Andrea ein F**ah**rr**a**d, eine W**aa**ge, Blumens**a**men und eine Kristallv**a**se.
- Schn**ee**männer r**e**den im F**e**bruar viel über das Wetter.
- Ein Affe aus dem Z**oo** erwarb im Supermarkt eine T**o**rte, zwei R**o**sen, eine Latzh**o**se und ein knallr**o**tes Gummib**oo**t.

Aufgabe 4
S. 293

Die vervollständigten Merksätze lauten wie folgt:

- Die meisten Wörter mit langem Vokal schreibt man mit **einfachen Buchstaben**.
- Bei einigen Wörtern mit langem Vokal folgt hinter dem langen Vokal ein **Dehnungs-h** oder der lange Vokal wird **verdoppelt**.
- Die meisten Wörter mit lang gesprochenem i-Laut schreibt man mit **ie**.

Aufgabe 5
S. 293

Folgende Lösungswörter werden gesucht:
duftender Strauch = **Flieder**
kein Krieg = **Frieden**
Körperorgan = **Niere**
hoher Schuh = **Stiefel**
Insekt = **Biene**
Getränk = **Bier**
Verbrecher = **Dieb**
Wochentag = **Dienstag**
Gefühl = **Liebe**
Grünfläche = **Wiese**

Aufgabe 6
S. 293

Die Zahlen entsprechen der Stellung der Buchstaben im Alphabet (a = 1, b = 2, ...). So ergeben sich folgende Lösungswörter:
aalglatt, Kleeblatt, Kaffeefilter, Motorboot, Saatgut, Meersalz, Haarspalterei

Aufgabe 7
S. 293

Josef Guggenmos

Überraschung im Dienst

Es lag ein Str**i**ck
aus einem Loch.
Da sprach der Pol**i**z**i**st Franz Pfloch.
„Du hast h**ie**r n**i**cht zu l**ie**gen!
Drum w**i**rst du aufgeschr**ie**ben
und außerdem verhaftet!"
Jedoch **ih**n aus dem Loch zu z**ie**hen,
das hat er n**i**cht verkraftet.
„Du w**i**llst wohl n**i**cht? He! W**ie**?"
Franz Pfloch nahm seine Tr**i**llerpfeife:
Iiiiii!
[...]

(aus: R. Boldt/G. Krahl (Hg.): Das Rowohlt rotfuchs Lesebuch, Rowohlt Verlag, Reinbek 1983 © Josef Guggenmos Erben)

Von Riesen, Großmüttern, Prinzessinnen und anderen sonderbaren Gestalten – s-Laute (S. 294–307)

Vorüberlegungen zur Einheit

Die Auseinandersetzung mit den unterschiedlichen s-Lauten und ihrer Schreibweise wird in dieser Unterrichtseinheit im Zusammenhang mit dem Thema Märchen vorgenommen. Bei der Beschäftigung mit den s-Lauten geht es vor allem darum, dass die Schülerinnen und Schüler erkennen, dass sich die s-Laute bereits in der Aussprache unterscheiden und diese Unterschiede sich in der Schreibweise der s-Laute widerspiegeln. Deshalb sollte das betonte und genaue Sprechen des Wortmaterials vielfältig und wiederholt geübt werden. Die Übungen sind auf den zunehmenden Lernzuwachs der Schüler im Laufe der Einheit abgestimmt. Sie erlauben Einzel-, Partner- und Kleingruppenarbeitsphasen, in denen gemeinsames Üben und gegenseitiges Helfen ermöglicht wird.

Zentrale Kompetenzen, die in dieser Einheit geschult werden, sind:
- Unterscheidung der stimmhaften und stimmlosen s-Laute
- Ableitung von Rechtschreibregeln und -strategien zur richtigen Schreibung der s-Laute
- Beherrschung der Schreibweise der s-Laute mithilfe von Rechtschreibregeln
- Verfügung und Anwendung eines vertieften Wissens der Laut-Buchstaben-Zuordnung
- Beherrschung wortbezogener Regelungen und deren Ausnahme
- Korrektur und Vermeidung von Fehlschreibungen z. B. durch richtiges Abschreiben, Sprech- und Schreibproben, Fehleranalyse in Anlehnung an den Rechtschreibschwerpunkt s-Laute

Als Einstieg beschreiben die Schüler erst einmal die Bilder auf der Einstiegsseite (S. 294). Sie sollen dabei unter Einbezug der Überschrift und des Informationskastens erschließen, worum es in der Einheit geht (Märchen, s-Laute und ihre Schreibweise). Daran anschließend bietet sich ein rascher Übergang zu dem informierenden Text über Märchen an (S. 295). Nach der inhaltlichen Erschließung des Textes erfolgt die Auseinandersetzung mit dem Thema s-Laute.

Didaktische Aufbereitung der Unterkapitel

1. Was hörst du? – Stimmhafte und stimmlose s-Laute unterscheiden (S. 296–297)

Aufgabe 1
S. 296

Der Text gibt auf die Fragen folgende Antworten:

a) Sogenannte Märchensammler hielten die sonst nur mündlich weitergegebenen Geschichten für die Nachwelt fest (Z. 2–4).

b) Die Märchen wurden meist zur Winterzeit während der Erledigung von Hausarbeiten im Kreise der Familie erzählt (vgl. Z. 5–9).

c) Die Märchen erkennt man – neben den typischen formelhaften Wendungen – auch an den Figuren, welche meist übernatürliche Kräfte besitzen und in Gut und Böse eingeteilt sind, wobei das Gute stets das Böse besiegt (vgl. Z. 8–14).
d) Die Menschen lebten in großer Armut und Not, sodass das Erzählen der surrealen Märchen eine Möglichkeit bot, der Wirklichkeit zu entfliehen und sich seinen Wünschen und Träumen hinzugeben (vgl. Z. 15–20).
e) Die Schüler sollten in ihren Worten erläutern, dass die Menschen früher unter Armut und Not litten, jedoch keine Möglichkeiten hatten, dieser tatsächlich zu entfliehen. Die Märchen spiegelten ihre Wünsche und Träume wieder. Ein Märchen bot den einfachen Menschen die Gelegenheit, dem deprimierenden Alltag zu entfliehen, um so neue Hoffnung zu gewinnen. So lässt sich das typische Merkmal eines Märchens, dass das Gute stets das Böse besiegt und belohnt wird, z. B. als Ausdruck der allgemeinen Sehnsucht nach Gerechtigkeit interpretieren.

Aufgabe 2
S. 296

Durch das laute Lesen sollen bereits Unterschiede in der Aussprache der stimmhaften und stimmlosen s-Laute, die unmittelbar Einfluss auf die Schreibweise haben, deutlich werden. Das Anlegen der Hand an den Kehlkopf bietet den Schülern eine Möglichkeit, diesen Unterschied auch zu fühlen. Beim stimmhaften s-Laut hört man ein Summen, das als leichte Vibration am Kehlkopf deutlich spürbar ist, während der stimmlose s-Laut gezischt ausgesprochen wird. Hier ist keine Kehlkopfvibration zu spüren.

Aufgabe 3
S. 296

stimmhafter/gesummter s-Laut	stimmloser/gezischter s-Laut
Sie (Z. 1), sogenannten (Z. 2), Märchensammler (Z. 2), eisig (Z. 5), gemeinsam (Z. 5), sich (Z. 7), diese (Z. 8), Riesen (Z. 10), böse (Z. 10), lösen (Z. 11), Böse (Z. 12), Speisen (Z. 13), also (Z. 21)	bis (Z. 3), draußen (Z. 5), nass (Z. 5), Prinzessinnen (Z. 10), das (Z. 12), Schloss (Z. 13), große (Z. 16), mussten (Z. 16), was (Z. 19)

Aufgabe 4
S. 296

Die Schüler erkennen beim Einordnen der Wörter schnell, dass man beim gesummten s-Laut bloß eine Schreibweise vorfindet (einfaches s), beim gezischten s-Laut dagegen drei Schreibweisen unterschieden werden (s, ss, ß). Dieser Unterschied, welcher durch folgendes Tafelbild visualisiert und festgehalten werden kann, wird im weiteren Verlauf umfassend thematisiert.

Tafelbild

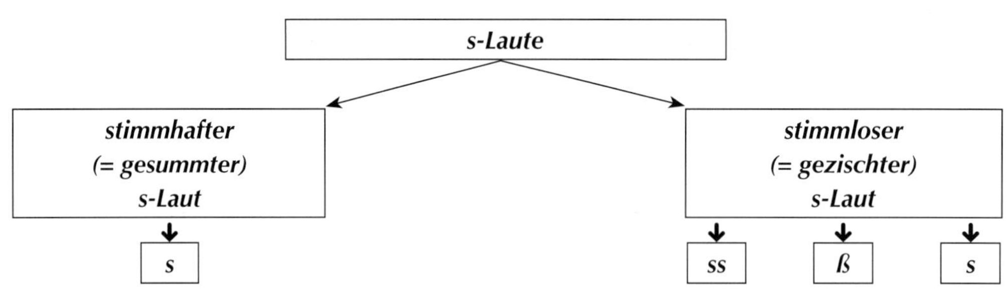

Aufgabe 5
S. 297

Die Lernenden können sich kurz über den ängstlichen Riesen, der stark von gängigen Riesen-Charakteren abweicht, austauschen. Dabei können auch Ideen entwickelt werden, wie Bartolo seine Angst überwindet.

Aufgabe 6
S. 297

Die Wörter aus dem Text, die einen stimmlosen oder stimmhaften s-Laut enthalten, sollen wie folgt in die Tabelle eingeordnet werden. Da einige Wörter zwei verschiedene s-Laute enthalten (z. B.: Angsthase), ist es sinnvoll, wenn die Schüler die jeweiligen s-Laute durch Unterstreichungen markieren.

stimmhafter s-Laut	**stimmloser s-Laut**		
geschrieben: s	**geschrieben: s**	**geschrieben: ss**	**geschrieben: ß**
Riese, sehr, Riesenfüße, Riesenhände, Riesennase, Riesenohren, Riesenschnurrbart, Besen, aussieht, Hasenherz, Angsthase, sich, unserem, seit, gesehen	ist, aussieht, Angsthase, Wespen, Füchsen, es, nichts	messerscharf	groß, Riesenfüße, großen

Aufgabe 7
S. 297

Die Schüler, die noch unsicher sind bei der Unterscheidung der stimmhaften und stimmlosen s-Laute, können dies mithilfe der Übung a) vertiefend üben. Die anderen Schüler können in kleinen Gruppen Ideen dazu sammeln, wie der Riese Bartolo seine Angst überwindet und eine Geschichte dazu schreiben. Besonders gelungene Geschichten können dann der Klasse vorgetragen werden.

2. Nicht immer so einfach – den stimmhaften s-Laut erkennen (S. 298–300)

Hase, Nase, Vase – die Rechtschreibung des stimmhaften s-Lautes üben (S. 298–299)

Aufgabe 1
S. 298

Die Schüler sprechen die Wörter mehrmals laut und deutlich aus. Dann werden sie feststellen, dass bei allen Wörtern der s-Laut stimmhaft ist.

Aufgaben 2–3
S. 298

In dieser Reihenfolge müssen die Wörter in das lückenhafte Märchen eingesetzt werden: sieben, sieben, einsamen, See, Nase, sagte, seine, besuchen, Masern, sehr, setzte, Sahne, Käse, Hänsel, sehen, Besen, niesen

Aufgabe 4
S. 299

Folgende Wörter müssen markiert werden:

stimmhafter s-Laut	**stimmloser s-Laut**
sieben, **s**ieben, ein**s**amen, **S**ee, **s**einem, **s**eine, Na**s**e, **s**agte, **s**eine, be**s**uchen, Hochhäu**s**er, **S**ie, Ma**s**ern, **s**ehr, **s**etze, **s**ich, **S**ahne, Kä**s**e, Hän**s**el, **s**ehen, Be**s**en, nie**s**en	wuch**s**en, Eine**s**, Tage**s**, Gro**ß**mutter, sü**ß**en, **S**tärkung, Gro**ß**mutter, lo**s**, Unterweg**s**, Inline-**S**kate**s**, e**s**, Au**s**flug, **s**tändig, mu**ss**te, Lebkuchenhau**s**, brau**s**te

Aufgabe 5
S. 299

al**s**o, Amei**s**e, Am**s**el, Be**s**en, bö**s**e, Brem**s**e, die**s**er, Do**s**e, Ei**s**en, E**s**el, Gemü**s**e, Ha**s**e, Ho**s**e, Kä**s**e, lei**s**e, le**s**en, Na**s**e, Pau**s**e, Ra**s**en, rei**s**en, Ro**s**e, **s**au**s**en, tau**s**end

Aufgabe 7
S. 299

Die Schüler sollen herausstellen, dass man das stimmhafte s immer mit einfachem s schreibt. Sie können hier auch noch einmal betonen, dass man den stimmhaften s-Laut summend ausspricht und dass man das Summen am Kehlkopf fühlen kann. Dadurch, dass sie die Regel selbst formulieren, können sie sich diese besonders gut einprägen. Abschließend könnten die Schüler die Regel als gereimten Merksatz umformulieren.

Maus – Mäuse, Haus – Häuser – den versteckten stimmhaften s-Laut erkennen (S. 299–300)

Aufgaben 1–2
S. 299–300

Die Schüler sprechen die Wörter in der Märchenburg (S. 299) und dem Korb des Wolfs (S. 298) laut und deutlich aus und vergleichen die Aussprache der s-Laute. So finden sie heraus, dass alle Wörter in der Märchenburg ein einfaches s, das stimmlos/gezischt ausgesprochen wird, enthalten. Dadurch unterscheiden sie sich von den Wörtern aus dem Korb des Wolfes, welche alle einen eindeutig hörbaren, gesummten s-Laut am Wortanfang oder im Wortinneren besitzen.

Aufgabe 3
S. 300

er saust – sausen, Glas – Gläser, Gas – Gase, sie liest – lesen, Maus – Mäuse, dies – diese, Haus – Häuser, Preis – Preise, Laus – Läuse, er niest – niesen, Los – Lose, Gleis – Gleise, es blies – blasen, Gans – Gänse, sie speisten – speisen, er weist an – anweisen, sie rast – rasen

Aufgabe 4
S. 300

Die Schüler beschreiben, dass aus den stimmlos/gezischt ausgesprochenen s-Lauten durch die Verlängerung stimmhafte/gesummt ausgesprochene s-Laute werden. Aus den Beispielen können sie weiter schlussfolgern, dass man mithilfe einer Verlängerung erkennen kann, wie ein s-Laut am Wortende geschrieben wird.

Aufgabe 5
S. 300

Die Wörter müssen in dieser Reihenfolge eingesetzt werden:
Leseratte (gesummt), **lies** (Verlängerung: lesen), **Riese** (gesummt), **niest** (Verlängerung: niesen), **bläst** (Verlängerung: blasen), **saust** (Verlängerung: sausen), **grast** (Verlängerung: grasen), **verspeist** (Verlängerung: speisen)
Zur Sicherung des bisher Gelernten sollten die Schüler mithilfe der Lernbox auf dieser Seite die Schreibweisen der einzelnen Wörter erklären.

3. ss oder ß? – Den stimmlosen s-Laut richtig schreiben (S. 301–305)

Achte auf die Vokale! – Die Schreibweisen des stimmlosen s-Lautes erkennen

Aufgaben 1–3
S. 301

Die Schüler schreiben die Wörter in der Märchenkiste in eine Tabelle nach ihrer Schreibweise mit ss oder ß getrennt auf. Dann sollen sie zu zweit oder dritt erst einmal durch deutliches Sprechen und genaues Zuhören herausfinden, welche Wörter einen kurzen und welche einen langen betonten Vokal haben. Die kurzen Vokale markieren die Schüler mit einem Punkt, die langen unterstreichen sie.
Anschließend erfolgt die Auswertung der Tabelle, indem die Schüler erste Regeln zur Schreibweise des stimmlosen s-Lautes ableiten. Die Ergebnisse dieser Auswertung können an der Tafel oder über OHP-Folie so festgehalten werden:

Tafelbild

Wörter mit stimmlosen s-Lauten, die mit „ss“ geschrieben werden	*Wörter mit stimmhaften s-Lauten, die mit „ß“ geschrieben werden*
essen, Flosse, messen, verpassen, fressen, Messer, pressen, Tasse, vergessen, Kuss	*Fuß, Spieß, schießen, gießen, Grüße, heiß, beißen, groß, Kloß*
Der Vokal vor dem mit „ss“ geschriebenen stimmlosen s-Laut wird kurz und betont ausgesprochen.	*Der Vokal vor dem mit „ß“ geschriebenen stimmlosen s-Laut wird lang und betont ausgesprochen.*

Aufgabe 4
S. 301

Aus den Wortsternen lassen sich folgende Wörter bilden:

ess Sessel, messen, Messe, Messen, fressen, fresse, essen, messen, messe
üß Süße, Füße, Größe, süßen, süße, grüßen, grüße, büßen, büße
ass Klasse, Klassen, Tasse, Tassen, Wasser, Masse, Massen, Rasse, Rassen, fassen, fasse, Rassel
aß Maß, Maßen, Maße, maßen, saßen, saß, spaßig, spaßen, fraßen

Aufgabe 5
S. 302

Fischflosse, Grüße, Masse, Schlüssel, Straße, pressen, Spaß, genießen, Fluss, Klasse, Blöße, zerreißen, nießen, verschlossen, fließen, Weißbrot, vermissen, Heißhunger, zusammenfassen

Aufgabe 6
S. 302

Hier sollen die Schüler noch einmal ihr gelerntes Wissen anwenden und die unterschiedliche Schreibweise des gezischten s-Lautes üben. Dabei sollten sie mithilfe der Lernbox die Schreibweise der Wörter erläutern und begründen.

- Eine **Tasse** ist ein **Gefäß**, aus dem man trinken kann.
- Ein **Pass** ist ein Dokument, das du brauchst, um in ein anderes Land einzureisen.
- **Klöße** isst man in Suppen oder zu Fleischgerichten.
- Der Rhein ist ein großer **Fluss**.
- Blumen muss man regelmäßig **gießen**, sonst vertrocknen sie.
- In vielen Ländern **begrüßen** und verabschieden sich Menschen mit einem **Kuss**.
- Um einen Fluss zu überqueren, kann man anstatt eines Bootes auch ein **Floß** benutzen.
- Mit Inline-Skates darf man nicht auf der **Straße** fahren, sondern man muss den Bürgersteig benutzen.
- Viele Fische bewegen sich mithilfe ihrer **Flossen** fort.
- Man benutzt einen **Kompass**, um die Himmelsrichtung zu bestimmen.

Aufgabe 7
S. 303

Kasse, fließen, Spieße, Pass, Flosse, besser, stoßen, Gasse, Soße, dreißig, Schlüssel, Tasse, gießen, außen, küssen, Gruß, Straße, Hass, beißen, Füße

Aufgabe 8
S. 303

genießen, gießen, fließen, schließen
Maus, Haus, Laus
Grüße, Füße
groß, Floß
zerreißen, beißen
weiß, heiß
Fuß, Gruß

Aufgabe 10
S. 303

M	E	I	S	E						K			
	N	I	E	S	E	N				U			
								N	A	S	S		
				R						S			
S	C	H	L	Ü	S	S	E	L					
P		Ä		S	A	U	S	E	N				
E		U		S									
I		S		E									
S		E		L					R				
E		R	E	I	S	E		G	A	N	S		
									S				
G	R	A	S		T	A	S	S	E				
									N	U	S	S	
R	I	E	S	E									
							K	A	S	S	E		

waagerecht:
Meise, niesen, nass, Schlüssel, sausen, Reise, Gans, Gras, Tasse, Nuss, Riese, Kasse

senkrecht:
Kuss, Speise, Häuser, Rüssel, rasen/Rasen

ss oder ß? – Die Schreibweise des stimmlosen s-Lautes üben (S. 303–305)

Aufgabe 1
S. 304

Infinitiv (= Grundform)	1. Person Singular Präsens (= Gegenwart)	1. Person Singular Präteritum (= Vergangenheit)
genießen	ich genieße	ich genoss
schießen	ich schieße	ich schoss
zerreißen	ich zerreiße	ich zerriss
gießen	ich gieße	ich goss
essen	ich esse	ich aß
vergessen	ich vergesse	ich vergaß
wissen	ich weiß	ich wusste

Aufgabe 2
S. 304

Setzt man die Infinitive in die Personalform, verändert sich die Schreibweise der s-Laute. Die Schüler können hier ihr Wissen anwenden, dass ein stimmloser s-Laut nach kurzem, betonten Vokal oft ss und nach langem, betontem Vokal ß geschrieben wird, und so die Veränderung der Schreibweise erklären.

Aufgabe 3
S. 304

Verb im Infinitiv	1. Person Singular Präsens	3. Person Singular Präteritum
beißen	es beißt	es biss
fressen	es frisst	es fraß
messen	ich messe	ich maß
fließen	es fließt	es floss
essen	ich esse	ich aß
reißen	ich reiße	ich riss
verlassen	sie verlässt	ich verließ

Aufgabe 4
S. 305

Die Wörter müssen in dieser Reihenfolge eingesetzt werden. In den Klammern steht jeweils die Erklärung, weshalb der entsprechende gezischte s-Laut eingesetzt werden muss.
großen (langer, betonter Vokal), **wissen** (kurzer, betonter Vokal), **heiße** (langer, betonter Vokal), **heiße** (langer, betonter Vokal), **fleißig** (langer, betonter Vokal), **bisschen** (kurzer, betonter Vokal), **vergessen** (kurzer, betonter Vokal), **gelassen** (kurzer, betonter Vokal), **großen** (langer, betonter Vokal)

Aufgabe 5
S. 305

Begriff	**Erklärung der Schreibweise**
Rüssel	stimmloser s-Laut nach kurzem, betontem Vokal
Weise/Wiese	stimmhafter s-Laut
leise	stimmhafter s-Laut
nass	stimmloser s-Laut nach kurzem, betontem Vokal + Wortverwandte Verlängerung (Nässe, nässer)
Luchs	Verlängerung mit stimmhaften s-Laut (Luchse)
Kasse	stimmloser s-Laut nach kurzem, betontem Vokal
Nase	stimmhafter s-Laut
küssen	stimmloser s-Laut nach kurzem, betontem Vokal
Riese	stimmhafter s-Laut
Laus	Verlängerung mit stimmhaften s-Laut (Läuse)
Ameise	stimmhafter s-Laut
besonders	stimmloser s-Laut am Wortende (Merkwort, da keine Verlängerung möglich, wie: bis)
Walross	stimmlosen s-Laut nach kurzem, betontem Vokal + Verlängerung (Walrosse)
Flosse	stimmloser s-Laut nach kurzem, betontem Vokal
Rasen/rasen	stimmhafter s-Laut
Wasser	stimmloser s-Laut nach kurzem, betontem Vokal
Rose	stimmhafter s-Laut
Reise	stimmhafter s-Laut

Zu Kapitelende kann noch einmal auf die Besonderheit des Wortes „besonders“ eingegangen werden. Die Schüler werden leicht erkennen, dass hier die gelernten Regeln nicht anwendbar sind. Gemeinsam können dann noch andere Merk- und Lernwörter gesammelt werden (z. B.: bis, dienstags, was ...).

Übung macht den Meister – Fünf-Minuten-Diktate schreiben (S. 306)

Diese kurze Zwischeneinheit gibt den Schülern die Möglichkeit, ihr gelerntes Wissen in Partnerarbeit anzuwenden, zu testen und zu festigen. Die Methode des Fünf-Minuten-Diktats soll dabei als gute Möglichkeit zur Übung der eigenen Rechtschreibung vorgestellt werden. Gerade in Klassen, die im Bereich der Rechtschreibung Defizite aufweisen, ist es sinnvoll, regelmäßig solche kleinen Übungsphasen in den Unterricht einzubauen.

Alles klar? – Wiederholen, üben und überprüfen (S. 307)

Aufgabe 1
S. 307

gefrä**ß**ig, Fü**ß**e, Spie**ß**e, E**ss**ig, Ta**ss**e, Kla**ss**e, be**ss**er, Genu**ss**, schlie**ß**en, Dro**ss**el, Stra**ß**e, Ki**ss**en, ka**ss**ieren, au**ß**en, Grö**ß**e, Fa**ss**, sie lä**ss**t, Kommi**ss**ar, er vergi**ss**t, sie mu**ss**ten, Flo**ß**

Aufgabe 2
S. 307

stimmloser s-Laut	versteckter stimmhafter s-Laut
wir küssen – der Kuss – geküsst nass – die Nässe – durchnässt er muss – müssen er frisst – der Fraß – fressen die Kasse – die Kassiererin – kassieren	das Haus – die Häuser – hausen der Preis – die Preise – preisen er rast – die Raserei – rasen das Glas – die Gläser – verglasen er speist – die Speise – speisen

Aufgabe 3
S. 307

A	Eine sehr arme Witwe lebte in ...	Schneeweißchen und Rosenrot
B	Eine Witwe hatte zwei Töchter ...	Aschenputtel
C	Deine weißen Kleider, deine Perlen ...	Der Froschkönig

Aufgabe 4
S. 307

s	ss	ß
einsamen, Rosenbäumchen, Rosen, diesen, Rosenbäumchen, gesamte, sein	hässlich, hässliche, musste, essen, Tasse	weiße, fleißig, große, Straße, weißen, großen

Die Zeichensetzung bei Aufzählungen und bei der wörtlichen Rede (S. 308–317)

Vorüberlegungen zur Einheit

In dem kurzen Kapitel zur Zeichensetzung geht es schwerpunktmäßig um die Zeichensetzung bei Aufzählungen, die für die meisten Schüler neu sein wird, und um die Zeichensetzung bei der wörtlichen Rede, die sie bereits aus der Grundschule kennen werden. Da die letztere notwendiger Bestandteil eigenständigen schriftlichen Erzählens ist, das im fünften Schuljahr einen Aufgabenschwerpunkt darstellt (s. das Kapitel „Wir erzählen"), ist eine Wiederholung und Verfestigung notwendig und sinnvoll.

Zentrale Kompetenzen, die in dieser Einheit erworben werden, sind:
- die Zeichensetzung bei der wörtlichen Rede wiederholen, kennen und beachten
- die Kommasetzung bei Aufzählungen kennen und beachten
- satzbezogene Regelungen kennenlernen und beachten

Aufgaben 1–3
S. 308

Die **Auftaktseite** soll die Schüler für die Aufgaben der Zeichensetzung in unserer Sprache sensibilisieren. Nikita hat in seinem Text die Kommas vergessen, sodass dieser eine ganz andere Aussage erhält. Richtig müsste der Text lauten:

Am Straßenrand stand eine kleine, alte Dame,
auf dem Kopf einen Hut,
mit Ringellöckchen im Gesicht,
einen Stockschirm in der Hand,
und wartete auf ein Taxi.

Didaktische Aufbereitung der Unterkapitel

1. Höher, weiter, schneller – das Komma bei Aufzählungen richtig setzen (S. 309–311)

Rekorde der Natur (S. 309)

Aufgabe 1
S. 309

Fünftklässer interessieren sich häufig für die Natur und für Rekorde. An dieses Interesse sollen die ersten Aufgaben zur Zeichensetzung bei Aufzählungen anknüpfen. Um das „Unglaubliche" dieser Rekorde deutlich zu machen, ließen sich Vergleichsmaße z. B. mit der Länge oder Höhe des Klassenraums ziehen.

Aufgabe 2
S. 309

Die enthaltenen Aufzählungen lauten:
- ... eine Höhe von 42 m, einen Stammdurchmesser von 14,05 m und einen Stammumfang von 58 m.
- ... 2,9 m breit, 6 m tief und wiegt über 2 Tonnen.
- ... einer Milliarde Tieren bestehen, etwa 1 500 000 kg wiegen und genauso viele Kilogramm Pflanzen fressen.

Aufgabe 3
S. 309

Mithilfe der Texte untersuchen die Schüler die Zeichensetzung bei Aufzählungen und leiten die entsprechenden Regeln aus dem Textmaterial ab. Die Ergebnisse können in folgenden Tafelbild gesichert werden.

Tafelbild

Die Kommasetzung bei Aufzählungen

- *Aufzählungen von Wörtern oder Wortgruppen werden durch ein Komma voneinander getrennt.*

Chris sammelt Muscheln | Schneckenhäuser | Steine und Flaschenschiffe.
-------- , -------------- , ----- *und* -----------

- *Vor den Wörtern und, oder und sowie steht bei Aufzählungen kein Komma.*

Katzen sind Überlebenskünstler (S. 309)

Aufgabe 1
S. 309

Die meisten Schüler interessieren sich für Tiere, einige werden auch eine Katze besitzen und eigene Erlebnisse erzählen können. Das Thema „Katzen" soll die Bereitschaft zur Auseinandersetzung mit dem eher „trockenen" Thema Zeichensetzung erhöhen.

Aufgabe 2
S. 310

Katzen sind Überlebenskünstler

Abgemagert, verängstigt, müde und völlig erschöpft wurde eine Katze in einem Karton vorgefunden (2). Sie hatte 35 Tage in einem Schiffscontainer zugebracht. Bei ihrer Entdeckung bekam sie zunächst Futter, Wasser und den Namen „China" (1). Sie war nämlich von China bis in die USA „gereist".
Eine andere Katze mit dem Namen „Ginger" wollte nicht allein zu Hause bleiben. Sie sprang unbemerkt zu den Hosen, Röcken, Blusen, Pullovern und Schuhen ihrer Besitzerin in einen Koffer (3). So flog sie nach Kanada, fuhr im Auto zu den Niagarafällen und sprang im Hotel ihrer überraschten Besitzerin in die Arme (1).

Aufgabe 3
S. 310

Mögliche Antworten der Schüler:
- Katzen fressen gern Hackfleisch, Hähnchen, Fisch und Trockenfutter.
- Mit Knäueln, Bällen, Plastikmäusen oder Tüchern spielen sie gern.
- Katzen lieben es zu schmusen, in der Sonne zu dösen, zu jagen und zu spielen.
- Sie mögen es gar nicht, wenn man sie beim Fressen stört, aufweckt oder zu lange streichelt.
- Zu ihrer Pflege benötigen sie eine Bürste, ein Körbchen, einen Fress- und einen Trinknapf.
- Es gibt viele Katzenrassen, ich kenne Perserkatzen, Siamkatzen und die Europäische Kurzhaarkatze.
- Katzen können gut sehen, klettern, lautlos schleichen, schnurren und miauen.
- Die Katzen in unserer Nachbarschaft heißen Minka, Molle, Tom und Felix.

Aufgabe 4
S. 310

Die Sätze können so vervollständigt werden:
- Kaninchen fressen am liebsten Möhren, Salat und Klee.
- Zur Pflege von Pferden benötigt man Mähnenkämme, Striegel und Hufauskratzer.
- Affen vertreiben sich die Zeit, indem sie klettern, turnen, hangeln und schaukeln.
- Eichhörnchen sammeln im Herbst Kastanien, Bucheckern und Eicheln.
- Vögel füttern ihre Küken mit Beeren, Insekten, Samen und Körnern.
- Hunde helfen den Menschen, indem sie Schafe hüten, Verschüttete aufspüren und Drogen finden.
- Es gibt viele Bärenarten, z. B. Eisbären, Pandabären, Koalabären und Braunbären.

- Zu den Reptilien gehören Echsen, Schildkröten und Schlangen.

Aufgabe 5 S. 310

Die Schüler könnten die Sätze z. B. wie folgt ergänzen:
- Meine Lieblingstiere sind Katzen, Hunde, Pferde, Löwen, Tiger und Geparden.
- Nicht so gerne mag ich Spinnen, Schlangen, Krokodile, Eidechsen und Fische.

Marie Winkel: Tierrätsel (S. 311)

Aufgabe 6 S. 311

Folgende Tiere werden in den Rätseln beschrieben:
- „Nudelgroß ..." – Regenwurm
- „Was ist das?" – Seehund
- „Es gibt sie ..." – Marienkäfer
- „In Afrikas Savannenland ..." – Giraffe

Aufgabe 7 S. 311

Folgende Aufzählungen suchen die Schüler aus den Tierrätseln heraus:
- Regenwurm: Nudelgroß, beinlos, braunrot, Amselbrot. Minischlange, wasserbange, Erdenkriecher, Kompostviecher. Es glitscht und ringelt, es witscht und schlingelt.
- Seehund: ... nass, plump und rund, mit Schnurrbartmund, bellt wie ein Hund.
- Marienkäfer: ... mal sind sie gelb, mal schwarz, meist rot, geformt wie'n Millimeterbrot, ovaler Umriss, runder Rücken.
- Giraffe: ... Büffel, Zebra, Elefant

2. Noch mehr von interessanten Tieren – die Zeichensetzung bei der wörtlichen Rede kennen und beachten (S. 312–315)

Jonathan Mahood: Der elektronische Hund Bleeker (S. 312)

Aufgabe 1 S. 312

Die Schüler lesen den Comic und erklären, dass Skip ein Schwesterchen bekommen hat und befürchtet, das Baby könnte seine Sachen benutzen wollen. Deshalb will er auf alle seine Sachen Namensschilder kleben.

Aufgaben 2/4 S. 312

Die wörtliche Rede wird in Comics durch Sprechblasen deutlich gemacht, in Annikas Text durch Anführungszeichen.

Aufgabe 5 S. 312

Die Schülerinnen und Schüler übernehmen Annikas Text in ihr Heft. Sie unterstreichen die Redebegleitsätze und die wörtliche Rede z. B. so in zwei verschiedenen Farben:

Skips Eltern sind mit dem neugeborenen Schwesterchen nach Hause gekommen. Das Baby liegt in seinem Bettchen. Skip und Bleeker knien auf zwei Stühlen und betrachten es. Bleeker fragt: „Also Skip, wie findest du dein neues Geschwisterchen?" „Mir gefällt nicht, wie sie mein Zimmer beäugt", antwortet Skip. Dann rennt er in sein Zimmer. Von dort ruft er: „Komm, lass uns noch ein paar Namensschilder für meine Sachen drucken!" „So weit kann sie doch noch gar nicht gucken!", gibt Bleeker zu bedenken.

Anschließend können sie im Klassengespräch anhand der Beispiele aus Annikas Text und ihrer Kenntnisse aus der Grundschule die Regeln der Zeichensetzung bei der wörtlichen Rede zusammentragen. Diese können in folgendem Tafelbild gesichert werden:

Tafelbild

Die Zeichensetzung bei der wörtlichen Rede

Der Redebegleitsatz kann vor, nach oder zwischen der wörtlichen Rede stehen.

______ : „______ ."

„______ ", ______ .

„______ (!?)", ______ .

„______ ", ______ , „______ ."

Jonathan Mahood: Der elektronische Hund Bleeker (S. 313)

Aufgabe 6 S. 313

Die Schüler lesen den Comic und geben seinen Inhalt in ihren Worten wieder. Skip und Bleeker sind nachts von einem Geräusch geweckt worden und wollen sehen, woher das Geräusch stammt. Da es dunkel ist, schaltet Bleeker sein Nachtsichtgerät ein. Als Skip Licht einschaltet, wird er aufgrund des Nachtsichtgerätes, das er trägt, von der Helligkeit geblendet.

Aufgabe 8 S. 313

Im nächsten Schritt formen die Schüler den Comic in einen Erzähltext um. Sie können sich dabei an dem Schülerbeispiel von Annika auf S. 312 orientieren. Wichtig ist, dass sie alles, was Skip und Bleeker sagen, in die wörtliche Rede setzen. Nachdem sie ihren Text geschrieben haben, sollten sie zu zweit mithilfe der Lernbox die Zeichensetzung bei der wörtlichen Rede in ihren Texten kontrollieren und gegebenenfalls verbessern. Ein möglicher Erzähltext könnte so aussehen:

Eines Nachts hört Skip im Wohnzimmer ein Geräusch. Er weckt seinen elektronischen Hund Bleeker und sagt: „Wir müssen nach unten gehen und rausfinden, woher das Geräusch kam!" Da es Nacht ist, hat Bleeker eine gute Idee und informiert sein Herrchen Skip: „Ich werde mein Nachtsichtgerät einschalten ..." Die beiden schleichen sich die Treppe runter und gehen ins Wohnzimmer. Skip macht das Licht an, doch sofort schreit Bleeker: „Arghhh! Meine Augen!" „Entschuldige! Ich dachte du brauchst das Licht, um es einzustellen", redet sich Skip heraus, dabei hat er vergessen, dass Bleeker das Nachtsichtgerät eingeschaltet hat. Dieser schiebt das Gerät auf die Stirn und meint nur. „Es ist ein Nachtsichtgerät, Skip!" Dabei betont er das Wort Nacht besonders deutlich.

Aufgabe 9 S. 314

Die Zeichensetzung der wörtlichen Rede wird hier an die vorherigen Übungen anschließend noch einmal geübt, indem die Schüler einen Dialog in die wörtliche Rede eines Erzähltextes umformulieren. Eine mögliche Lösung könnte folgender Text darstellen:

Boris und Justus stehen am Spielfeldrand und sehen sich ein Spiel im Roboterfußball an. „Es ist unglaublich, aber die Hunde können ja richtig laufen!", ruft Boris aus. „Das ist wirklich erstaunlich. Jetzt schießt der Hund sogar auf ein Tor!", begeistert sich Justus. Kurze Zeit später kommentiert dann aber Boris: „Pech, leider nicht getroffen. Aber der Hund im Tor ist von dem Schuss umgefallen." „Von allein kann er aber nicht aufstehen. Da muss der Mensch doch noch helfen", stellt Justus fest. „Es muss aber viel Arbeit gewesen sein, die Hunde so zu programmieren", sagt Boris respektvoll und Justus stimmt ihm zu: „Ich glaube, dass die Hunderoboter in ein paar Jahren noch vielmehr können werden."

Aufgabe 10 S. 315

Die Schüler übernehmen den Text in ihr Heft und ergänzen die fehlenden Satzzeichen. Dabei erarbeiten sie folgende Lösung:

Boris ist beim Surfen im Internet auf eine interessante Seite gestoßen und erzählt Justus davon, der viele Fragen dazu hat. „Ich habe eine Seite vom DFB gefunden, die extra für Kinder gemacht wurde", beginnt Boris. „Sie hat ein lustiges Maskottchen namens Paule, der einem alles über den Sport erklären kann", fahrt er fort. „Wie sieht denn das Maskottchen aus?", will Justus wissen. „Es ist ein Adler", erklärt Boris, „er hat immer lockere Sprüche auf Lager und ist der offizielle Glücksbringer des DFB." „Dann komme ich heute vor dem Fußballtraining mal bei dir vorbei", schlägt Justus vor, „dann kannst du mir die Seite ja einmal zeigen." Klasse Idee", freut sich Boris, „dann bis gleich."

Aufgabe 11
S. 315

Bei dieser Übung ergänzen die Schüler die passenden Redebegleitsätze aus dem Wortspeicher und schreiben das Gespräch vollständig mit der entsprechenden Zeichensetzung auf. Besonders achten sie darauf, dass der Punkt bei Aussagessätzen entfällt, wenn der Redebegleitsatz nachgestellt ist. Eine mögliche Lösung könnte dieser Text sein:

Justus ruft: „Berni, der Bär, das ist das Maskottchen von Bayern München!"
„Und der VfB Stuttgart hat ein Krokodil mit Baseballkappe als Maskottchen. Es heißt Fritz", berichtet Justus.
„Guck mal, ein blau-weiß gestreiftes Zebra, es gehört zum MSV Duisburg", findet Boris heraus.
Boris kritisiert: „Sie sehen aber aus wie Comicfiguren. Echte Tiere finde ich besser."
„Einige Vereine haben aber auch echte Tiere. In Köln ist immer ein Geißbock dabei", stellt Justus lächelnd fest.
„Ob lebendig oder nicht, Hauptsache, sie bringen ihren Vereinen Glück", fasst Boris zusammen.

Alles klar? – Wiederholen, üben und überprüfen (S. 316–317)

Aufgabe 1
S. 316

Die Regel muss wie folgt ergänzt werden:
Aufzählungen von Wörtern oder Wortgruppen werden durch **ein Komma** voneinander getrennt. Vor den Wörtern **und, oder** und **sowie** steht bei Aufzählungen kein Komma.

Aufgabe 2
S. 316

- Die Mitglieder der Schulband spielen Saxofon, Klarinette, Geige, Akkordeon, Flöte, Cello und Gitarre. (5)
- Zu den Bremer Stadtmusikanten gehören Esel, Hund, Katze und Hahn. (2)
- Brötchen, Marmelade, ein gekochtes Ei, Kaffee oder Tee gehören bei vielen zum Sonntagsfrühstück. (3)
- Für den Sportunterricht wurden neue Bälle für Basketball, Tischtennis, Volleyball, Handball sowie Tennis angeschafft. (3)
- Hefte, Blöcke, Bücher und ein Etui gehören in jede Schultasche. (2)
- Religion, Mathematik, Kunst, Sport und Physik stehen am Donnerstag auf Inas Stundenplan. (3)

Aufgabe 3
S. 316

Die richtigen Sätze sind:
- Für den Nusskuchen benötigt Justus Margarine, Schokostückchen, Nüsse, Mehl und Zucker.
- Ein leckerer Obstsalat lässt sich aus Apfelsinen, Äpfeln, Bananen und Zitronensaft zubereiten.
- Für Hot Dogs muss man Heißwürstchen, Brötchen, Senf und Ketchup kaufen.

Aufgabe 4
S. 316

Hans Manz: Tierrätsel (S. 316)
Der Wolf, die Ameise, der Luchs und die Drossel: Nimm von jedem den ersten Laut, dann weißt du, wo der Erste die Höhle, die Zweite die Burg, der Dritte den Unterschlupf, die Vierte das Nest baut.
Lösung: WALD

Aufgabe 5
S. 317

Die richtigen Antworten sind:

a) Wenn der Redebegleitsatz hinter der wörtlichen Rede steht, wird er durch ein Komma von der wörtlichen Rede getrennt. **Z**
c) Steht der Redebegleitsatz vor der wörtlichen Rede, setzt man hinter ihm einen Doppelpunkt. **I**
e) Fragezeichen und Ausrufezeichen gehören zur wörtlichen Rede, deshalb setzt man die Anführungszeichen dahinter. **T**
f) Die wörtliche Rede wird in Anführungszeichen gesetzt. **W**

Lösung: **Witz**

Aufgabe 6
S. 317

Im Museum	**Auf dem Schulhof**
Die Klasse 5 geht mit ihrem Lehrer ins Museum. Fritzchen setzt sich, müde vom vielen Herumlaufen, auf einen Stuhl. „Das ist der Stuhl von Karl dem Großen, steh sofort auf!“, flüstert ihm der Lehrer zu. Fritzchen entgegnet: „Nur für einen kleinen Moment, Herr Lehrer. Wenn er kommt, stehe ich sofort auf.“	Ein Zehnjähriger steht auf dem Schulhof und macht merkwürdige Bewegungen mit den Armen. Die Pausenaufsicht kommt und fragt ihn: „Was machst denn du da?“ „Ich fange Flunkis.“ „Was ist das denn?“, will der Lehrer wissen. „Kann ich nicht sagen“, entgegnet der Junge, „ich habe noch keine gefangen.“